# THE YELLOW EMPEROR'S MECHANICAL BODY

*Research and Collation on The First Chinese Translation*

*of a Modern Western Physiology Monograph*

*Tiyong Shizhang*

*Jiayuan Liang*

*Peking University*

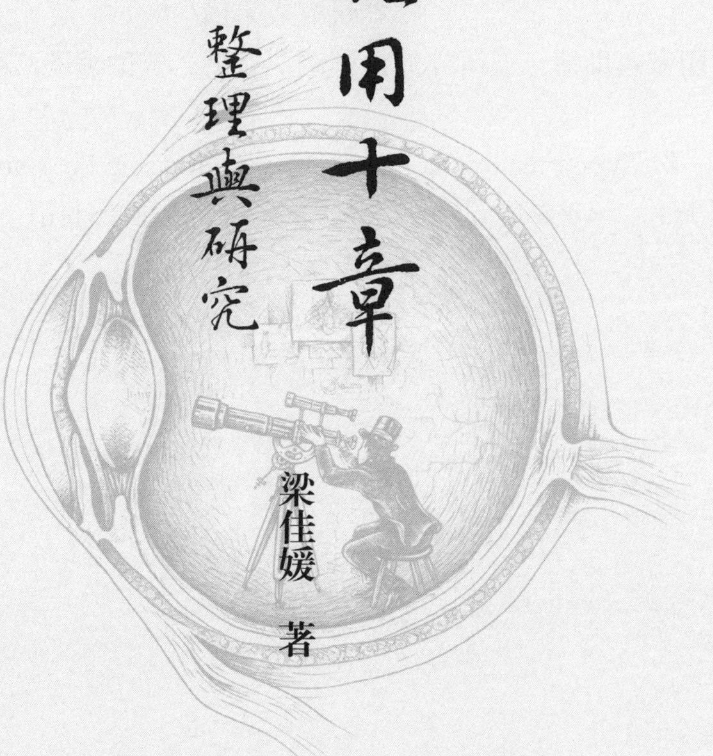

# 體用十章

## 整理與研究

梁佳媛 著

上海古籍出版社

本研究成果由
“國家資助博士後研究人員計劃”資助，資助編號 GZC20251161

Supported by the Postdoctoral Fellowship Program of
CPSF under Grant Number GZC20251161

# 序　一

醫學史的考察進路繁乎其類。從技藝到思想，從文本到圖像，從學科到機構，從典籍到制度，從客體呈現到主體感知，學界的認知視角雖屢有更迭，然對醫學知識與技術本身發展歷程的追溯，皆不離“社會”與“文化思想”的考察視域。近年來的許多研究都在著力揭示醫學本體與社會及“在地/地方文化”間的關聯。另一方面，醫學史的研究隊伍也在明顯擴充，在醫學與史學之外，來自社會學、人類學、哲學等專業的學者也更多地參與進來。可見，醫學與社會—文化層面切實在以交相融匯的筆墨，書寫著人類的綿延歷史。

上述醫學史的研究趨勢，在這本《〈體用十章〉整理與研究》書稿中得到充分映照。該書視角獨到，由一本西方生理學漢譯著述《體用十章》(1884)，窺探十九世紀後半葉“西洋格致諸學”對晚清本土社會的影響情狀，以及這一西學引介過程如何與社會其他思想維度產生互動。作者梁佳媛儘管考證了《體用十章》是“首部漢譯生理學專著”，但并未沿袭“辉格史”的呈現傳統，將這一“首部”的地位和意義描述爲西方生理學在華里程碑似的开端。她轉而清晰地指出這本“異類”書籍在特定歷史場景中的傳布困境，并就此譯著“鮮被問津”的原因，結合晚清“中學爲體，西學爲用”的政治—文化背景，開展了多面向互構式分析，進而對近代生理學隨西方帝國文化的“東漸”進程做出了重釋。

該書的撰寫意義不止於考述一段歷史，也致力於從“在地文化”視角，啓發讀者重新審視生理學知識體系在華的植根歷程。“生理學”從嚴格術語意義上講，是西方科學語境下的概念。該學科在歐洲經歷了古希臘“四體液説”向近代“人體機械還原論”的認知範式轉換；而在後一範式支配下形成的智識體系，多被稱作“近代生理學”。既往國内學界開展的生理學史研究，普遍關注建國後的學科建制工作，涉及晚清生理學譯書的個别研究，則在探討相關知識的引入時間與意義。似乎生理學科在華的建制是一門西方學科被國人自然接納的過程，并未經歷競争性思想的影響。但如果將“生理學”視作“某一地域文明對身體的認知方式”，則會發現，中國傳統醫學亦有一套“生理認知”，儘管華夏文明的思想理論體系相較整合，未見邊界顯明的學科分化，但不乏對身體運作的系統性詮釋。而中西醫對同一生命現象的迥異認知，意味著二者存在著理論競争性，故當近代生理學作爲西方醫學的分支，在十九世紀末傳入晚清社會後，必然與中國傳統生命觀産生理論上的碰撞。梁佳媛敏鋭地捕捉了這一歷史情景的戲劇性，以其清麗中略帶狡黠的寫作風格，爲讀者逐層揭示了此中的考察意趣。書中首先聚焦於本土與舶來身體觀的互動發展特徵，此後關注醫學作爲文化如何在異邦生發，又如何與社會其他維度文化構成全景交互圖式，終末將思考引向“地方傳統醫學與全球化醫學科學的分野與并耦”。

略讀此書，祇覺其内容如織網，彌漫至不同層次，似難得其要領；細讀後，則能感知書中基調的圓融變奏，始有“綱領皆可提挈”的歸一感。與明陳直叙的手法不同，作者冷冽與雋逸筆調互滲的書寫形式，似一種灰度呈現。讀者因此更欲探其究竟，終在多線索啓迪與留白式結語中，體會縱深思考與自我尋味的樂趣。

上述考察工作對研究者提出了多方面要求。首先，要切實理解《體用十章》文本中涉及的生理學知識體系，即需具備醫學或生命科學專業的基礎知識；其次，要深入把握晚清社會的複雜性，即需在近代科學史領域有所深耕；此外，還要有敢於開拓的信念與勇氣。梁佳媛的工作或許不是最卓著的，相信此書的出版會促進學界對這一主題的多元化考察，也相信會有該主題更具影響力的學術論著問世，但就目前而言，她的工作確實爲傳統“西醫東漸”主題研究帶來了新的切入視角與書寫方式。作爲師長一輩，我們鼓勵學術的海河注入更多活潑的清泉。

中國科學院院士

中國科學技術協會名譽主席

乙巳孟春謹識

# 序　二

《體用十章》是中國第一部系統介紹近代生理學的譯著，在中國近代醫學史、科學史和科學翻譯史上均占有重要位置，但長期以來學界對這部著作的關注和重視不够，以至於人們對其内容和價值缺乏應有的瞭解和認識。梁佳媛博士多年來不懈努力，對《體用十章》做了專題研究，論證它是首部系統引介西方生理學的中文譯著，揭示了其重要的歷史與學術價值。近年來，她又研讀原書文本，比對英文底本内容，旁徵博引，完成了《體用十章》清刻本的點校整理工作。在書稿即將付梓面世之時，她約請我寫一篇序。我有幸先睹樣稿，就此想談談自己的一些學习體會與感想。

西洋醫學傳入中國始於明清之際，最初産生影響的主要是西方解剖學著作。由耶穌會士鄧玉函（Johann Terrentius，1576—1630）口述、明末學者畢拱辰筆述的《泰西人身説概》，耶穌會士羅雅谷（Giacomo Rho，1593—1638）等人翻譯的《人身圖説》，是最早的西方解剖學著作漢譯本，它們雖介紹了一些生理知識，但相關論述皆屬西方早期的生理學認知，傳教士的其他涉及生理學的譯著，均不涉及血液循環論等近代生理學内容。直到咸豐元年（1851），英國傳教士醫生合信（Benjamin Hobson，1816—1873）編著的《全體新論》刊行，纔將哈維（William Harvey，1578—1657）的血液循環説等近代生理學知識介紹到中國。但《全體新論》主要論述西方解剖學，對生理學的介紹不够系統。

此後，英國醫生德貞（John Dudgeon，1837—1901）來華行醫傳教，十九世紀七十年代受聘到京師同文館任教，講授生理學課程，他在《中西聞見録》上發表了介紹哈維及其血液循環説的文章。一直到了十九世紀八十年代中期的光緒年間，中國纔出版了三種專門論述近代生理學的漢譯著作，包括《體用十章》(1884 年博濟醫局刻本)、《身理啓蒙》(1886 年總税務司署刻本)、《全體功用》（1886 年益智書會刊本）。從成書與刊行時間看，以《體用十章》最早。

目前學界對《體用十章》的瞭解十分有限，甚至存在不少誤解。有的醫史論著認爲《身理啓蒙》是中國最早的近代生理學譯著，还有不少科學史與醫學史著述誤以爲《體用十章》是美國傳教士醫生嘉約翰（John

Kerr，1824—1901）撰寫（或翻譯）的著作。最近的一個例子，就反映了學界對《體用十章》缺乏瞭解的狀況。2023年發表的一篇題爲“晚清時期西方人體生理學在華傳播與本土化”的生理學史專題論文（見中山大學西學東漸文獻館編，《西學東漸研究》第13輯《嶺南與中外文化交流》，商務印書館，2023年，第270—304頁），作者指出“美國長老會傳教士嘉約翰撰有《體用十章》等人體生理學讀本，筆者暫未得見”。現在要查閱《體用十章》原書存在不少困難，真正讀過原著的專家學者也不多，而普通讀者要看到原書更是不易。因此，爲了方便讀者利用，出版《體用十章》的現代整理本，非常必要。

通過閲讀原書，既容易消除誤解，又可以糾正一些錯誤説法。《體用十章》卷一開頭署“英國哈士烈先生譔，瀋陽孔慶高繼良氏筆譯，美國嘉醫士約翰氏校正”，説明此書是譯著，不是嘉約翰撰寫的著作，而主譯者是中國學者孔慶高，嘉約翰是校訂者。孔慶高在“叙”中對該書的底本選擇與翻譯情況做了説明：“泰西自尚格致以來，體用之書，代有發明，然編卷太繁，譯録恒非易易。自余去歲選譯《體質窮源》，每憾言祇及夫全體，未嘗及夫功用。適余師嘉約翰先生，檢得哈士烈先生所注《體用十章》。其説理明晰，證據確切，凡一切人身消長之機，血脈運行之理，與夫氣機流行、知覺運動，莫不推詳備至、圖注分明。誠泰西不可多得之書，亦中土目所僅見之説也！余是以不揣固陋，謹即其文而譯之，亦冀資以養身之一助耳。”當時稱解剖學爲“全體”之學，而生理學爲“體用”之學。孔慶高在翻譯了解剖學著作後，有感於當時中國缺乏生理學譯著的狀況，希望翻譯西方的生理學著作，但苦於找不到合適的論著。嘉約翰幫他選出了哈士烈的生理學著作，纔解決了這個問題。

關於英文原書作者哈士烈，梁佳媛博士在“導言”部分有詳細考述。哈士烈即英國著名生物學家 Thomas Henry Huxley（1825—1895），今譯爲“托马斯 · 亨利 · 赫胥黎”。他就是我們熟知的進化論著作《天演論》的原作者。赫胥黎是一位擅長生理學的著名科學家，他的生理學著作 *Lessons in Elementary Physiology*（《基础生理學教程》）是一部非常著名的教科書，自 1866 年初版發行後，又多次增訂再版，在歐美十分流行。

關於《體用十章》的英文底本，目前廣爲流行的説法認爲是 Huxley 與 Youman 合著的 *Manual of Physiology*，即二人合著的《生理學手册》。這一説法出現甚早，在《體用十章》出版後的第二年即 1885 年，《教務雜志》（*The Chinese Recorder and Missionary Journal*）發表的一專題文章稱“A translation of Huxley and Youman's *Manual of Physiology*, repared by Dr. Kerr, has been published”。據該文的線索加以考索，可知二人分别爲英國生物學家托馬斯·赫胥黎與美國出版家威廉·尤曼斯（William Jay Youmans）。但二人都没有名爲 *Manual* of *Physiology* 的著作，兩人合撰的唯一著作是名爲 *The Elements of Physiology and Hygiene*（《生理衛生學初階》）的生理衛生學著作，由美國阿普爾頓公司（D. Appleton Company）於 1867 年首次出版。由此梁佳媛博士推定《體用十章》英文原書作者哈士烈確爲生物學家托馬斯·赫胥黎，而稱其底本爲 *Manual of Physiology*，則與實際不符。通過將《體用十章》與 1884 年之前出版的 *Lessons in Elementary Physiology* 不同版本進行細緻對比，她發現《體用十章》的内容與赫胥黎英文原書第三版（1872）的結構框架完全吻合，文字内容與插圖也相一致，但原書爲十二章，《體用十章》衹有十章，删去了英文原書的第十章和第十二章，并將第十一章改爲第十章，有的章内小節也有合并、拆分或調整的情況。她由此斷定，*Lessons in Elementary Physiology* 的第三版係

《體用十章》之確鑿底本。

"導言"部分還對《體用十章》内容進行了分析與探討，通過與同時期出版的生理學、解剖學譯著進行比較，揭示了《體用十章》的特點。首先是它反映了十九世紀生理學的新成果與新進展。如第五章第26節"論糖質在肝内變化之源"，係生理學家克勞德·伯納德（Claude Bernard，1813—1878）於1853年之新發現，即肝臟"生糖作用"與"糖異生作用"。到1857年，肝臟糖原生成説得以確立。再如"論眼腦衣逐層不同"一節，論述感光細胞層之構成與置位，以顯微圖表示兩類感光細胞之形態，其内容爲赫姆霍茲（Hermann von Helmholtz，1821—1894）與舒爾茨（Max Schultze，1825—1874）兩人於1863至1867年間的各自獨立之新發現，爲當時生理學研究的最新成果。而這些内容在《身理啓蒙》等譯著中并未出現。《體用十章》對於實驗方法的闡述與運用也更加多樣和深入，不僅有模擬類比和實證歸納實驗，而且還有衆多推理嚴謹的論證性實驗，如"證驗人身行動，氣體皆有所消耗"一節，先提出猜想：機體於活動時有所消耗，同時生成二氧化碳，産生熱能；繼而設計驗證猜想的實驗，觀察體重減輕、石灰水稠白、冷氣管消融等諸多現象；最後依現象發生與否驗證猜想之正誤。這與普及性生理學譯著的内容也有明顯差異。此外，《體用十章》的内容豐富而全面，體系較为完備，已具現代生理學的理論框架。後人評價稱“舊譯生理學書，應以此本爲詳”，是符合實際的。

需要指出的是，《體用十章》也存在明顯的局限性。由於出版該書的博濟醫局爲教會醫院，嘉約翰本人是美國长老會教士，審訂譯稿時在書中加入了少部分不屬於赫胥黎原著内容的宗教性論述，在一定程度上影響了中譯本在理論闡述方面的完整性和科學性。

梁佳媛博士對譯者孔慶高的生平事跡也做了梳理和挖掘。孔慶高，字繼良，原籍瀋陽，藍旗駐粤漢軍，光緒三年（1877），入廣州同文館學習英文。光緒六年（1880），因成績優異，獲御賜獎俸。同年秋，廣州將軍長善考覈同文館諸生課業，孔氏再拔頭籌，并獲准“翻譯生員”資格，兼作譯員受差於署衙。他與中醫出身的同文館漢文教習李定源爲同鄉，交誼匪淺，在醫學方面曾得到李氏的幫助。另外，孔慶高也拜嘉約翰爲師，學習西醫，使他能够勝任翻譯醫書的工作。嘉約翰翻譯醫書，是與中國學者合作進行的。早期的合作方式是，由嘉氏本人先譯得中文大旨，然後由中國學者修改潤色。然而《體質窮源》《體用十章》等書的翻譯，在合作方式上却發生了變化，它們均爲孔氏主筆譯述，嘉氏輔以審訂。孔慶高雖非獨立譯者，卻也實開國人主譯西文醫籍之先河。這無疑也爲考察西方近代醫學的本土化提供了不可多得的案例。

《體用十章》没有標點，許多術語與今天的術語大不相同，原刻本也存在訛脱舛誤之處，一般讀者閱讀起來存在困難。爲了使讀者更容易理解原書内容，梁佳媛博士對全書施以新式標點，對訛脱舛誤進行了校勘、訂正。書中異體字頗多，也進行了統一處理。

本書稿的完成與出版，是《體用十章》研究的一個標志性成果，同時也爲開展更深入的研究創造了條件。關於《體用十章》尚有進一步研究的空間。如該書的底本問題，梁博士確定爲 1872 版的 *Lessons in Elementary Physiology*，並認爲是第 3 版，然而原書標註的版次是 SIXTH EDITION，即第 6 版，序言亦題爲 PREFACE TO THE SIXTH EDITION，“導言”雖然對此做了説明，但不够清晰。實際上，該書在 1868 年第二版出版後的十多年，每年都再次印刷發行， 1872 年至 1884 年之間有多個這樣的重印本，如 1878 年重印本的版本標註爲 ELEVENTH EDITION（第 11 版）。它們是否確實都是 1872 年版的未經改動或校訂的重印本？尚需考察。又如，《體用十章》在翻譯和内容取捨上是否也參考了赫胥黎與尤曼斯合著的 *The Elements of Physiology and Hygiene*？也是值得探討的問題。另外，《體用十章》對晚清時期的醫學教育與生理學知識的傳播究竟産生了哪些影響？也有待進一步考察。丁福保的《辛丑日記》記載他在光緒辛丑年（1901）二月，連續三天都在閲讀《體用十章》，如二十一日的日記稱“《體用十章》，第二卷毕”。他在二十八日又記“晴，譯《生理學》”。丁福保後來曾在京師大學堂譯學館任生理衛生學教習，也編過《生理學綱要》等書。《體用十章》對丁氏的工作有哪些具體影響？也有待探討。

總之，此項工作不僅可爲讀者提供便利，也有助於推進和深化中國近代生理學史的研究。我相信，書稿的出版，對於促進清末汉譯西方生理學乃至醫學文獻的整理研究，必將産生積極的影響。

清華大學科技史暨古文獻研究所所长<br>馮立昇<br>2025 年 1 月 20 日於清華園

# 序　三

人體生理學是研究人體生命活動規律的科學，既是生命科學的一個分支，也是醫學科學的基礎理論學科之一。[1]

晚清以來，大量流行於歐洲、美國、日本等地的生理學著作或教材相繼被來華傳教士和中國學者翻譯爲中文本刊行，有力地促進了人體解剖學和生理學知識在中國的傳播。如人體解剖學譯著方面，有合信口譯、陳修堂筆述《全體新論》(1851 年)，柯爲良譯《全體闡微》(1881 年)，稻惟德譯《全體圖説》(1884 年)，德貞著《全體通考》(1886 年)，柯爲良譯、林鼎文筆受《全體闡微》(1905 年)，商務印書館編譯所譯《最新解剖生理衛生學》(1910 年)，施爾德譯《體學全旨》(1910 年)等。人體生理學譯著方面，有孔慶高譯、嘉約翰校《體用十章》(1884 年)，艾約瑟譯《身理啓蒙》(1886 年)，

[1] 侯宗濂主編:《中國醫學百科全書・生理學》，上海科學技術出版社，1985 年，第 1 頁。

博恒理撰《省身指掌》(1885年),傅蘭雅譯《全體須知》(1894年),沈紘譯《生理教科書》(1903年),高似蘭譯《哈氏體功學》,以及光緒末年吴治恭譯《簡明生理學》、田吴炤譯《生理衛生學》等。[1] 近代解剖學、生理學譯著的大量出現,在介紹和傳播西醫基礎醫學、解剖學、生理學等知識方面發揮了重要作用,也使當時中國的人體生理學大體上和世界醫學保持了同步水準,爲生理學在中國最終形成爲一門獨立之學科奠定了基礎。

清光緒十年(1884),英國生物學家哈士烈(今譯作赫胥黎, Thomas H. Huxley, 1825—1895)原撰、孔慶高筆譯、嘉約翰(John Kerr, 1824—1901)校正的《體用十章》一書,由廣東博濟醫局刊行,是中國近代首部譯介的國外生理學專著。全書共四卷十章,附圖85幅,首論全體功用,次論血脈運行,再論血液、呼吸、消化、運動、知覺、腦部等内容。《體用十章》的英文底本,據梁佳媛博士的研究,應來源於1872年英國著名生物學家赫胥黎撰《基礎生理學教程》(*Lessons in Elementary Physiology*)的第三版,在近代西方生理學史

[1] 張曉編著:《近代漢譯西學書目提要:明末至1919》,北京大學出版社,2012年,第541—547頁。

上占有重要地位。《體用十章》中譯本刊行後，廣州博濟醫學校（博濟醫學堂）率先將其作爲教材使用，用於培養西醫學專業人才。1885年，《畫圖新報》第11期《新出醫書》專門介紹了此書："近蒙友人贈遺書一部，題爲《體用十章》，乃西國哈士烈所著，濡陽孔慶高筆譯者，究人身全體之功用，凡一肌一膚，莫不闡微晰幽，窮原反本，洵有用之書也。"〔1〕近代學者馮承鈞在《體用十章》一書提要中，稱贊："舊譯生理學書應以此本爲最詳。"〔2〕

梁佳媛博士長期從事中國近代醫學史、生理學史的研究，尤其在《體用十章》英文原著、中文譯本的收集和研究方面取得了豐碩的成果，先後發表《我國首部近代生理學譯著〈體用十章〉底本考》〔3〕、《近代首部生理學譯著〈體用十章〉的特點與影響》〔4〕等文，引起學界的關注。她的這些研究成果，不僅系統地探究和梳理了

---

〔1〕《新出醫書》，載《畫圖新報》1885年第5卷第11期，第112頁。

〔2〕劉時覺編注：《四庫及續修四庫醫書總目》，中國中醫藥出版社，2005年，第608頁。

〔3〕梁佳媛：《我國首部近代生理學譯著〈體用十章〉底本考》，載《内蒙古師範大學學報》（自然科學漢文版）2018年第5期，第436—439頁。

〔4〕梁佳媛：《近代首部生理學譯著〈體用十章〉的特點與影響》，載《中華醫史雜志》2019年第49卷第5期，第281—286頁。

《體用十章》一書的英文底本、主要内容、文本表達、術語處理、流傳影響等，而且糾正了以往學界認爲中國近代首部生理學譯著是《身理啓蒙》的看法，將我國首部生理學譯著確定爲1884年廣東博濟醫局刊行的《體用十章》，在中國近代生理學發展史上具有積極的意義。

總之，梁佳媛博士點校整理的《體用十章》一書，是她多年來致力於學術研究和辛勤努力的結晶，也是她重視醫學文獻史料收集、整理和辨析的重要成果之一。我跟佳媛熟識已近十年，對她在這一領域取得這樣出色的成果而感到由衷的喜悦，祝願她在今後的中國近代醫學史、生理學史研究中取得更大的成績。聞知此書即將出版，甚感欣慰，是爲序。

韓　毅

2024年10月8日

於中國科學院自然科學史研究所

# 目　録

序一 …………………………………………………… 韓啓德　1
序二 …………………………………………………… 馮立昇　1
序三 …………………………………………………… 韓　毅　1

## 研　究　篇

壹　導言 …………………………………………………… 3

貳　雜糅詭曖：與傳統典籍之神貌辨析 ……………… 16
　一　匪夷：漢譯西籍之文獻學考察 ……………… 16
　二　逢遇：成書始末 …………………………………… 24
　三　流轉：商貿與宗教之格致書寫 ……………… 32

叁　獅鷲入淵：中西文化視域之分野與并耦 ………… 51
　一　雄獅：帝國知識之臨淵睥睨 ………………… 51
　二　悍鷲："造物"馭格致以侵靈肉 ……………… 61
　三　潛淵："體用"何爲？ ………………………… 72

**肆　意象機杼：譯介空間之織造** …… 78
一　創製：欲著其“微”，試明其“奥” …… 78
二　源流：郢書亦可燕説 …… 89
三　形變：方枘難契圓鑿 …… 97

**伍　域内所識：時地經緯之鈐印** …… 106
一　迴響：爲世所輕？爲世所重？ …… 106
二　匯通：醫理之本體想象 …… 117

**陸　結語** …… 122

**參考文獻** …… 127
古籍 …… 127
論著 …… 129
期刊報紙 …… 134
英文文獻 …… 137

## 整　理　篇

**蔡錫勇叙** …… 150
**譯者叙** …… 152
**例言** …… 154

## 卷一

第一章　全體功用論略 …… 158
一　論審察人身動用之法[1] …… 158
二　論識功用須先明臟腑 …… 159
三　證驗人身行動則氣體皆有所消耗 …… 159
四　論消長 …… 160
五　論消化之宗 …… 160
六　統原每日消長之勢 …… 161
七　論工苦與安閒消長異勢 …… 161
八　論全體 …… 162
九　論脊骨脊髓 …… 163
一〇　論人身前後竅 …… 164
一一　論内外皮 …… 164
一二　論連網 …… 165
一三　論肌肉 …… 166
一四　論骨骼 …… 166
一五　論肌骨相輔 …… 167
一六　論氣力 …… 168
一七　論腦脊爲元神之府 …… 169
一八　論感觸 …… 169

〔1〕 原書小節標題偶有脱字闕失，帶＊者爲整理者所增補。

一九　論臟腑肢體各有所司時行動用 …………… 170
二〇　論消化之經 …………………………… 170
二一　論血脈之經 …………………………… 171
二二　論餘液 ……………………………… 171
二三　論消導之經 …………………………… 172
二四　論肺經又能消能長 …………………… 172
二五　論各經運用得宜皆主於腦 ……………… 173
二六　論生死異勢 …………………………… 174
二七　論人身時有死腐之處 ………………… 174
二八　論死有各處先後不同 ………………… 174
二九　論人死之勢各有不同 ………………… 175

**第二章　論血脈運行** ………………………… 177
一　論微絲血管 …………………………… 177
二　論脈迴管之血色不同　論血管内之肌 …… 178
三　論脈管與迴管不同之處 ………………… 179
四　論迴管之囊袋 …………………………… 180
五　論吸液管 ……………………………… 181
六　論腸液 ………………………………… 182
七　論血脈流行 …………………………… 183
八　論心經 ………………………………… 185
九　論心體 ………………………………… 189
一〇　論心房之體用 ………………………… 189

一一　論心體跳動 …… 191
一二　論心經運血流行　論心體功用 …… 192
一三　論脈管之功用 …… 193
一四　論心脈起落 …… 194
一五　論心聲 …… 195
一六　論脈 …… 195
一七　證驗血行噴射之勢 …… 196
一八　論血在迴管何以無擁動之勢 …… 196
一九　論血在脈管能動跳至微絲管無擁動之勢 …… 197
二〇　論心爲血脈發源總匯之區及其血之何以運動流行之勢 …… 199
二一　論血行之路 …… 200
二二　論養心血脈運行之路* …… 201
二三　論血管司於腦筋 …… 202
二四　證驗血管司於腦筋之據 …… 203
二五　論腦筋之所管甚廣 …… 203
二六　論心之動用亦司於腦筋 …… 204
二七　證驗心爲腦筋所司之據 …… 204
二八　論血行證據 …… 205

## 卷二

**第三章　論血液** …… 207
一　論血内之質體 …… 207

二　論血内紅輪 …… 208
三　論血紅白輪不同 …… 208
四　論血内白輪 …… 210
五　論血輪生長 …… 211
六　論紅輪亦爲白輪所生 …… 212
七　論紅白散聚各異 …… 213
八　論血珠 …… 214
九　論血能凝結在於血内之肉絲 …… 214
一〇　證驗血凝之象 …… 215
一一　論血内之黄白衣 …… 215
一二　論血凝結遲速之勢 …… 216
一三　證驗血能凝結其勢因血輪精與似輪精牽合所致 …… 217
一四　論血之重數與紅白輪之多寡 …… 218
一五　論化驗血内之氣 …… 219
一六　論血内之氣 …… 220
一七　論血之多寡因乎人亦因乎食 …… 220
一八　論血與身比較多寡 …… 221
一九　論血能滋養肢體之勢 …… 221
二〇　論精液 …… 222

**第四章　論呼吸** …… 223
一　論血有所供於身亦有取於身 …… 223

二　論血在微血管由赤變紫 …………………… 223
三　考覈赤血與紫血之異 ……………………… 224
四　論養炭氣與血牽合洩散之勢 ……………… 225
五　論赤紫血變遷之勢 ………………………… 226
六　論赤血變紫在於肢體之微血管，紫血變赤
　　在於肺内之微血管 ………………………… 226
七　論呼吸能令紫血變赤 ……………………… 227
八　論氣管 ……………………………………… 228
九　論肺内之氣應時有遷換 …………………… 230
一〇　論呼吸 …………………………………… 231
一一　論呼吸之氣 ……………………………… 231
一二　論每日呼吸氣之多寡 …………………… 232
一三　論助呼吸之力 …………………………… 233
一四　論肺體 …………………………………… 234
一五　論脅骨 …………………………………… 234
一六　論膈膜 …………………………………… 236
一七　論膈膜能呼吸 …………………………… 237
一八　論膈膜與脅肌相較功力孰勝 …………… 237
一九　論氣機流動之常變 ……………………… 238
二〇　論氣之出入可比一風箱 ………………… 239
二一　論緩停之氣爲養炭氣遷變之處 ………… 240
二二　論緩停之氣居肺氣之中 ………………… 240
二三　論呼吸爲腦筋所主 ……………………… 241

二四　論心肺爲運血氣之源 …………………… 242
二五　論呼吸循環 ………………………………… 242
二六　論呼吸之聲* ………………………………… 243
二七　論吸氣可助心脈發力 …………………… 243
二八　論呼氣可助心脈發力 …………………… 244
二九　論閉氣可使心停 ………………………… 244
三〇　論呼吸有變易 …………………………… 244
三一　論氣絶之故 ……………………………… 245
三二　論氣之毒 ………………………………… 246
三三　論養炭氣出入反常人即受鬱 ………… 246
三四　論人當常受空中之清氣 ……………… 247

**第五章　論血脈消長之源** ……………………… 248
一　論血脈分散以養身 ………………………… 248
二　論消導 ……………………………………… 248
三　論肝肺經之消長 …………………………… 249
四　論隔時之消長 ……………………………… 249
五　論消長之源 ………………………………… 250
六　論內腎膀胱 ………………………………… 251
七　論溺 ………………………………………… 252
八　論內腎與肺功用之同異 ………………… 253
九　論內腎之質體 ……………………………… 254
一〇　論腎核濾血爲溺之功 ………………… 256

一一　論血入内腎變化 …………………………… 257
一二　論腎腦筋司溺之功 ………………………… 257
一三　論外皮 ……………………………………… 258
一四　論汗 ………………………………………… 258
一五　論外皮導汗之功 …………………………… 259
一六　論汗核 ……………………………………… 260
一七　論汗核亦爲腦筋所司 ……………………… 262
一八　論汗内雜質 ………………………………… 262
一九　較證肺、腎與外皮三者消導之功 ……… 263
二〇　論肝經 ……………………………………… 263
二一　論肝經發力變化膽汁 ……………………… 266
二二　論膽汁 ……………………………………… 267
二三　論膽汁出於肝内 …………………………… 268
二四　論養氣得於肺 ……………………………… 268
二五　論肝内生糖質 ……………………………… 269
二六　論糖質在肝内變化之源 …………………… 269
二七　論血得於吸液管 …………………………… 271
二八　論脾經 ……………………………………… 271
二九　論人身内熱 ………………………………… 272
三〇　論身熱原於血熱 …………………………… 273
三一　論熱氣之表裏有寒暑之異 ………………… 274
三二　論各有管核 ………………………………… 275
三三　論雜質得自肌肉 …………………………… 277

## 卷三

**第六章　論消化之功用** ······ 278
一　論養生之源 ······ 278
二　論人每日受用飲食多寡 ······ 278
三　論人每日消導多寡 ······ 279
四　論食物之質性 ······ 279
五　分覈食物之質與人身之質體相符 ······ 280
六　論淡氣之物爲人所必需 ······ 281
七　論淡氣之物爲食物之最要 ······ 281
八　論獨食淡氣之物而不兼別物則無益 ······ 282
九　論兼食以養身 ······ 283
一〇　論擇物以食 ······ 283
一一　論身熱之源 ······ 284
一二　論食物有生熱生肌之用 ······ 284
一三　論飲食消化之大略；論口與食管 ······ 285
一四　論各津液核 ······ 286
一五　論牙齒 ······ 287
一六　論咀嚼與吞咽 ······ 288
一七　論所飲 ······ 289
一八　論胃與胃津 ······ 290
一九　試驗消化之功 ······ 291
二〇　論食物變化入血 ······ 293

二一　論大小腸 …………………………… 293
二二　論腸内質體 ………………………… 295
二三　論膽汁與甜肉汁 …………………… 296
二四　論養汁 ……………………………… 297
二五　論大腸傳導渣滓 …………………… 299

**第七章　論運動** ………………………… 300
一　論養生功用 …………………………… 300
二　證運動爲養生之機 …………………… 301
三　論微毛運動 …………………………… 301
四　論肌肉運動 …………………………… 302
五　論空洞之肌 …………………………… 304
六　論貼骨之肌 …………………………… 305
七　論第一形骨杆 ………………………… 307
八　論第二形骨杆 ………………………… 308
九　論第三形骨杆 ………………………… 309
一〇　推論骨杆之妙用 …………………… 309
一一　論骨節有靈有不靈 ………………… 310
一二　論骨節形狀不一 …………………… 310
一三　論骨球骨杯 ………………………… 311
一四　論骨環 ……………………………… 311
一五　論樞紐 ……………………………… 313
一六　論繫骨筋線 ………………………… 314

一七 論骨節之動用 …… 315
一八 論骨之動爲肌所使 …… 316
一九 論肌絲之本末 …… 317
二〇 論行路肌骨之動用 …… 318
二一 論獨動之肌 …… 319
二二 論聲管 …… 319
二三 論聲管各韌 …… 321
二四 論聲音 …… 323
二五 論言語 …… 324

**第八章 論知覺與智府** …… 325
一 論運動司於腦 …… 325
二 論運動司於腦 …… 325
三 論感動 …… 326
四 論知覺 …… 326
五 論運動之知覺發於肌 …… 327
六 論摩嘗之知覺；論視聽之知覺 …… 327
七 統論智府發知覺之原 …… 328
八 伸明摩嘗之知覺 …… 328
九 論外膚能抵禦外侮 …… 329
一〇 論摩嘗有各處不同 …… 329
一一 論外皮知冷熱 …… 330
一二 論舌能辨味 …… 330

一三　論鼻能聞味 …… 331
一四　論抽氣 …… 333
一五　論耳膜；墀環膜　螺紋膜 …… 334
一六　論内耳；耳墀　半環管 …… 335
一七　論螺紋；薄盤骨 …… 336
一八　論耳内之水互通游泳；長圓窗　圓窗 …… 337
一九　論中耳；耳鼓耳管 …… 338
二〇　論錘砧鐙三骨相連 …… 338
二一　論耳膜須有肌以束制；張耳膜肌　縱耳膜肌 …… 339
二二　論外耳 …… 340
二三　論聲之傳入耳 …… 340
二四　論聲音入耳之勢 …… 341
二五　論傳送聲音之機 …… 341
二六　論司聽腦筋之所以能聽 …… 342
二七　論耳膜有分司聲韻之功 …… 342
二八　論耳肌有緩聲之功 …… 343

## 卷四

**第九章　論眼官司視** …… 344
一　論眼官 …… 344
二　論眼腦衣黄點 …… 345
三　論眼腦衣逐層不同 …… 345

四 論目之納光 …… 347
五 論腦筋將入處不能見 …… 348
六 論光過目甚速 …… 349
七 論目倦則眼花 …… 349
八 論目不能辨顔色 …… 349
九 論目受激發光 …… 350
一〇 論竿層有視遠盼近之功 …… 350
一一 論晶鏡之能拘光 …… 351
一二 論晶鏡拘光遠近各異 …… 352
一三 論晶鏡平凹則拘光各異 …… 352
一四 論隔乎外物與眼腦筋之質體；眼球白衣 明衣 …… 353
一五 前房水 大房水 睛珠 懸筋 睛摺 …… 354
一六 黑衣 色衣 …… 354
一七 眼簾；睛肌 腦衣結界 …… 356
一八 論眼珠射光見物之原 …… 357
一九 論目能視遠視近之妙 …… 357
二〇 證驗目之準則 …… 358
二一 證驗目力視物有準 …… 358
二二 論明衣自稟凸凹之異 …… 359
二三 論眼肌 …… 360
二四 論蓋皮 眼睫毛 腕油核 眼環肌眼胞肌 …… 361

二五　論罩睛衣；淚核　淚管 …………………… 361

**第十章　論腦部** ……………………………………… 363

一　統論腦部 …………………………………… 363

二　分腦脊與腦網 ……………………………… 363

三　論腦諸衣 …………………………………… 364

四　論脊髓 ……………………………………… 364

五　論脊幹 ……………………………………… 366

六　腦脊之功用 ………………………………… 367

七　論前根獨司動 ……………………………… 367

八　論前後根所司不同 ………………………… 368

九　論知覺與運動腦筋皆主於腦 ……………… 368

一〇　論腦筋傳信之勢 ………………………… 369

一一　論脊髓之功用 …………………………… 370

一二　論知覺與運動腦筋互相傳信 …………… 370

一三　論腦筋感應之勢；證驗腦筋感應之勢 ………………………………………… 371

一四　論腦筋傳信之勢，凡知覺者則左右互穿而過，司運動者則由腦順脊而下 ……… 372

一五　論脈管爲脊髓所司 ……………………… 374

一六　論腦内各體部位 ………………………… 374

一七　論白灰漿在腦與在脊各異 ……………… 376

一八　論腦筋 …………………………………… 377

一九　論第一二對腦筋起於腦而非發於脊 …… 378
二〇　論腦脊根頭爲最要之區 …… 379
二一　論半身不遂之原 …… 379
二二　論微傷腦則能强動而不能自動 …… 380
二三　論腦亦主感應之機 …… 381
二四　論天然之應變 …… 382
二五　論習慣成自然之勢 …… 382
二六　論腦綱 …… 383

**《體用十章》所涉專業術語與今稱對照表** …… 384

# CONTENTS

**Foreword**

***Qide Han*** 1

*Honorary Chairman, China Association for Science and Technology*

***Lisheng Feng*** 1

*Director, Institute of History of Science and Ancient Literature, Tsinghua University*

***Yi Han*** 1

*Senior Researcher, Institute for the History of Natural Sciences, CAS*

## Part I Research on *Tiyong Shizhang*

**1 Introduction** 3

**2 Hybrid and Ambiguity: Differences in Layout and Ideology from Traditional Chinese Literature** 16

*The Exotic: A Bibliographical Examination of Chinese Translations of a Western Text* 16

*Encounter: When the Body in Western Thinking is Seen by a Chinese Translator* 24
*Transitions: Bestselling Physiology Textbook on the International Express of Commerce and Religion* 32
**3 The Lion and the Bald Eagle Entered the Chasm for the Dragon: The Divergence and Parallelism between Chinese and Western Cultural Perspectives** 51
*The Mighty Lion: Imperial Knowledge Incarnate Gazed Proudly into the Chasm of Huaxia Civilization* 51
*The Fierce Eagle: The Creator Harnessed Science to Invade the Chinese Mind and Body* 61
*The Chasm Invasion onwards: What Exactly is the "Tiyong"?* 72
**4 The Loom of Imagery: Weaving a Logical Space for Translation** 78
*Terminology Creation: Intended to Make the Microscopic Remarkable and the Esoteric Plain* 78
*Source of the Learning: Misinterpreted to be Reasonable in Chinese Context* 89
*Deformation: Square Pegs Cannot Fit into Round Chisels* 97
**5 Recognized in the Region: The Imprints of the Coordinates of Time and Space** 106
*Echoes: Being Valued or Despised by the Times?* 106
*Convergence: The Ontological Imagination of Medicine*

*from Chinese Society in the 1980s* 117

6 **Epilogue** 122

*Bibliography* 127

## Part II Collation of *Tiyong Shizhang*

**Volume I** 158

*Chapter 1. A General View of the Structure and Functions of the Human Body* 158

*Chapter 2. The Vascular System and the Circulation* 177

**Volume II** 207

*Chapter 3. The Blood and the Lymph* 207

*Chapter 4. Respiration* 223

*Chapter 5. The Sources of Loss and of Gain to the Blood* 248

**Volume III** 278

*Chapter 6. The Function of Alimentation* 278

*Chapter 7. Motion and Locomotion* 300

*Chapter 8. Sensation and Sensory Organs* 325

**Volume IV** 344

*Chapter 9. The Organ of Sight* 344

*Chapter 10. The Nervous System and Innervation* 363

***Appendix: Comparison Table of Professional Terminology Used in Tiyong Shizhang and Their Modern Equivalents*** 384

# 研究篇

# 壹　導　言

西方近代生理學科之創設，得益於“解剖實踐”在歐洲大陸之意涵演變。中世紀經院神學思想統御國家，宮廷貴族與坊間民衆皆奉信“人體神聖，不可解剖”；至文藝復興時期，民間畫師意欲掙脱經院思想桎梏，彰宣“唯解剖可識人體之美”，就美學價值予解剖事業以合理端由。[1] 1543 年，比利時醫師安德烈·維薩留斯（Andreas Vesalius）所著《人體之構造》（*De Humani Corporis Fabrica*）付梓，該籍於醫界廣泛流布，解剖實踐由此被醫師賦予正統學術意涵，解剖學科亦隨之成爲醫學領域之重要分支。[2] 十七世紀中葉，古希臘亞里士

---

〔1〕 在傳統中世紀醫學史叙事中，宗教扮演桎梏科學進步之角色。參見 Andrew D. White, *A History of the Warfare of Science with Theology in Christendom*, Cambridge University Press, 2009, pp. 49 – 51. 然近年亦有研究稱，人體解剖於中世紀并非全然受限。參見 Ronald L. Numbers, *Galileo Goes to Jail and Other Myths About Science and Religion*, Harvard University Press, 2010, pp. 45 – 49. 十六七世紀藝術思想背景亦可見於上述研究，就代表性畫師之貢獻，參見 Kenneth D. Keele, “Leonardo Da Vinci's Influence on Renaissance Anatomy.” *Medical History*, Vol. 8, No. 4(1964), pp. 360 – 370.

〔2〕 Lois N. Magner, *A History of Medicine*, Taylor & Francis, 2005, pp. 197 – 213.

多德認知範式[1]被英國思想家培根（Francis Bacon）"經驗唯物主義"與法國自然哲學家笛卡爾（René Descartes）"機械唯物主義"範式所取代，人體生命觀亦爲斯範式所統攝，外顯爲物理醫學派/機械論醫學派（Iatrophysics/Iatromechanics）就"人體結構與生理功能"所闡發之機械論認知，即人體實屬一精密機器，生理現象皆可據機械物理原理做出詮解；機器部件之形態構造決定其功用，與之類同，人身構造亦全然爲適應其生理功能而創設。故此後凡言人體結構，必涉其機制功能。此觀念即爲"解剖""生理"二學科締結密切關聯。[2]

解剖知識之體系化雖爲生理活動考察供以實證基礎，然人體周身運作實係動態機制，故十六世紀醫學界對解剖學之單純依附，令生理運作過程難以得到系統性

---

〔1〕亞里士多德認知範式：以希臘醫者希波克拉底提出的"四體液説"爲核心，通過對經驗事實進行歸納總結，以思辨推理方式解釋生命現象的自然哲學模式，具體表現爲"元素説與復合物理論"。參見戴克斯特霍伊斯著，張卜天譯：《世界圖景的機械化》，商務印書館，2018年，第37—41頁。

〔2〕笛卡爾創設機械論醫學派思想之始末，參見 Max Neuburger, "An Historical Survey of the Concept of Nature from a Medical Viewpoint." *Isis*, Vol. 35, No. 1(1944), pp. 16－28. 韋斯特福爾指出，心血運動論之發現，啓發笛卡爾反向强化其機械人體論觀點，進而於1662年撰寫《論人》（*L'Homme*），書中觀念實爲被機械論所包裹的蓋倫生理學。參見韋斯特福爾著，張卜天譯：《近代科學的建構》，商務印書館，2020年，第110—112頁。

闡釋。[1] 至 1628 年，英國醫師威廉·哈維（William Harvey）發表《論動物心臟與血液運動的解剖學研究》（*Exercitatio Anatomica de Motu Cordis et Sanguinis in Animalibus*）一文，由此揭示心臟爲血液循環之動力所在，并以實證方式驗覈血液循環機制。生理學科研究方法——“測量”與“實驗”，亦隨“心血運動論”之提出而得到確立。該領域由此擺脱解剖學之附庸角色，正式成爲一門獨立學科。[2]

西方生理學知識之“東漸”相隨傳教士來華布道活動。此類“遠夷色目，覲見上國”之情景可溯至明末萬曆年間，泰西耶穌會士集中來華，將西醫生理知識引入宫廷士大夫階層，初可見意大利會士利瑪竇（Matteo Ricci）以《西國記法》譯書引介“腦主記憶”之説；[3] 繼而會士鄧玉函（Johann Terrentius）聯合士大夫畢拱辰作《泰西人身説概》譯本，前者口譯，後者筆録兼以潤飾，該籍係首部入華之解剖生理學漢文譯著；再者，有

〔1〕 部分生理知識在被發現之初，即與解剖學相互糾葛。彼時生理學知識内容時常介於自然哲學與醫學之間。參見 Nancy G. Siraisi, *Medieval and Early Renaissance Medicine: An Introduction to Knowledge and Practice*, University of Chicago Press, 1990, pp. 78－79.

〔2〕 Arthur Jamieson, “William Harvey.” *The British Medical Journal*, Vol. 1, No. 5032(1957), pp. 1421.

〔3〕 利瑪竇著，文錚譯：《耶穌會與天主教進入中國史》，商務印書館，2014 年，第 208 頁。

會士羅雅谷（Giacomo Rho）等所譯《人身圖説》。[1] 至清中葉，巴多明（Dominique Parrenin）爲康熙帝講授解剖學，特撰滿文教材《解體全録必得》。然以上著述雖涉生理内容，多係西方中世紀認知。[2]

西方近代生理學[3]知識向華之傳布始於十九世紀五十年代。咸丰六年（1856），英法兩國對華發動第二次鴉片戰争，清軍受命不事戰守，紫禁城破，清廷以署中英/中法《天津條約》告終。[4] 該約即明“基督教在華布

---

〔1〕方豪：《中西交通史》下，上海人民出版社，2015 年，第 672—679 頁。牛亞華：《〈泰西人身説概〉與〈人身圖説〉研究》，《自然科學史研究》2006 年第 1 期。張大慶：《中國近代解剖學史略》，《中國科技史料》1994 年第 4 期。

〔2〕民國醫史學者范行准認爲，《人身圖説》“論心穴”一章略涉血液循環知識，然此章云“生活細德”，復稱“生活細德”指“生活之靈氣”（筆者疑其係 vital spirits 之意譯），故“論心穴”一章所言實係古羅馬醫者蓋倫“生機活力論”概念，非近代生理學認知。參見范行准著，牛亞華校：《明季西洋傳入之醫學》，上海人民出版社，2012 年，第 82—83 頁。祝平一指出，明末清初生理學知識顯著體現宗教思想與生機活力論認知特質。參見祝平一：《身體、靈魂與天主：明末清初西學中的人體生理知識》，《新史學》1996 年第 2 期。

〔3〕Modern Physiology 慣譯作“近代生理學”。然西方生理學之發展實無“近代”“現代”之階段界分，僅有“古代”與“近現代”之别。因本書所涉時期恰值中國近代時期，故采通用譯法。

〔4〕Great Britain. Treaty of Tientsin (1858). Maritime Customs of China, *Treaties, Conventions, Etc., between China and Foreign States*, Statistical Department of the Inspectorate General of Customs, 1917, pp. 404 - 421.

道合法”條款[1]，此款既立，海外各宗傳道部皆遣教士來華，宗教傳播意旨日滲於“西書漢譯”活動。1851年，傳教醫師合信（Benjamin Hobson）編譯《全體新論》[2]，該籍係首部漢譯近代西醫著述，然此籍以“解剖學”爲主體内容，僅涉些許近代生理知識，而非生理學之系統述本。[3]

十九世紀中後葉，清季社會“屢戰屢敗”“國門洞開”等諸現實致使國人認知發生轉型，“師夷長技”不遑計議，諸多有識之士即投身西書編譯之時務，譯者非再祇限“泰西來華者”，譯介形式亦不泥於“西譯中述”傳統；“中譯西校”之法繼而肇興，既速譯介之效，亦信譯本之辭。相與此際，教會醫局於各通商口岸陸續創設，有鑒患衆漸長，醫局欲造就學徒承佐，於漢譯西醫教材之需求日有所增。故此際較先前，西方醫籍在華之譯介活動更爲頻繁。自咸豐元年（1851）《全體新論》付梓，至光緒二十年（1894）甲午海戰，醫學主題譯著陸續問世者二十

〔1〕 中英《天津條約》第八款中譯文作“耶穌聖教暨天主教原係爲善之道，待人如己。自後，凡有傳授習學者，一體保護，其安分無過，中國官毫〔吏〕不得刻〔苛〕待禁阻”，來源同上，第407頁。

〔2〕 合信撰：《全體新論》，廣州惠愛醫館刻本，清咸豐元年辛亥（1851）。

〔3〕 國内早期學者考《全體新論》作首部漢譯解剖學專著。參見趙璞珊：《合信〈西醫五種〉及在華影響》，《近代史研究》1991年第2期。近年亦有海外學者對此説法提出異議，稱《全體闡微》實係首部解剖學專門論著。參見松本秀士：《人體解剖學の専門書『全體闡微』の解剖學用語について》，《或問》2006年第12期。

部有餘；然其中多以“明驗臟腑”爲主，實爲解剖學論著，生理學知識僅於其中穿插些許。如觀照西方學科發展態勢，近代生理學已取得衆多認知突破，所函理論框架日趨體系化，故其東向傳布之契機見端。詳覈以上醫學譯著，可見系統論述格致生理者有三：《體用十章》（1884年博濟醫局刻本）[1]，《身理啓蒙》（1886年總税務司署刻本）[2]，《全體功用》（1886年益智書會出版）。就成書年份而論，《體用十章》係首部近代生理學專題譯著。

西書譯介爲彼時“夷務籌辦”之一徑，亦係“西學東漸”之表徵，既往深得學界重視。衆學者就漢譯格致書籍展開分科論述，然細詳至醫學領域，視域焦點普遍匯聚於解剖學科，首部解剖領域譯著《全體新論》即獲自文化思想史、觀念社會史、圖像史等維度之考察。[3]然對少數典籍之集中探賾，使此外多數籍册難得關注；

---

〔1〕 哈士烈著，孔慶高譯：《體用十章》，羊城博濟醫局刻本，光緒十年甲申（1884）。

〔2〕 艾約瑟譯：《身理啓蒙》，總税務司署刻本，光緒十二年丙戌（1886）。

〔3〕 文化思想史方面，參見八耳俊文：《ウェルカム図書館蔵ホブソン文書を用いた. ベンジャミン・ホブソン（合信）伝》，《青山學院女子短期大學総合文化研究所年報》2003年第11期。觀念社會史方面，參見吴義雄：《晚清時期西方人體生理知識在華傳播與本土化》，《中山大學學報》2009年第3期。圖像史參見松本秀士、坂井建雄：《『全體新論』に掲載される解剖図の出典について》，《日本醫史學雜志》2009年第4期。蘇精近年基於倫敦傳教會檔案的堅實研究修正了早先衆多學者的推測性論述，參見蘇精：《西醫來華十記》，中華書局，2020年，第140—153頁。

部分譯籍，後世衹聞其名，未詳其實。《體用十章》雖可見諸西書經眼録，然僅躋書目枚舉之列，鮮有相關考證述及此書。至其底本爲何，所論作何，後世均不甚了然，亦未曉此籍實係首部漢譯西方近代生理學專著。

然此文本成書之意趣，實非指向西方近代生理學内容與認知方式之賅備“移植”。彼時正值泰西格致之學東漸天朝清國之際，中土醫家儒士仍崇“岐黄靈素”爲醫理正宗，國人譯者自不免據中醫之道强爲西醫論述作解。由此，“中譯西校”之文本實係中外醫學理念自相調適後之雜糅呈現。雖東西生理觀之早期“逢遇”情狀寓於此籍，然後世對此四卷文本之疏蔑，致其所涵之屈折想象域界——“地方主體”與“異邦他者”在感知與思維層面之特質差異，竟未得以延展。

《體用十章》久被置於學界與公衆視域邊緣之現實，爲是籍於今之重審供以多重發掘維度。就版本學層面，是籍譯自何著？何時何由剞劂？校讎學層面，斯譯著較其底本於内容體例上有何異同？訓詁學層面，書中是否脱離中醫語義概念之通例規束，將西方人體觀注入傳統中醫語彙？詞法學層面，西方醫學術語作爲源語言與其中文譯體語言能否實現指涉通約？科學史層面，原著者與譯校者學術生平作何？底本所涉學科知識由譯本引介至何程度？學術新知於清季知識分子作何影響？社會思想史層面，書中所函觀念與時代思潮是否形成映射？該籍之傳布與彼時社會存在何種交互機制？智識文化史層面，譯介内容可否被解讀爲岐黄醫理視域下，對西方身理觀之另類闡釋？書中知識之呈現狀貌，實係西方生理學向異域東方之嫁接，亦或另類生理認知體系在華之獨特生發？本書欲就以上層面展開探賾。且對上述問題之指宜，似又構成對一歷史現象之回應，即《體用十章》何以爲後世束之高閣？

欲回應以上問題，需瞭解此中所涉主題面向，以及學界既有認知模式與分析框架。十九世紀至二十世紀前半葉，西方醫學之“東漸”，以帝國殖民擴張爲其幕景與驅動，清末民初時期，中國雖未淪作殖民屬地，然彼時爲英法軍事武力所迫，亦被動接受通商口岸、治外法權、海關關税議定等帝國特權制度。故對近代西方醫學在華之探討認知，仍與“帝國醫學/殖民醫學”“西醫與中國國家現代性”主題密切關聯。

該主題視域下之認知亦歷經迭代。早期，英語語言世界之殖民史書寫普遍以聖徒式論調，爲其殖民行徑辯護。此類醫學史宣稱：開展於殖民地之西醫醫療實踐，係人道主義精神之體現。白色人種以其醫學成就，克服并改造殖民地惡劣致病環境；歐陸醫學文明實則在挑戰并糾正“土著民”之愚昧與迷信認知。〔1〕 西方醫學被描

〔1〕 Lewis H. Gann, *Burden of Empire: An Appraisal of Western Colonialism in Africa South of the Sahara*, Pall Mall Press, 1968, pp. 282 - 292.

述作有其客觀性之普世科學，其作爲“歐洲征服”過程之工具身份則被悄然隱匿。

二十世紀六十年代，歐洲中心主義認知遭遇質詰與批判。法農（Frantz O. Fanon）即作爲代表性精神分析學者，指出殖民地白人醫師與被殖民體系統治者達成利益共謀，係帝國實現殖民壓制與剥削之重要組成。[1] 在其啓發下，（後）殖民主義研究者將西方醫學視作帝國“殖民意志”之象徵與實現途徑。此中，阿諾德（David Arnold）[2]、麥克勞德（Roy M. MacLeod）[3] 創先引導西方學者群體，對經歷殖民之亞洲國家開展體系化考察，進而探究西醫如何作爲帝國文化霸權意識之外延，被殖民地民衆所最終接納。在具體研究方面，阿諾德以“西醫在英屬印度之身體殖民”爲題材，論證其觀點：

---

[1] Frantz Fanon, Haakon Chevalier trans., *A Dying Colonialism*, Grove Press, 1967, pp. 134, 137.

[2] David Arnold, “Introduction: Disease, Medicine and Empire,” in David Arnold ed., *Imperial Medicine and Indigenous Societies: Disease, Medicine and Empire in the Nineteenth and Twentieth Centuries*, Manchester University Press, 1988, pp. 1－26.

[3] 麥克勞德指出，西方醫學以其本體概念維度、專業實踐維度、政治維度，與周遭文化情境互相形塑。此種形塑特質在西方醫學向海外傳布過程中得以凸顯。醫學在此過程中，被賦予另一重維度，即其本身既是文化表徵，亦係西方殖民文化之代理。參見 Roy M. MacLeod, “Introduction,” in Roy M. MacLeod, Milton J. Lewis eds., *Disease, Medicine, and Empire: Perspectives on Western Medicine and the Experience of European Expansion*, Routledge, 1988, pp. 1－2.

現代醫學之所有形式均關涉帝國殖民化進程，既往兩百年間歐洲及北美社會醫學史，係以日益强化之介入手段，獲取對身體話語壟斷權之歷史，殖民主義試圖將身體作爲自身權威與合法性之建構場域。[1] 阿諾德"身體殖民"認知得到學界積極回應，安德生（Warwick Anderson）在書評中，對殖民主義醫學研究之考察視角與路徑做出總結，由此明確"文化帝國主義"認知取向與分析框架。[2]

然此種標簽化界定實在預設地方文化及其承襲者於能動性之匱闕，同時預設文化係"剛性"思想體系，異質文化之碰撞類似零和博弈，即本土文化可被舶來文化所徹底驅逐或覆蓋。故"文化帝國主義"進路漸被學界質疑。[3]

---

〔1〕 David Arnold, *Colonizing the Body: State Medicine and Epidemic Disease in Nineteenth-Century India*, University of California Press, 1993, p. 9.

〔2〕 Warwick Anderson, "Where Is the Postcolonial History of Medicine?." *Bulletin of the History of Medicine*, Vol. 72, No. 3(1998), pp. 522 - 530. 安德生在其對美屬菲律賓熱帶醫療之研究中，深化并貫徹了帝國文化主義研究視角與路徑。楊祥銀將上述兩類認知差異稱作"帝國福利論"與"帝國工具論"之争議。參見楊祥銀：《殖民醫學史：術語内涵、核心争論與多元視角》，《學術研究》2022 年第 8 期，第 102 頁。

〔3〕 關於"文化帝國主義"認知之局限分析，參見 Ryan Dunch, "Beyond Cultural Imperialism: Cultural Theory, Christian Missions, and Global Modernity." *History and Theory*, Vol. 41, No. 3(2002), pp. 302 - 307. Shula Marks, "What Is Colonial About Colonial Medicine? And What Has Happened to Imperialism and Health?." *Social History of Medicine*, Vol. 10, No. 2(1997), pp. 205 - 219.

繼文化轉向後，史學領域出現地域/空間轉向。兩度轉向令地理概念“季風亞洲”逐步演變爲地域—文化概念。加之，科學技術社會學“强綱領”亦對科學知識之身份地位進行解構。在多種認知視角變革中，亞洲特定地域之“風土醫學”即作爲一種與科學具有價值對稱性之“地方知識”，進入研究者視野。西方醫學反被視作諸多競争性人體生命觀與治療模式之一種，而非普適全球之萬金油式認知體系。〔1〕

季風亞洲“在地醫學知識”主題研究，亦相應於“去殖民化”綱領性認知。此綱領秉持者指出，西方醫學實無法藉其帝國武力征服，切實壟斷被殖民地之身體話語權，西方醫學與本土在地醫學之互動，實較先前理解更爲複雜，旁涉時代—地域之復合向度。在此轉向契機下，楊念群從家庭與公共空間角度考察西醫在華活動，指出西醫診療空間排布與醫院管理制度，實際需在一定程度上迎合中國本土慣習與風俗，方可爲地方民衆所接納。〔2〕楊祥銀以對香港東華三院之考察，探討“殖民話語及權力”與“醫療空間生産/改造”之互動關聯，認爲殖民權力以本土民衆之重要生活空間爲媒介，輸出象

〔1〕 Andrew Cunningham, Bridie Andrews eds., *Western Medicine as Contested Knowledge*, Manchester University Press, 2017.

〔2〕 楊念群：《再造“病人”：中西醫冲突下的空間政治（1832—1985）》，中國人民大學出版社，2013年，第168—180頁。

徵西方文明優越性之意識形態，并以此爲權威知識話語，爲其改造空間性質之做法締造合理性解釋，最終實現由傳統中醫醫療空間向現代西醫醫療空間之轉化，以及空間内部群體對西醫之接納。[1] 雷祥麟從知識生成角度，考察西方衛生學説被引介入華後，本國另類衛生觀念之形成，指出衛生知識以“物質”“情感”與“認同”等本土性因素爲生發基礎。[2] 近年來，在張勇安[3]、李尚仁[4]等學者組織并參與下，國内學界逐步就“現代性與殖民醫學”“空間與身分建構”“中心與邊緣醫學知識生産”等專題開展探索性研究。

上述認知模式爲本書撰寫提供多重方法借鑒，回歸本書所考《體用十章》，“斯籍爲史所湮”現象背後，亦可見“時代—地域”之經緯織維。故情境主義認知不失爲究考其中緣由之一徑路，該認知視“在地/本土知識”(indigenous/local knowledge) 爲實存，以地方情境爲知識生發之源，特定地域之文化、經濟、政治、思想等諸維，以復合之勢形塑知識之狀貌，令其得具相應於地方

〔1〕 楊祥銀:《殖民權力與醫療空間：香港東華三院中西醫服務變遷（1894—1941年）》，社會科學文獻出版社，2018年，第246—279，283頁。

〔2〕 雷祥麟著，陳信宏譯:《非驢非馬：中醫、西醫與現代中國的相互形塑》，左岸，2024年，第77—106頁。

〔3〕 張勇安主編:《醫療社會史研究 第八輯 醫療傳教士研究》，社會科學文獻出版社，2019年。

〔4〕 李尚仁主編:《帝國與現代醫學》，中華書局，2012年。

之特性。[1] 就醫理認知而言，情境主義關注中西方於生命"體認"與"感知"層面所呈現之殊異性與斥外性，將之詮釋爲個體身心經驗與社會文化符號之系統交互與動態建構。[2] 可見，情境主義進路與醫學史研究之文化—地方轉向并軌而行，二者僅側重於不同面向，或於些許"關節處"有所分櫱。上述研究多以民國醫療實踐與相應概念變遷作爲視角切入，尚未將晚清西醫書籍譯介納入理論證驗範疇，本書於《體用十章》之具象案例研究，或可在一定程度拓展上述研究模式之應用畛域，并爲上述視角觀點之合理性提供評估參照。

---

〔1〕 Adi Ophir, Steven Shapin, "The Place of Knowledge a Methodological Survey." *Science in Context*, Vol. 4, No. 1(1991), p. 4.

〔2〕 David W. Chambers, Richard Gillespie, "Locality in the History of Science: Colonial Science, Technoscience, and Indigenous Knowledge." *Osiris*, Vol. 15, (2000), pp. 221 – 240.

# 貳　雜糅詭曖：與傳統典籍之神貌辨析

## 一　匪夷：漢譯西籍之文獻學考察

兹就《體用十章》於北京大學之藏本略作版本學概述：

> 體用十章　清孔慶高譯　美嘉約翰校 清光緒十年甲申（1884）羊城博濟醫局刻本 四册一函 阿卜杜勒·阿齊兹國王公共圖書館北京大學分館藏書 索書號 X/591/6841。

半葉十行，行二十四字，小字雙行，行字參差。白口，單魚尾，黑雙線，魚尾下記卷次、章次、葉次（逐章另起）。四周雙邊，框高 154 mm，寬 118 mm，書眉鎸欄註。紙高 245 mm，寬 145 mm。

綫裝，首卷書衣色係青緑，餘三卷書衣色皆棕黄，書籤紙色赭紅，上題墨筆正書“體用十章”，諸卷書衣處皆鈐有“雲南武備學堂藏書”朱記、“陸軍學堂官書”

朱記，卷内均鈐有“總辦雲南武備學堂事務關防”滿漢合璧長方朱印、“國立北京大學文科研究所圖書室登”藍録色印記。裝具爲一藏青色硬紙函套，非原函，函脊外黐紙籤，記書號作 X/591/6841。

首卷内封題作“光緒十年新鐫 體用十章 羊城博濟醫局藏板”，見圖（圖2－1）。首册正文前有蔡錫勇、孔慶高手序連寫，凡六葉，半葉六行，行十一字；蔡序三葉，文末署“光緒甲申孟冬 龍溪蔡錫勇書於羊城之静遠軒”雙行，下刊白文方印“蔡印錫勇”，朱文方印“義若”；孔序三葉，文末署“光緒甲申仲秋 瀋陽孔慶高序於同文館之寧桐軒”雙行，下刊白文方印“孔印慶高”，朱文方印“繼良”。繼見“例言”兩葉。

光緒十年新鐫
體用十章
羊城博濟醫局藏板

圖2－1　《體用十章》内封書影

正文首行題“體用十章”，次行與三行界欄處退三格留白，署有“英國哈士烈先生譔”，此下次行、三行分署“瀋陽孔慶高繼良氏筆譯”“美國嘉醫士約翰氏校正”。正文内含十章，各卷布設二至三章，諸卷卷首皆列所含章節目次，諸章所述題旨陳臚於下（表2－1）。從中可見，書中所涉内容周涵今之生理學體系框架。

**表 2-1 《體用十章》各章及其所述内容**

| 卷數 | 篇章名 | 所述内容梗概 |
|---|---|---|
| 卷一 | 第一章 全體功用論略 | 概述諸類生命活動與生理現象 |
| | 第二章 論血脈運行 | 心臟泵血之功能，血管生理和血液循環過程與機制 |
| 卷二 | 第三章 論血液 | 血液及淋巴液，血細胞生理，血凝結現象 |
| | 第四章 論呼吸 | 氣體交换，肺通氣及呼吸氣體在血液中之運輸 |
| | 第五章 論血脈消長之源 | 腎臟之血液循環及尿之生成與排出過程，物質代謝與能量代謝，體温及其調節 |
| 卷三 | 第六章 論消化之功用 | 消化器官及腺體所具功用，消化機制 |
| | 第七章 論運動 | 機體運動系統之結構與特徵，神經系統於其之統攝 |
| | 第八章 論知覺與智府 | 感覺與聽覺器官之作用，神經系統之感覺傳導機制 |
| 卷四 | 第九章 論眼官司視 | 視覺折光系統，視網膜感光功能，雙眼成像原理 |
| | 第十章 論腦部 | 大腦結構與功能，神經系統之傳導，機體反射機制 |

文獻來源：哈士烈著，孔慶高譯：《體用十章》，羊城博濟醫局刻本，光緒十年甲申（1884）。

第四卷末宣傳頁書云：售書《衛生要旨》《體質窮源》

《體用十章》《醫書五種》《全體闡微》。以上各種醫書在羊城仁濟大街仁濟醫局、怡和大街泰安藥房、上海美華書館、雙門底福音堂四處發售。另贊《體用十章》云：此書圖式細緻，按圖解説，不蔓不支。售價銀六毫半。[1]

清代印刷技業愈益發達，書刻卷帙遠勝前朝，然以滿蒙御漢等諸政統文化之故，整體刊印不及宋明精工。清前中期因乾嘉學派尤重考據，書册校勘慎審，寫刻皆係上乘；然至道咸年間，文印盛勢爲拳亂兵燹所遏竭，坊肆牟利之廉價書刻即於此際濫觴，時人批此類坊刻“不啻紙惡板劣，且多訛錯”。同光之際稍見“中興”氣象，地方省會正式創設官家書刻局署，所刊“局本”尚屬工緻，亦有爲後世所珍者。[2]

然由前文可知，《體用十章》由廣州博濟醫局（Pok Tsai/Canton Hospital）所刻，醫局難以比儕書局之正業，故其所刊籍册實屬坊刻本，而非“局本”。且醫局甚惜工本，刻印工序皆以撙節爲要，此徵亦得見於《體用十章》之成書面目。是籍用紙係官堆紙品，質值較廉。字刻係時所常見之方體字形，意似仿覆明季常熟汲古閣扁方體，然未盡肖。據前所述邊框及行款諸況，可知板幅頗爲狹

---

〔1〕銀一毫係二十分，銀六毫即一兩零二十分。

〔2〕艾爾曼著，趙剛譯：《從理學到樸學：中華帝國晚期思想與社會變化面面觀》，江蘇人民出版社，2018年，第172—174頁。黄永年：《古籍版本學》，江蘇教育出版社，2009年，第147—154頁。

仄，故行字密緻不朗，隨文附圖更失雅潔，字刻雖非粗率，然筆道略肥，點劃衹得拘謹；圖註小字擁塞更甚，字形雖更作長方，仍拙鈍難賅，墨不盡顯。書中“刻工”“書牌”諸類例説闕如，蓋刻工非係名匠；且逐章字刻甚有出入，遂疑刻工不止一人。

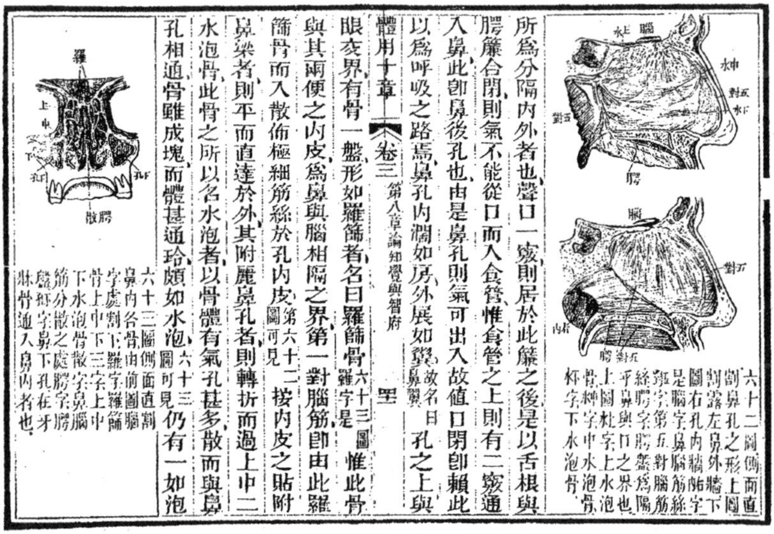
六十二圖側面直割鼻孔之形上圖對露左鼻外膞下圖右孔內膞鮎字是腦字鼻腦筋絲疏字第五對腦筋絲膠字膠盤爲隔平鼻與口之界也上圖杜字上水泡骨柎字中水泡骨杯字下水泡骨

所爲分隔內外者也聲口一竅則居於此簾之後是以舌根與膠簾合閉則氣不能從口而入食管惟食管之上則有二竅通入鼻此卽鼻後孔也由是鼻孔則氣可出入故値口閉卽賴此以爲呼吸之路焉鼻孔內濶如房外展如翼（鼻翼）故名曰　孔之上與

體用十章　卷三　第八章論知覺與智府　四二

眼交界有骨一盤形如羅篩者名曰羅篩骨（羅字是六十三圖）惟此骨與其兩便之內皮爲鼻與腦相隔之界第一對腦筋卽由此羅篩骨而入散佈極細筋絲於孔內皮（第六十二圖可見）按內皮之貼附鼻梁者則平而直達於外其附麗鼻孔者則轉折而過上中二水泡骨此骨之所以名水泡者以骨體有氣孔甚多散而與鼻孔相通骨雖成塊而體甚通玲頗如水泡（六十三圖可見）仍有一如泡

六十三圖側面直割鼻內各骨由前圖腦字處割下羅字羅篩骨上中下三字上中下水泡骨散字鼻腦筋分散之處膠字膠盤杯字鼻下孔在牙牀骨通入鼻內者也

圖 2－2　《體用十章》内頁

細研文本，則見鏤刻時有脱訛，偶見衍字倒文。刊本舛誤特甚，刻工之疏懈自爲其咎所歸，譯者與勘校者亦難脱其責。《體用十章》雖作宋字刻本，然刻工實照孔氏手稿付於梨棗。試觀孔氏手書筆體，較蔡氏之妍朗端楷（見下圖 2－3），孔書運筆失之飄滑，中鋒未顯，勢神惶懈，筋骨乏遒，悉跡難辨；筆墨類此洵無益雕板，若遇刻工識見駑下，即多臆劂。書中刻録甚繆處似作剜改，復補雙行小字；衍字頗繁者，則於書眉欄註另作説明；然異字仍不可勝記，可知付梓終板曾不一校。

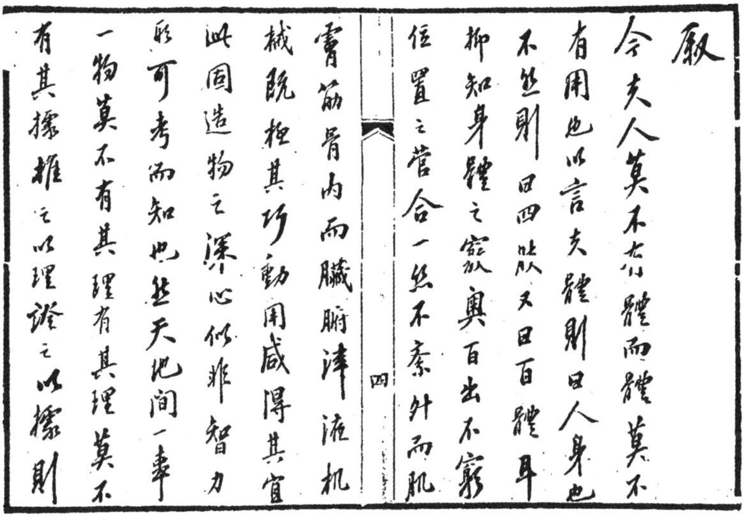

敍

今夫人莫不有體而體莫不有用也以言夫體則曰人身也不然則曰四肢又曰百體耳抑知身體之竅與百出不窮位置之當合一絲不紊外而肌膚筋骨內而臟腑津液機械既極其巧動用咸得其宜此固造物之深心似非智力所可考而知也然天地間一事一物莫不有其理有其理莫不有其據推之以理證之以據則

四

圖 2－3　孔氏手書

相較於字刻，雕版插圖尚屬精工。圖計八十五幅，似仿西洋明暗繪製技法，圖繪以著墨階調之濃淡漸變，示組織結構之淺表與縱深，其層次林立之態盡彰。博濟醫局在其刊售廣告中，即以此書“圖式細緻，不蔓不支”作語宣揚。書中圖繪雖未脱匠氣，然有鑒此籍係格致主題，畫刻須以近真寫實爲要，毋須以傳統典籍寫意作繪製之矩範。凡線條明晰有力，構圖比例得當，黑白顯色分明，已可謂上乘圖板。

概而言之，醫局囿於造價之籌度，此書刻印大凡從簡，印本雖非乏善可陳，然其鋟板誠非佳槧。

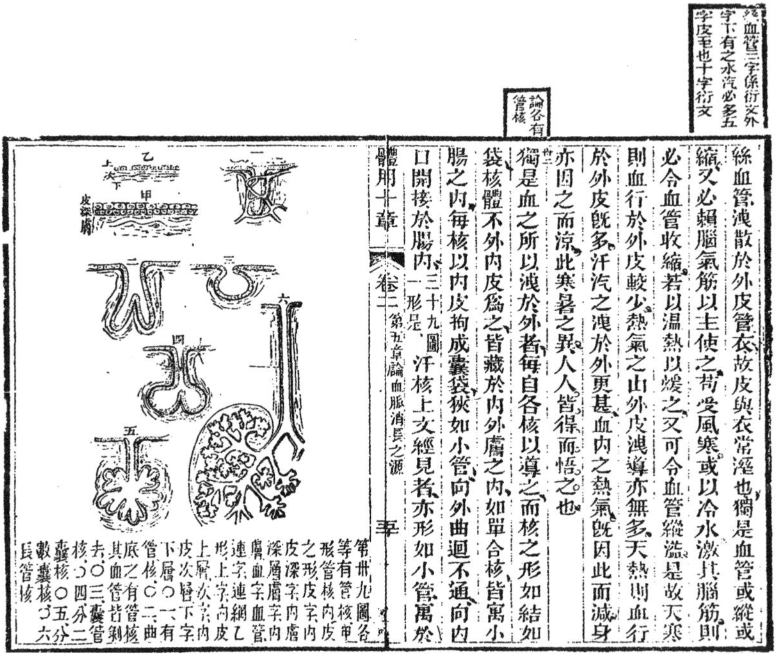
絲血管三字係衍文外字下有之水汽必多五字皮毛也十字衍文

論各有管核

絲血管洩散於外皮管衣，故皮與衣常溼也。獨是血管或縱或縮，又必賴腦氣筋以主使之。苟受風寒，或以冷水激其腦筋，則必令血管收縮。若以温熱以煖之，又可令血管縱盜。是故天寒則血行於外皮較少，熱氣之出外皮洩導亦無多。天熱則血行於外皮既多，汗汽之洩於外更甚，血內之熱氣既因此而減，身亦因之而涼。此寒暑之異，人人皆得而悟之也。

獨是血之所以洩於外者，每自各核以導之，而核之形如結如袋，核體不外內皮爲之，皆藏於內外膚之內。如單合核，皆寓小腸之內，每核以內皮拘成囊袋，狹如小管，向外曲迴不通，向內口開接於腸內。三十九圖一形是。汗核上文經見者，亦形如小管，寓於

體用十章 卷二 第五章論血脈消長之源

第卅九圖各等有管核。甲形管核內皮之形，皮字內皮深字內膚深層膚字內膚血字血管連字連網。乙形上字內皮上層次字內皮次層下字下層。〇一有管核〇二曲底之有管核，其血管皆剝去。〇三囊管核〇四分二囊核〇五分數囊核〇六長管核

圖 2－4 《體用十章》內頁

版本學雖將研究視域延擴至民國籍册，然晚清西學譯籍似未躋其疇。科學史文獻學者雖有此類探討[1]，仍以此中局部特徵或個別版本考察爲例，亦未能自文獻學

〔1〕 王揚宗、孫顯斌、鄭誠、鄧亮等諸學者於晚清漢譯西學文獻皆有目録版本學方面之研究。

視域對清季漢譯西書特徵闡發論述。究其緣由，似在此類譯籍之匪夷質性。西書中譯風氣應清季“師夷長技”而起，然此“師夷”新法實屬悖論，“夷技”具函“器物”“制度”“文化”諸多面向，就西學印刻事業而論，似西國智識言説爲“夷技”，其印刻體例則非也；然二者必爲相得輔成，取傳統典籍之文體，載西國自然格致之意。殆形未賅備，意未盡言。時人亦就“漢譯西學典籍之版式行款”莫衷一是，書局坊肆各指其範，如墨海、美華等諸教會所設之文印書館，其籍册排版即以“横寫英文”與“豎寫漢文”并列作目録；而如江南製造總局等傳統官書局，覆以宋明板式呈現西學譯文。博濟醫局亦有所效法，然中西文體似彼此齟齬，譬以屬節標題做論，此係西語“形合”特質之外顯，旨在明其遞進分析之文義，然此類未嘗見於傳統漢語文體，《體用十章》即於書眉欄註處寫刻此屬節，然書中補録附言亦寫於欄註處，如此作淆。故清季漢譯西籍之形貌非中非西，或可稱爲中西版式之雜糅，既實難符文獻學於古代典籍之榘矱，亦與傳統文獻學之考察指歸相去甚遠。

轉而觀之，清刻固自紛繁，字體款式本乏章法，清季乾嘉精審風氣漸靡，坊刻經典時有謬錯，何况漢譯西籍？以《全體新論》咸豐元年（1851）海山仙館刻本爲例，該刻本雖由國人潘仕成監覈，然其板（如圖 2－5 所示）字刻筆道甚肥，點劃失其比例，“魚尾”“界欄”等

全體新論卷五

耳官妙用論　　泰西合信氏注

耳者採聽之官中有機竅以接聲氣若無聲氣則無所聞猶目之無光則不見也然聲之為氣甚多有四方之言八音之樂鳥獸之音林泉之韻千變萬化莫能窮狀耳則聽而知之斯亦妙矣若力掩其耳聲氣不通即無所聞西國人置一響鈴于玻璃瓶內用法攪出瓶中之氣氣漸出鈴聲漸細及攪盡即無所聞復用法放氣入瓶漸放漸聞放足則鈴聲如常是耳所聽者氣能傳也傳聲之氣譬

全體新論卷五　一　海山仙館叢書

如擊鼓力重則聲大力輕則聲小近聽則聲大其至亦速遠聽則聲小其至亦遲如投石水中衝開一暈暈漸大漸遠而沒聲如暈而氣如水也但傳聲之氣與傳香臭冷熱之氣不同氣在空虛之處則易傳聲音乃依實處更易傳如兩人對坐相離數尺細語不聞一人以口向桌而言一人以耳向桌而聽即聞其語音有聾人見彈琴不聞其聲適因吸烟偶置烟斗琴上牙含烟嘴忽佳音從口入耳不覺大喜此實處傳聲之證緣其人外耳竅壞而內竅未壞也水中傳聲亦易人試浸耳於水

圖 2－5　《全體新論》內頁

傳統行款組構亦不復見。[1] 故相較而言，《體用十章》與傳統典籍板式略有殊異，似亦在情理之中。

## 二　逢遇：成書始末

據前所述，《體用十章》由廣州博濟醫局於光緒十年

〔1〕合信在書信中即痛批海山仙館刻本質量低劣，并於再版例言中附文稱："近見有數坊本，形圖錯處頗多，失却本來面目，閱者需當辨之。"又於此後所譯《西醫略論》中，言稱"粵東多有翻刻著，葉遂翁封君所刻最精"，藉褒獎葉遂翁刻本以貶責潘仕成之刻板。參見蘇精：《西醫來華十記》，中華書局，2020 年，第 148—150 頁。合信撰：《西醫略論》，上海仁濟醫館刻本，清咸豐七年丁巳（1857），例言。

（1884）刊行，國人孔慶高筆譯，蔡錫勇手序，美籍傳教醫師嘉約翰勘校。然是書譯介之緣由，譯校者與書序者、刊刻發行者之關聯，尚待窺究。

此譯書事業以廣東博濟醫局爲實體承托，嘉約翰爲其主事，遂相與介述。嘉約翰（John Glasgow Kerr，1824—1901），美裔俄亥俄州人，1847 年於傑斐遜醫學院（Jefferson Medical College）獲“醫學士”[1] 資質，後爲美長老會所遣，於 1854 年來華傳教行醫；翌年繼羊城眼科醫局創設者伯駕（Peter Parker）職，續董其事，拓醫局爲“全科”面向，并於 1859 年以“博濟”重冠其名。[2] 博濟醫局於時世之業務，非衹在除疴祛疾，亦兼編譯西學書籍。嘉氏即爲此業之躬行先踐者，由其翻譯或力主編譯之西學籍册達三十四部，此中多以格致化學或醫學爲旨要。《增版東西學書録》共收醫書五十二部，其十五部即出自博濟醫局。[3]

此書譯者及其“譯員身份”形成之時代背景亦值得

---

〔1〕美國醫學士（Doctor of Medicine）：執業醫師須取得之專業學位，得獲該學位，始具行醫資格。

〔2〕William W. Cadbury, *At the Point of a Lancet: One Hundred Years of the Canton Hospital, 1835－1935*, Kelly and Walsh, Limited, 1935, pp. 276－278.

〔3〕熊月之編：《晚清新學書目提要》，上海書店出版社，2014 年，第 129—136 頁。

考述。孔慶高（約 1859[1]—?），字繼良，正藍旗駐粤漢軍[2]，原籍瀋陽，占籍廣東。[3] 光緒三年（1877），廣州同文館徵募適齡學員，於廣州駐防内遴選“質地尚可造就者”，得旗籍子弟十六名。[4] 孔氏躋其列，始於館中修英文。光緒六年（1880），孔氏因才識優長，獲御賜奬俸。[5] 同年孟秋，駐粤督軍長善[6]隨堂以英漢互譯考覈同文館諸生課業，孔氏再拔頭籌，教習譚順[7]亦稱其譯文“理合奏明”。長善遂奏光緒帝，稟請予孔氏以“翻譯生員”職，旨准，孔氏即於同文館續治課業，兼作譯員受差於署衙，爲期三歲[8]。光緒九年（1883），長善再於奏中盛贊孔氏“代傳言語，頗稱得力”，并援引同

〔1〕同文館於所徵學員之年齡覈查相較嚴苛，且在諸生入學三年後即行考覈，該館學生蔡錫勇於同治十年（1871）受覈，孔氏受覈年份（光緒六年）較蔡氏晚九歲，已考蔡氏生年爲 1850 年，故推孔氏生年約爲 1859 年。

〔2〕朱壽朋：《東華續録·光緒朝》卷三十六，上海集成圖書公司鉛印本，宣統元年己酉（1909）。

〔3〕劉小斌，鄭洪：《嶺南醫學史》中，廣東科技出版社，2012 年，第 735 頁。

〔4〕文慶等輯：《籌辦夷務始末 同治朝》三，中華書局，2008 年，第 921 頁。

〔5〕《長善等奏同文館學成諸生請分别給奬奉折》，《申報》，1880 年 8 月 22 日，第 3 版。

〔6〕長善，正紅旗人，同治七年季冬受任駐粤督軍，光緒十年卸任。

〔7〕譚順（Theos Sampson），美籍，同治九年任同文館英文教員，後告假返美，光緒二年回館復職。

〔8〕《光緒六年七月初十日京報全録》，《申報》，1880 年 08 月 25 日，第 4 版。

文館章程，請予該生以“縣丞”職。[1] 然此後縣丞受任之列終未見孔氏。[2]

《體用十章》成書之肇，可溯至光緒六年（1880）。時孔氏於同文館罹酷瘧，“百治罔效”，遂赴博濟醫局問藥，由此得識醫師嘉約翰。嘉氏得悉孔氏善譯英文，即予其一西醫内科典籍，囑其照書中所述自行醫治。孔氏遂由此西法得痊，待其細研此籍，衹覺“其法精妙，其理顯明”。嘉氏亦欲“將此書公諸於同好”，故請孔氏“於館課間分時譯録”。歷三載，是籍譯畢，得名《西醫内科全書》。[3] 照此前長善於奏呈所表，孔氏非駑鈍之質，其與嘉氏“中譯西校”之合璧協作遂有所賡續，相繼譯得《西醫内科全書》（1882）、《體質窮源》（1883）、《體用十章》（1884）、《婦科精蘊》（1889）四種，皆由博濟醫局付梓并刊售，亦用作醫局教學之扛鼎著述。

據前所言，彼時孔氏既修業於譯館，亦受命於署衙，衹得些許曠暇譯介西文醫籍，然觀上述衆籍付梓之時歲，可曉其譯述之效甚速。然此前孔氏未嘗業從醫

---

〔1〕《光緒六年十月初六日京報全録》，《申報》，1883 年 11 月 19 日，第 10 版。

〔2〕繼格，張之洞：《廣東同文館又閲三年請將在館各員循案分别給予獎敘折》，高時良：《中國近代教育史資料彙編 洋務運動時期教育》，上海教育出版社，1992 年，第 256 頁。

〔3〕孔慶高譯：《西醫内科全書》，羊城博濟醫局刻本，光緒六年庚辰（1880），自序。

家，同文館課章亦未涉中西醫理。若非專攻術業，孔氏何以速效譯介此等理論文本？考孔氏初期譯著《西醫内科全書》《體質窮源》，二籍皆係涉儒醫李定源。李定源，字本之，祖籍瀋陽，早年師從醫界名家魏之琇[1]，襲其衣鉢，於同治二年（1863）重校魏氏遺著《續名醫類案》；然亦心繫仕舉，故於同治七年（1868）補弟子員，十三年（1874）充任廣州同文館“漢文教習”職。李孔二氏既係師徒，亦同鄉梓，交誼經久匪淺。故孔氏翻述醫籍，實得李氏之臂助。首見李氏爲孔氏所譯《西醫内科全書》作序，贊該籍“洞達竅奥，能補前賢所未及”。又見孔氏於《體質窮源》自序云，吾師本之李夫子出示西國圖説一卷，謂“得自税務司包臘者，可否譯之”。[2] 可知此譯籍之西文底本實由李氏饋予孔氏。

早期，醫局多取“西譯”形式，即初由嘉氏譯得中文大旨，後經國人稍飾文采。然《體用十章》等成書，孔氏效譯述之力，嘉氏僅輔以勘校，有鑒孔氏於自序中，尊嘉氏爲“師”，或其素得嘉氏提點。孔氏雖非“獨立譯者”，洵開“國人主譯西文醫籍”之先河。

---

〔1〕 魏之琇（1722—1772），字玉璜，號柳州，浙江杭州人。世醫出身，醫術負盛名。乾隆三十五年庚寅（1770）著《續名醫類案》，補明代江瓘《名醫類案》之未備。

〔2〕 孔慶高譯：《體質窮源》，羊城博濟醫局刻本，光緒九年癸未（1883），第 1a—2a 頁。

孔氏亦爲《體用十章》作自叙。“叙”首即歎人身之構造樞機之殊卓：“身體之竅奧百出不窮，位置之營合一絲不紊，外而肌膚筋骨，内而臟腑津液，機械既極其巧，動用咸得其宜。”隨衍朱子之章句[1]，明此譯籍旨在根究人身原委，實儒家循理之道：“天地間一事一物，莫不有其理，有其理莫不有其據。推之以理，證之以據，則事物無不可明。矧夫體用爲人所固有，行乎己所自歷，豈其間獨無理據之可考乎？”談及譯述心得，孔氏感喟，適善底本之尋覓洵非易事，“泰西自尚格致以來，體用之書，代有發明，然編卷太繁，譯録恒非易事”；又感唏既往遺恨，以表陳此本珍稀幾何，“自余去歲選譯《體質窮源》，每憾言衹及夫全體，未嘗及夫功用。適余師嘉約翰先生，檢得哈士烈先生所註《體用十章》。其説理明晰，證據確切，凡一切人身消長之機，血脈運行之理，與夫氣機流行、知覺運動，莫不推詳備至、圖注分明。誠中土目所僅見之説也”，故譯此“泰西不可多得之書”，以作“養身之一助”。

孔氏於不遑之際譯成此“罕儔西籍”，既在得李氏之輔相，亦在承先學蔡錫勇之敦勉。蔡錫勇（1847—1898），字義若，又字啓運，福建龍溪（今福建龍岩）

〔1〕朱熹之章句原作“所謂致知在格物者，言欲致吾之知，在即物而窮其理也。蓋人心之靈，莫不有知；而天下之物，莫不有理”。參見朱熹：《大學·朱熹章句》，宋吴縣吴氏仿宋本，第2a頁。

人。同治三年（1864），係廣州同文館首屆招録生；六年（1867）經考察，得予“監生”；十一年（1872），經總理衙門銓材，應舉入京師同文館修業；十三年（1874）畢業赴粵任“通判”職；光緒元年（1875），充譯員兼參贊，隨副憲陳蘭彬出使美、日、秘魯三國，於華盛頓覊泊四載，歸國後暫履廣州同文館英文教習職；八年（1882），時任廣東巡撫曾國荃於粵地創設“外洋文報局”，委蔡氏以“駐局督辦”，接遞出使各國大臣往來文電，至十年（1884）孟冬已届三年期滿，蔡氏之官職獎叙即應由地方總督商榷；同年，山西巡撫張之洞右遷兩廣總督，蔡氏經薦得晤，幸見器於香帥，即充其幕僚，責吏務之籌。〔1〕

由前文可知，孔氏入廣州同文館修業期間，恰值蔡氏在館執事，兩君遂得逢識，至《體用十章》譯成方初，蔡氏已任外洋文報局督辦。蔡氏爲孔氏譯籍作序，實爲先學於後進之拔擢。蔡嘗於另一自序中書云：“余昔駐華盛頓四年，翻譯之暇，時考察其政教風俗。”〔2〕其舶洋覊旅期間或於此書底本有所耳聞，故於叙中揚贊此書“議論明通，考證精細，外國醫家無不奉爲圭臬”；亦可

〔1〕曾紀澤：《丙戌三月初六日請獎期滿人員疏》，《曾惠敏公奏疏》第六卷，光緒十九年癸巳（1893），江南製造總局鉛印本，第 7b 頁。張之洞：《錫勇留粵補用片 光緒十年十二月二十七日》，《張文襄公奏議》卷十，民國十七年戊辰（1928），張文襄公全集刻本，第 8b—9b 頁。

〔2〕蔡錫勇：《傳音快字》，文字改革出版社，1956 年，第 1 頁。

見蔡敘文辭雋麗，氣象蔚然。其書品字行清朗，筆端工秀，點劃軟美，運筆勁藏而神縱；誠爲此樸質坊本增一錦霞扉文。

蔡氏之盡力襄助，或在蔡孔交誼之深，另可究蔡氏之學識品行，於京師同文館深造期間，蔡氏得居天文算學館，漸通識格致等諸科，彼間譯介相關幾何曆法文本。張之洞即奏稱“粵東官吏結識洋人者甚多，而講求洋務者甚少，向來號稱熟習洋務者，非學識粗淺，即品行猥雜”，惟贊蔡氏“志向端謹，才識精詳。因專派充當洋務局委員，承辦各事，均能深明大體，動協機宜，實爲辦理洋務不可多得之員”。可知蔡氏係彼時難得諳曉西學之名仕，亦秉香帥“籌辦夷務”之矢志，故其付諸孔氏譯籍

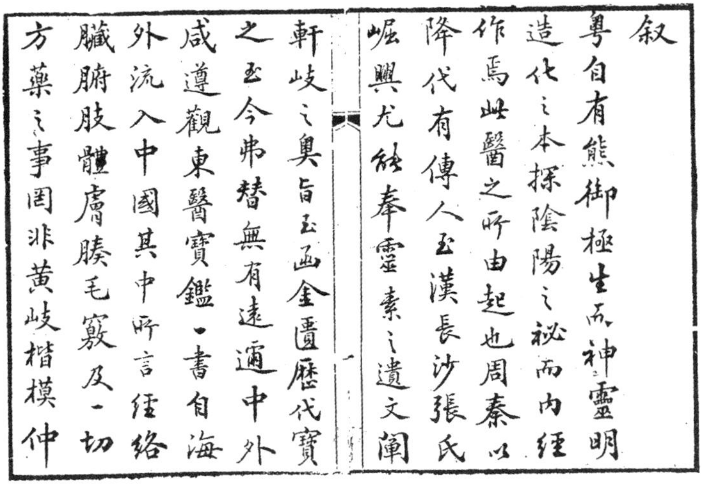
敘
粤自有熊御極生而神靈明
造化之本探陰陽之祕而内經
作焉此醫之所由起也周秦以
降代有傳人至漢長沙張氏
崛興尤能奉靈素之遺文闡
軒岐之奧旨玉函金匱歷代寶
之至今弗替無有遠邇中外
咸遵觀東醫寶鑑一書自海
外流入中國其中所言經絡
臟腑肢體膚腠毛竅及一切
方藥之事罔非黃岐楷模仲

圖2－6　蔡錫勇正書手跡

之首肯，實爲於西學譯者順應“洋務運動”時勢之策勉。

綜上，可知《體用十章》之成書相係於廣州同文館與博濟醫局兩址，粵省位居通商要津，譯學館與西醫局皆爲門户洞開條例之副産，故咸具中西交匯之質性，兩址於空間與文化維度之互通[1]，令荷載文化思想之時人得以往復遊走於其間，似以隱晦形式淺描傳統與舶來文化間聯繫鬆散且邊界交滲之情狀。

## 三　流轉：商貿與宗教之格致書寫

如前所述，西書譯介之主體係外籍教士與在華國人，美華、墨海、益智等外洋書館雖爲專司刊刻之坊館，然其規模不宏，收支聊相抵敷，所譯西書底本實未購其海外版權，故彼時中譯本多諱其底本西文題名，以免爲海外書商咎責。有類於此，《體用十章》亦未説明其底本信息，衹於卷首稱原著者係“英國哈士烈先生”，然“哈士烈”之稱名僅係音譯。

關涉是籍底本之説，最早可見 1885 年《教務雜志》（*The Chinese Recorder and Missionary Journal*）一專題文

〔1〕 廣州同文館位於南海縣朝天街（今越秀區朝天路），博濟醫局落於南海縣仁濟大街（今越秀區中山二路）。

章，稱“由 Huxley 與 Youman 合撰之 *Manual* of *Physiology* 經由嘉約翰醫生組織編譯，譯本現已付梓發行”（A translation of Huxley and Youman's *Manual of Physiology*, prepared by Dr. Kerr, has been published）。[1] 該文所言 Huxley 似與譯名“哈士烈”音聲契切，據該文線索稽覈，可知所涉二君係指英國生物學家托馬斯・赫胥黎（Thomas Henry Huxley）與美國出版界名仕威廉・尤曼斯（William Jay Youmans）。[2]

赫胥黎係聲名遐邇之生物學者，其生平著述凡皆可考，然其中未有籍册題作 *Manual* of *Physiology*，其與尤曼斯合撰著述唯有一部，名係 *The Elements of Physiology and Hygiene*（中譯名《生理衛生學初階》），由美國阿普爾頓

〔1〕 Report of Canton Hospital. *The Chinese Recorder and Missionary Journal*, 1885 - 11 - 1, pp. 398 - 399. 另陝西中醫學院館員王妮撰文稱，該館所藏《體用十章》版本“書首封皮後有 Jos. C. Thomson 的英文原序”，後附整理後的序言文稿，稱“Dr. KERR feeling deeply the need of such a treatise for the Chinese has after much painstaking labor prepared the following translation of the standard work on Physiology by Profs. Huxley and Youmans”，該序言日期署爲“December, 1884”。如照此文所言，最早涉及底本信息者係此書英文序言。然筆者所察《體用十章》五部版本（北大圖書館所藏三部，南開大學圖書館所藏一部，廣東省立中山圖書館所藏一部），均未見王妮所言“英文序言”，且王妮未能提供英文序言之影印圖像。參見王妮：《胡適題跋本〈體用十章〉》，《中醫文獻雜志》2006 年第 3 期。

〔2〕 William Jay Youmans（1838—1901）：美籍紐約州人，早年習醫，後赴英國追隨赫胥黎，回國後於美國創辦《大衆科學月刊》（Popular Science Monthly），一度任主編。

公司（D. Appleton Company）於 1867 年刊行初版。[1]

將《體用十章》與 *The Elements of Physiology and Hygiene*[2] 略作比較，可知此中外二籍實有所異，首在主體内容齟齬，次在框架體例互殊。

内容層面，英文本所述如其題首，兼涉生理學與衛生學，雖其中生理學部分與中文本所述大致符契，然其所論衛生學部分則在《體用十章》中無見照偶。此外，中文本卷首寫作“哈士烈先生譔”，無著筆墨於“尤曼斯”。體例層面，首先，兩書章節未能對應，英文本分設二十章，中文本劃布十章；其次，兩書各章所含屬節數目有别，英文本多爲四節，中文本均二十餘節；最後，英文本屬節序號呈累積式標注，凡 509 節，中文本各章屬節另起排列。綜上，《教務雜志》就《體用十章》底本之説辭似有譌訛，筆者疑其底本另係它著。

細審 *The Elements of Physiology and Hygiene* 之序言，尤曼斯如是表陳：

“赫胥黎先生，吾良師益友也。其於浩繁學術中撥冗著書，日無暇晷，竟成此生理奠基之作。余料此籍勢將

[1] Thomas H. Huxley, William J. Youmans, *The Elements of Physiology and Hygiene: A Text-Book for Educational Institutions*, D. Appleton & Co, 1868.

[2] *The Elements of Physiology and Hygiene* 後於 1878 年發行修訂版，有鑒於兩版體例改動較少，本書采用 1868 年版本。

風行北美，請之，先生以初稿寄余，允余充其涵旨，修其框架，以融美國教育之新境。余遵其囑，改體例，存原意，外增篇章若干，以述實用衛生之道。”（My friend and teacher, Professor Huxley, having been for a considerable time engaged in the preparation of an elementary work on Physiology, at such brief intervals as he could snatch from his laborious scientific researches, and it having been suggested to him that its republication in this country might be desirable, he confided the early sheets of the work to me, to make such additions of matter and modifications of form as might be thought proper to adapt it to the circumstances and requirements of American education. I accordingly revised the form, without disturbing Professor Huxley's text, and added several chapters on Practical Hygiene.）[1]

據此表陳，可知 *The Elements of Physiology and Hygiene* 實爲赫胥黎“初稿”發行於北美之修訂本，因尤曼斯拓增衛生學内容，故外稱二氏“合著”。據此可推，赫胥黎獨作之“初稿”或爲《體用十章》之底本。

詳覈赫胥黎生平所著書目，疑“初稿”係指赫胥黎專

---

〔1〕 Thomas H. Huxley, William J. Youmans, *The Elements of Physiology and Hygiene: A Text-Book for Educational Institutions*, D. Appleton & Co, 1868, p. iii.

著 *Lessons in Elementary Physiology*（中譯名《生理學基礎教程》），是籍初版 1866 年於英刊行。此籍於英美之輾轉亦可以赫胥黎次子[1]之憶述爲鑒：*Lessons in Elementary Physiology* 問世未幾，赫胥黎即得尤曼斯來信，商議書稿版權購置事宜。尤曼斯時任美國阿普爾頓出版公司（D. Appleton & Company）編輯職；嗣經其整理修訂，原書稿翌年作 *The Elements of Physiology and Hygiene* 在美發行。[2]

初經對比 *Lessons in Elementary Physiology* 與《體用十章》，此中英二籍框架體例近似。然尚未能由此斷言該英本確爲所尋之底本，仍俟就其内容再行覈驗。

該英本由麥克米倫公司（Macmillan Company）於 1866 年發行初版[3]，1868 年即發行次版[4]，1872 年繼刊三版[5]，截至 1915 年，第六版已付梓。[6]《體用十

[1] 倫納德·赫胥黎（Leonard Huxley，1860—1933），作家，著有赫胥黎傳記與書信集録。

[2] Leonard Huxley, *Life and Letters of Thomas Henry Huxley*, D. Appleton & Co, 1909, p. 305.

[3] Thomas H. Huxley, *Lessons in Elementary Physiology*, Macmillan & Co, 1866.

[4] Thomas H. Huxley, *Lessons in Elementary Physiology*, Macmillan & Co, 1868.

[5] Thomas H. Huxley, Lessons in Elementary Physiology, Macmillan & Co, 1872.

[6] 早期，英出版商僅在卷首標註其版次而非版本，版次以印刷年距初版年相隔年份相計，1872 年版距初版（1866）相隔 6 年，故稱“第六版”。後因此書再版重印達三十餘次，出版商爲便於稱謂，即改以版本記録，故稱 1872 年版爲“第三版”。

章》成書於1884年，故可據此年份推知，其底本無關乎英本第四版（1885）及此後版次，尚需考慮者，僅餘初版（1866）、次版（1868）與三版（1872）。

相較於初版，次版與三版所增文本內容，多可尋跡於《體用十章》，如表2－2所舉隅。

**表2－2　英本第三版較初版所增屬節及其與《體用十章》內容之照應**〔1〕

| 英本第三版（1872） | 《體用十章》 |
| --- | --- |
| 25. The nervous system combines the action of the various organs | 二十五 論各經運用得宜皆主於腦 |
| 26. Life and death | 二十六 論生死異勢 |
| 27. Local death constantly going on in the body | 二十七 論人身時有死腐之處 |
| 28. General death—death of the body as a whole, and death of the tissues | 二十八 論死有各處先後不同 |
| 29. Modes of death | 二十九 論人死之勢各有不同 |

文獻來源：

Thomas H. Huxley, *Lessons in Elementary Physiology*, Macmillan & Co, 1872, Contents.

哈士烈著，孔慶高譯：《體用十章》卷一，羊城博濟醫局刻本，光緒十年甲申（1884），目録。

〔1〕獨第一章第三十節 Decomposition and diffusion 未見於譯本，筆者冒揣，此節以英劇作家莎士比亞筆下人物爲典故，於英人皆耳熟能詳，於中土實聞所未聞，詳釋此典，頗費篇章，國人抑或未能明其大意，故略而不譯。

此外，次版、三版較初版文本内容有所增補處，亦於《體用十章》有明確含義對應，試以下表（表2－3）作具體指宜。

**表2－3　第三版新增内容與《體用十章》對應譯文**

| 英本第三版（1872） | 《體用十章》 |
|---|---|
| Muscles are accumulations of fibers, each fiber having a definite structure which is different in the striated and unstrained kinds. | 至論肌肉，爲肌絲結叠而成，絲形不一，有起紋者，有無紋者。 |
| But, exactly opposite the middle of the posterior wall, it presents a slight circular depression of a yellowish hue, the macula lutein, or yellow spot—not easily seen, however, unless the eye be perfectly fresh. | 惟與眼珠後半正中相對處，則有黄點一粒，惟必生人眼球割露乃可見，死後太久者，未易見之。 |

按：陰文印刷者爲次版、三版所增文本，與《體用十章》對應譯文。

文獻來源：

Thomas H. Huxley, *Lessons in Elementary Physiology*, Macmillan & Co, 1872, pp. 158, 214－216.

哈士烈著，孔慶高譯：《體用十章》卷三，羊城博濟醫局刻本，光緒十年甲申（1884），第19b頁。

哈士烈著，孔慶高譯：《體用十章》卷四，羊城博濟醫局刻本，光緒十年甲申（1884），第1b頁。

故可由此斥絶底本係初版之疑端，進而比照此後兩版，則可見二者言語如出一轍，僅就文本而論，三版較次版之變動僅在將屬節 Case of Mrs. A. 移至附録。[1] 中譯本删去此節，故無法據文本確斷底本是何。

在文本内容之外，三版較次版差異顯著之處，在增補插圖 35 幅。[2] 赫胥黎即於第三版序言稱："爲使文中所述可觀易曉，該版新增解剖插圖甚夥。"[3] 試將第三版新增插圖檢出，即可見其與《體用十章》插圖皆相符契，兹於表 2－4 説明。

**表 2－4　第三版新增之插圖及對應中文譯文**

| 圖序 | 英本三版較次版新增插圖之圖題 | 《體用十章》相應之圖題 |
| --- | --- | --- |
| 3 | A. Diagrammatic representation of a capillary seen from above and in section<br>B. Diagrammatic representation of the structure of a small artery | 甲：微絲血管割斷由上觀下<br>乙：小脈管内質體 |
| 8 | Heart of sheep | 羊心割出離於肺之形 |
| 11 | Right side of the heart of a sheep | 羊心右邊 |
| 12 | Left side of the heart of a sheep | 羊心左房 |

〔1〕 Thomas H. Huxley, *Lessons in Elementary Physiology*, Macmillan & Co, 1868. pp. 268－272. Thomas H. Huxley. *Lessons in Elementary Physiology*. Macmillan & Co, 1872. pp. 302－306.

〔2〕 次版插圖計 86 幅，三版較次版，插圖删減者 18 幅，新增者 35 幅，故三版插圖凡 103 幅。

〔3〕 Thomas H. Huxley, *Lessons in Elementary Physiology*. Macmillan & Co, 1872. Preface.

續 表

| 圖序 | 英本三版較次版<br>新增插圖之圖題 | 《體用十章》<br>相應之圖題 |
|---|---|---|
| 13 | View of the orifices of the heart from below | 心上房由下觀上之形 |
| 14 | The orifices of the heart seen from above | 心體由上觀下之形 |
| 15 | Portion of the web of a frog's foot seen under a low magnifying power | 田蛙足内之微絲血管以顯微鏡映大之形 |
| 16 | Very small portion of Fig. 15 | 十五圖之一小份，另以加大顯微鏡映大者 |
| 17 | Red and white corpuscles of the blood magnified | 血内紅白輪 |
| 20 | A. Two air-cells<br>B. Diagrammatic view of an air-cell of A. seen in section<br>C. Portion of injected lung magnified<br>D. Portion still more highly magnified | 甲：氣泡<br>乙：割露甲形之一小氣泡<br>丙：肺之一小份映大<br>丁：肺更映大之形 |
| 21 | View of four ribs of the dog with the intercostal muscles | 割驗狗之脅骨四條 |
| 27 | Diagrammatic view of the course of the tubules in the kidney | 腎内微溺管行溺之路 |
| 28 | A Malpighian capsule highly magnified | 腎核映大之形 |
| 29 | Circulation in the kidney | 腎内血脈散入 |
| 30 | Transverse section of two tubules | 微絲溺管横割之形 |
| 32 | Portion of Fig. 31 | 外皮更加映大之形 |
| 33 | Coiled end of a sweat-gland | 汗核曲迴之形 |

續　表

| 圖序 | 英本三版較次版<br>新增插圖之圖題 | 《體用十章》<br>相應之圖題 |
|---|---|---|
| 37 | A. Section of partially injected liver magnified<br>B. Portion of lobule very highly magnified | 甲：肝之一臠<br>乙：肝臠 |
| 39 | Diagram to illustrate the Structure of Glands | 各等有管核 |
| 44 | The viscera of a rabbit | 割驗兔子胸腹之形 |
| 51 | Longitudinal and vertical section through the elbow-joint | 肘節側面直割之形 |
| 55 | The course of the digastric muscle | 舌雙腹 |
| 56 | Diagram of the larynx, the thyroid cartilage | 聲管各韌 |
| 59 | View of the human larynx from above | 會厭 聲筋收攏與舒展之形 |
| 64 | Diagram to illustrate the termination of the auditory nerve in an ampulla | 聽覺腦筋之形 |
| 72 | The eye-ball divided transversely in the middle line and viewed from the front | 眼球正中隔開在外觀裏之形 |
| 74 | Pigment cells from the choroid coat | 黑眼衣之色珠 |
| 75 | Horizontal section of the eyeball | 眼球平割之形 |
| 76 | View of front half of the eyeball | 眼球前半面由後觀之形 |
| 82 | Transverse section of one-half of the spinal cord | 脊髓破邊之形 |

續　表

| 圖序 | 英本三版較次版<br>新增插圖之圖題 | 《體用十章》<br>相應之圖題 |
|---|---|---|
| 89 | A hair in its hair-sac | 未録[1] |
| 93 | Connective tissue corpuscles | 未録 |
| 95 | Capillaries of fat | 未録 |
| 100 | Capillaries of striated muscle | 未録 |
| 101 | Smooth or non-striated muscular fibres from the middle coat of a small artery | 未録 |

文獻來源：Thomas H. Huxley, *Lessons in Elementary Physiology*, Macmillan & Co, 1872.

哈士烈著，孔慶高譯：《體用十章》卷三，羊城博濟醫局刻本，光緒十年甲申（1884）。

藉由體例、文本與圖繪之相繼比照，可判定 *Lessons in Elementary Physiology* 第三版（1872）係《體用十章》之確鑿底本。

如前所述，《體用十章》之印刻長於插畫精緻，既確定其底本，則可比照中英兩本在圖繪技法上之殊距。如下圖（圖 2－8）所見，英本插圖亦係木板畫作，西洋繪圖以黑白灰三色描繪透視層次與光影轉換，中本刻畫雖亦形肖，然限於墨色階調與雕付木質，未能皆法其繪製

〔1〕《體用十章》删去兩章内容（後詳述），被删兩章所函插圖未被納入書中。

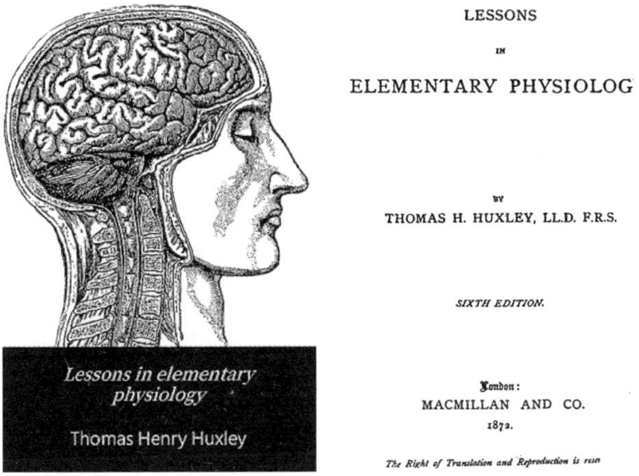


圖 2－7　*Lessons in Elementary Physiology* 第三版封面及內封書影

要領。二者相形，中版頗見效顰匠氣。雖然，此木質刻板在彼時中夏仍不失爲罕得雕板寫實畫作。

嘉約翰於美國傑弗遜醫學院習醫七年，期間所修生理課業，以美籍學者鄧格利森（Robley Dunglison）所著教科書 *Human Physiology*（1832）[1] 爲指參，此書故爲彼時嘉氏最悉詳者，亦係較易獲取之籍册，而博濟醫局轉以一英籍學者所撰教材爲譯介底本，此係信手而選，抑或有意而爲？可考此書之著述情境與其在西方學界之影響。

《體用十章》英底本著者托馬斯·赫胥黎（Thomas Henry Huxley），1825 年生於英帝國米德爾塞克斯郡

〔1〕 Robley Dunglison, *Human Physiology*, Blanchard & Lea, 1856.

| 圖序 | 體用十章 | *Lessons in Elementary Physiology* |
| --- | --- | --- |
| 5 | 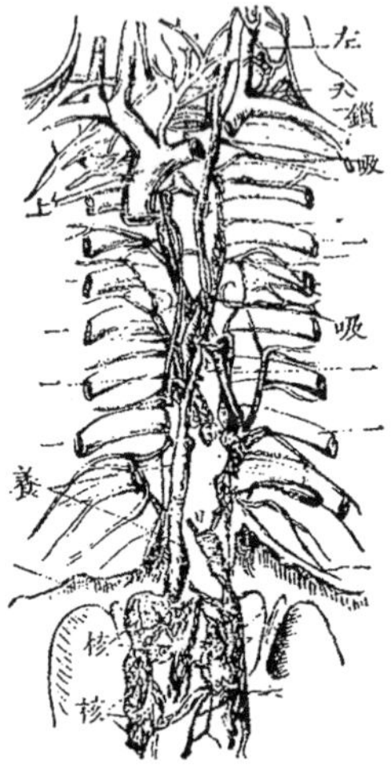 | 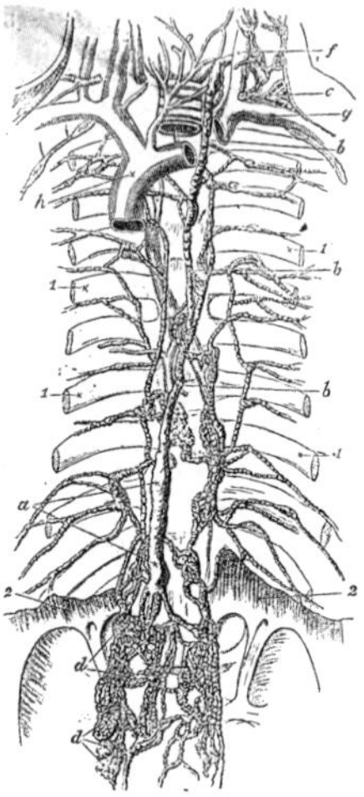 |
| 10 | 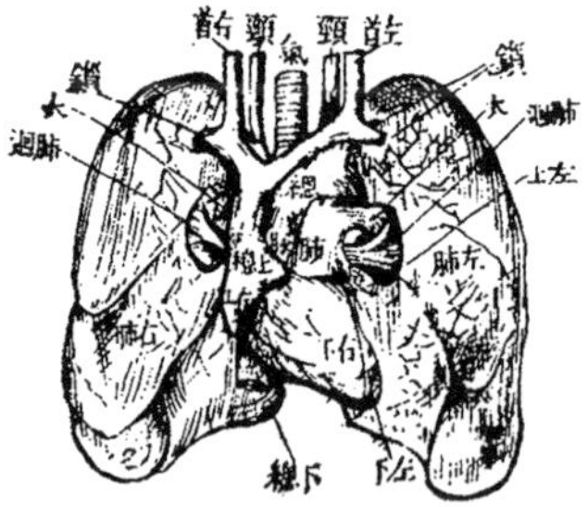 | 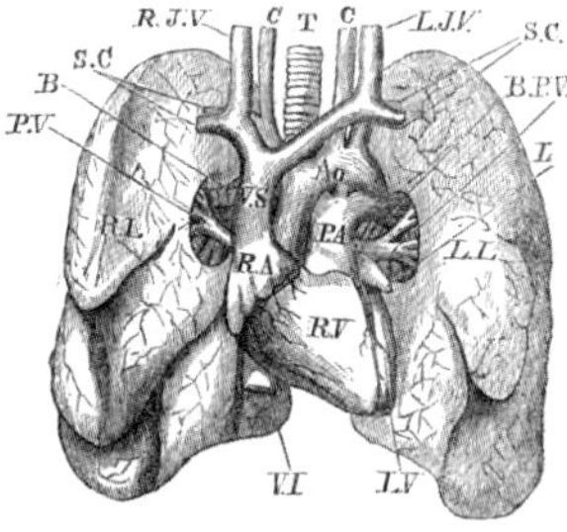 |

圖 2－8　中英本插圖對比

(Middlesex)，幼因家貧輟學，歲十三始從叔父旁習外科，後得入查令十字醫院（Charing Cross Hospital）、倫敦大學修讀醫學；歲廿一充海軍駐艦醫師助理，隨航赴南半球諸嶼研覈海洋之無脊椎生物，此間因闡發水螅

(*Hydrozoa*) 一綱之殊徵而馳譽學界；又於 1850 年見聘於皇家學會，膺院士殊榮，後一度履任學會會長。

赫胥黎係英國普及科學教育之首倡者，力求寓格致諸學於平民通識教育。十九世紀後葉，英帝國值維多利亞女王執政期，此間相繼步入蒸汽與電氣時代，英帝國工業之盛，爲諸國莫及。雖置身工業社會之浮華幻景，赫氏却通徹其隱患所在：英國於萬國之工業霸主地位尚未鞏固，科學僅爲貴族階層之意趣所在，格致教育風氣未開，如任其偏倚傾頽，日後國力勢必爲落後學術所掣肘。於“學在貴族”之社會現狀，赫氏宣稱，格致學術絶非專家之壟斷，民衆亦需以科學啓迪心智。1854 年，雖已冠皇家學會院士之銜，赫氏仍兼職於英國皇家礦業學院〔1〕，爲各界民衆講演格致生理，所授皆深入淺出，頗樹口碑。

十九世紀亦爲後世稱作“科學世紀”，“聲光熱電”“重化農醫”諸學齊鳴，爲人身運作機制之闡發奠基。格致生理雖屢有創見，然集大成之著述甚尠；條脩葉貫者，當屬赫胥黎於其課堂之講義。英商麥克米倫出版公司即尋得此中商機，料想學術名家所撰之格致課本勢必銷量可觀，1866 年仲春，董事亞歷山大・麥克米倫〔2〕謁訪赫

---

〔1〕英國皇家礦業學院（The Royal School of Mines）創建於 1851 年，1907 年并入帝國理工大學。赫胥黎自 1854 至 1885 年於此校任教。

〔2〕亞歷山大・麥克米倫（Alexander Macmillan，1818—1896）：英蘇格蘭人，與其兄 Daniel Macmillan 聯合創辦麥克米倫公司，以圖書出版爲主業。

氏門邸，意在請其編撰生理學專題讀本，赫氏略經思忖，祇覺此書出版甚合其“學在庶民”之衷曲，即欣然應允。藉對生理學科之通貫，赫氏即躬自筆耕，於同年季秋成一孤詣文本，該本基於前所授課堂講義，故題曰 *Lessons in Elementary Physiology*。[1]

該本“措辭確切且不失暢達，述理賅恰又頗見明奧”（Its language trenchant, flowing, and well chosen; its similes apposite, its facts duly marshalled and leading up to their logical conclusion）[2]，一經發行，即如書商前所預見，時頃洛陽紙貴，嗣後多次再版重印[3]仍供未紓求。至 1898 年，該籍（第四版）已重印 31 次[4]，時評譽歎

〔1〕 W. J. O'Connor, *Founders of British Physiology: A Biographical Dictionary, 1820－1885*, Manchester University Press, 1988, p. 31. Leonard Huxley, *Life and Letters of Thomas Henry Huxley*, D. Appleton & Co, 1909, pp. 142, 169.

〔2〕 此係内分泌學科創建者、生理學家夏普-謝弗（Sir Edward Albert Sharpey-Schäfer）所作評語，參見 Edward A. Schäfer, Comments and Opinion: Lessons in Elementary Physiology. *Nature* 62, 363(1900)：305.

〔3〕 初版：1866 年；第二版：1868 年，重印 1869 年，1870 年，1871 年，1872 年 3 月、5 月；第三版：1872 年，重印 1873 年，1874 年，1875 年，1876 年，1878 年，1879 年，1881 年，1883 年，1884 年 1 月、2 月、5 月、9 月（9 月内兩次重印）、11 月；第四版：1885 年，重印 1886 年，1888 年，1890 年，1892 年，1893 年 1 月、9 月，1896 年；第五版：1900 年，重印 1902 年，1905 年，1908 年，1911 年；第六版：1915 年，重印 1915 年 8 月、9 月，1916 年 8 月、12 月，1917 年 5 月。

〔4〕 Leonard Huxley, *Life and Letters of Thomas Henry Huxley*, D. Appleton & Co, 1909, p. 305.

“誠足赤真金”（*Pure gold throughout*）。[1] 如前所述，是籍於美利堅之修訂版於 1867 年發行，亦深得褒美[2]；迄今仍作經典見諸付梓名目。[3]

此書於生理學史之卓著地位，首在其係近代生理學之大成述本，幾近涵括十九世紀初期至彼時新近之格致生理成果；然弗啻於此，是籍更爲赫胥黎“普及格致教育”思想之力行所現，其廣泛流布相隨生理一學於民間之滲透過程，洵爲公民學科素養之改良盡效其力，此後格致諸學之述本，皆以是籍體例爲準範。故此籍於科學史及英國教育史之裨益頗可筆書。[4]

彼時英帝國爲格致學術肇興之邦，歐陸學者於近世之發現，皆爲英國皇家學會所統籌，建國僅百年之美利堅誠無可與之比肩。此外，格致生理尚屬發明更迭之際，新知謝舊識即係常態，嘉約翰於美習醫之教材雖係權威之作，然罔有與時之新本。美籍書商尚借鑒英帝國之教

---

〔1〕 *Macmillan & Company's Series of Science Class Books*//Richards J. H. *The Nation*. Vol. 21. The Nation Company, 1875. 529.

〔2〕 The Nation: A Weekly Journal Devoted to Politics, Literature, Science, Drama, Music, Art, Industry 15. Nation Associates, 1872. 64. J. Vernon Jensen, *Thomas Henry Huxley: Communicating for Science*, University of Delaware Press, 1991, p. 109.

〔3〕 Thomas H. Huxley, *Lessons in Elementary Physiology*. Forgotten Books, 2016.

〔4〕 Leonard Huxley, *Life and Letters of Thomas Henry Huxley*, D. Appleton & Co, 1909, p. 305.

材範本，可見舊本實無益彼時教學。故嘉約翰以赫胥黎新編教材爲首選，以免滯後書册枉增錯訛。

且彼時國人對赫胥黎著述之譯介非僅《體用十章》一種。赫氏於 1880 年爲英本叢書 *Science Primer*（中譯名《格致啓蒙》）所撰分册 *Introductory*〔1〕，由北京海關總税務司署幹事艾約瑟（Joseph Edkins）譯作《格致總學啓蒙》〔2〕，是漢譯本未註底本著者；與此同期，*Introductory* 亦爲江南製造局所譯介，英籍譯者羅亨利（Henry Loch）與國人瞿昂來即以“西譯中述”形式，翻其作《格致小引》〔3〕，并署底本著者爲“英國化學師 赫施賫”，兩譯本皆於 1896 年出版。

由各書局賦同一底本以迥然譯名，可知彼時各譯書坊館間鮮有互通，其因有二：一在彼時各書坊尚需規避底本侵權之責，一在各坊皆有隱匿競争。故此“夷務”所營繁盛之象，實有詭曖之端，此係彼時西書譯介活動較今日之殊。由此，亦無怪乎 *Lessons in Elementary Physiology* 之中譯本似非衹有《體用十章》，疑另存一名係《内景學》之異譯本。此本之譯述緣由尚需溯至赫胥

〔1〕 Thomas H. Huxley, *Introductory*, D. Appleton & Co, 1887.

〔2〕 艾約瑟譯：《格致總學啓蒙》，上海著易堂石印本，光緒二十二年丙申（1896）。

〔3〕 赫施賫撰，羅亨利，瞿昂來譯：《格致小引》，江南機器製造總局刻本，光緒二十二年丙申（1896）。

黎筆下另一著述與清季社會之淵源。

赫胥黎於後世科學史册之印廓係“達爾文之鬥犬”。1859年，博物學者達爾文（Charles Robert Darwin）著《物種起源》，闡“自然選擇”一説，此中所論“人猿皆係同宗之胤”實與《聖經》於“人之由來”指歸相悖。是籍遂於發行之初，即見謗於歐陸各界。該説屢遭詆諆之際，赫胥黎挺身爲之申辯，次年於牛津大學與威爾伯福斯（Samuel Wilberforce）主教就“物種演化”議題争鋒衝飈。此後，赫胥黎遍赴英倫各地講演，力澄此備受呰議之説，其演述輯録 *Evolution and Ethics*（1893）隨即由彼時國人嚴復譯介入華，作《天演論》（1897）刊行。書中名句“物競天擇，適者生存”即在歷經“甲午戰敗”之清季社會，奏振聾發聵之音。

嚴復首將“Huxley”音譯作“赫胥黎”，斯譯名即相與《天演論》而廣爲喻曉。由是，赫胥黎之它類著述亦頗爲時人所重。光緒廿四年戊戌月變法之際，并新設譯書局入京師大學堂；廿八年（1902）委嚴復充是局總辦。〔1〕嚴氏即於任期網羅泰西諸家發微之籍，意欲漢譯作饗。其擬於1904至1905年間譯述之西籍目次，即可見赫胥黎所著 *Lessons in Elementary Physiology*，譯名暫

〔1〕《清實录·大清德宗景皇帝實録》卷四，第20b—21a頁。張之洞：《張文襄公全集》卷四，民國十七年刻本，第33a頁。

作《内景學》。[1] 然此題名曾未見諸後世書目著録，蓋譯稿已亡佚。然亦難斷此譯稿實有問世，嚴復於光緒卅年（1904）即由京師大學堂去職，殆此譯書擬案相與見廢。

〔1〕 京師大學堂譯書局僅於《光緒二十九年至三十年大學堂譯書局買西國書籍報銷清册》載“赫胥黎 内景學”之名目，并未對《内景學》底本做任何説明，似未能由此明確所書《内景學》譯自赫胥黎何種著述。然於“内景學”之辭義，嚴復於另一譯著《群學肄言》（見赫伯特·斯賓塞著，嚴復譯：《群學肄言》，北京時代華文書局，2014 年，第 49 頁）中如是作詮：“内景學”，西名“腓支阿洛志”，所以考官骸之用。而“腓支阿洛志”係西文 physiology（生理學）之音譯，考赫胥黎之著述，以 *Physiology* 爲主題者僅一種，係 *Lessons in Elementary Physiology*，故可判定，其所譯《内景學》與《體用十章》皆自同一底本。

# 叁　獅鷲入淵：中西文化視域之分野與并耦

## 一　雄獅：帝國知識之臨淵睥睨

《體用十章》雖爲格致生理專著，然并未杜絶格致解剖所涉。以解剖圖繪做論，書中圖像較首部格致解剖譯書《全體新論》更爲精賅妍妙，所采光影寫實技法，得復現人身構造之表裹層次，此爲是書較前者更善之端。

然此格致二學於人身之探賾實循殊途，解剖重形貌之表裹微著，生理重運作之始末緣由。譬以下表（表3－1）分詳二者，表中所舉，係西醫解剖學經典譯書《全體新論》與《體用十章》於“胃”之論述提要。可見前者細考静態形貌，後者深究動態運作，二者互爲關聯，却不與交疊。故稱《體用十章》爲首部格致生理專著，即在其研覈所專，皆係與構造相應之功用，而非臟器之稱名與置位。

前文已述，光緒年間刊發格致生理譯著三種，依問世先後而陳，即《體用十章》《身理啓蒙》《全體功用》。

| 《體用十章》 | 《全體新論》 |
|---|---|
| 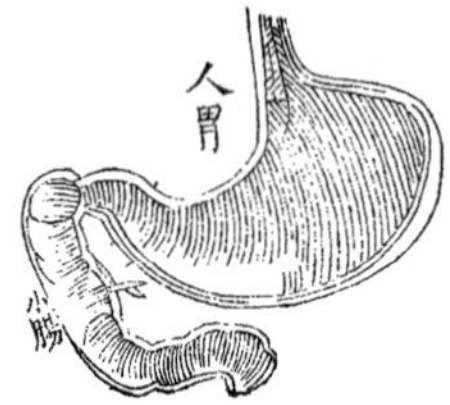 | 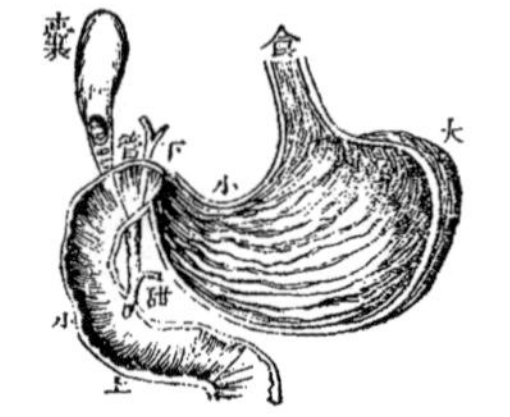 |
| 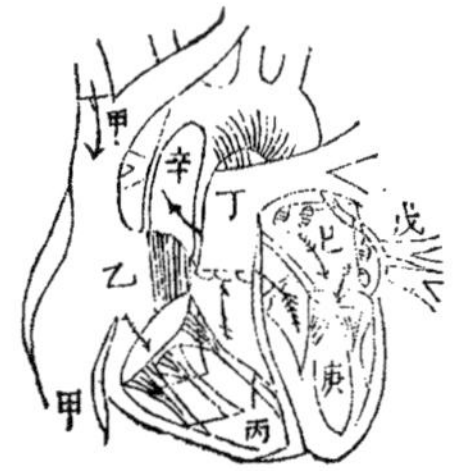 | 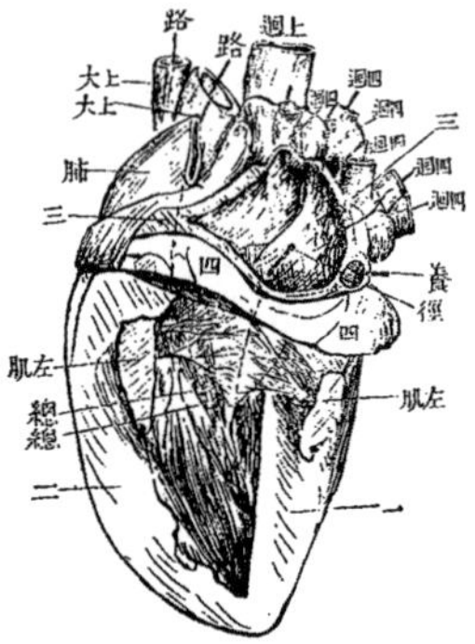 |

圖 3－1　《體用十章》《全體新論》插圖對比

**表 3－1　《全體新論》《體用十章》於“胃”之論述**

| 《全體新論·胃經》 | 《體用十章·論胃與胃津》 |
|---|---|
| 胃之狀貌，容盈，置位 | 胃中腺體及其分布 |
| 各部稱名（賁門，幽門，胃壁） | 腺體何以分泌胃液 |
| 組織毗鄰者（毛細血管、神經、膈肌） | 神經-體液調攝與消化之樞機 |
| 臟器毗鄰者（脾、肝、大腸、胰） | 胃液之化學質性 |

文獻來源：哈士烈著，孔慶高譯：《體用十章》卷三，羊城博濟醫局刻本，光緒十年甲申（1884），第 9b—11a 頁。合信譯：《全體新論》卷七，海山仙館刻本，咸豐元年辛亥（1851），第 4a—6b 頁。

第三種實未發行[1]，得見者無幾，故傳於後世者僅係前列兩種。二書主題相類，内容或有所重贅？後刊者或較前刻者改進更甚？試將兩册論述作如下比照。

（1）圖文體量

《體用十章》四册，字刻數共計八萬六千許，插圖85幅；内容在生殖生理外，涵蓋現代生理學理論框架。《身理啓蒙》單册，字刻數不及六萬；插圖18幅，與《體用十章》多爲雷同；書中僅論血液生理及運動、循環、呼吸、消化系統，并未涉及神經系統。

（2）近世新知

《體用十章》將十九世紀理論成果盡悉收録，此中不乏彼時歐陸學界之新近探索。如第五章第26節“論糖質在肝内變化之源”[2]，係生化學家克勞德·伯納德（Claude Bernard）於1853年之發現，即肝臟“生糖作用”與“糖異生作用”。再如“論眼腦衣逐層不同”一節，論述視細胞層之構成及置位，書中以顯微圖繪（圖3－2）擴映兩類感光細胞之狀貌，補先前解剖書籍所未備，并詳述感光機能何以與此細胞狀貌相適配。是節則

〔1〕《全體功用》（*Physiology*）由英國傳教醫生德貞（John Hepburn Dudgeon, 1837—1901）編寫，又名《身理論》，1886成書，後益智書會未公開發行。參見高晞：《德貞傳：一個英國傳教士與晚清醫學近代化》，復旦大學出版社，2009年，第269頁。

〔2〕哈士烈著，孔慶高譯：《體用十章》卷四，羊城博濟醫局刻本，光緒十年甲申（1884），第1a—2b頁。

取材自赫姆霍兹（Hermann von Helmholtz）與舒爾茨（Max Schultze）於1863至1867年各自獨立之生理發現。近世新知多與神經調控機制相關，其層次愈微，其機理愈繁。《身理啓蒙》則未予囊括。

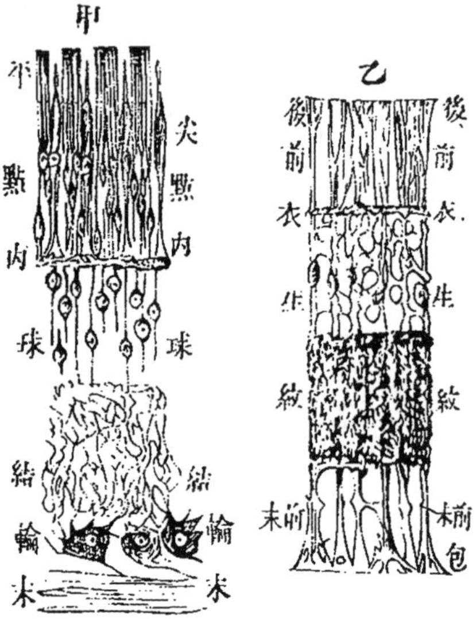


圖3－2 《體用十章》第71圖 視杆細胞與視錐細胞之刻繪

（3）證驗之徑

格致生理以“實驗”爲其有別於解剖之殊徵，雖《身理啓蒙》與《體用十章》皆涉“實驗布設”與“證驗”步驟，然兩書於證驗形式有所不同：後者類有兩端，一爲模擬類比，一爲實證歸納。

模擬類比者，可見於《體用十章》“論血在脈管能跳動，至微絲管無擁動之勢”一節，此中實驗以玻管與膠管受阻之形態變化，示管道收縮屬性於水液流勢之影響，再以膠管類比動脈，闡明血液何以於動脈中得其噴射之勢。據日常所見實物參解體内微觀運作，相應機制即至簡可明：

試即以水節（節形如球，乃樹膠皮爲之）套一玻管，貫以水，即捻其節，血自由管噴射而出。勿論管口或寬或窄，而水噴出皆無異勢，蓋玻管質體堅硬，不能舒縮自如。苟換以樹膠皮管，則其勢不同，而管口寬窄仍殊有異。蓋寬則水噴出尚與玻管相若，以其差磨之勢不甚多，管内微形脹大，伸縱亦微用力耳；然管口若窄，或將管口拈埋，或以碎布塞其管内，使其内有所攔阻，則管自脹大，而水往外流，不能噴射而出，衹慢流而已，其管愈長，脹溢愈大，則水流愈久。[1]

實證歸納者，譬以“證驗血管司於腦筋之據”一節爲例，所述實驗藉兔耳紅白色變之兆，示神經馭攝血管收縮舒張之勢；構思精巧，述理縝妙：

且臉紅面白之勢，更可實證之於兔焉。欲令兔

---

〔1〕 哈士烈著，孔慶高譯：《體用十章》卷一，羊城博濟醫局刻本，光緒十年甲申（1884），第29b—30a頁。

兒耳紅，可將其頭面腦筋割斷，該兔之耳立即發紅，耳邊之微絲血管皆形脹爂。考其故，蓋因該腦筋已斷，失其提縮之力，故耳邊血管之肌向能收縮者，至是而皆縱而不縮矣。再欲令其耳轉白，亦屬不難，衹將其割斷之腦筋激動，令其發力不已，則血管之肌必盡力收縮，血既不能入，則其耳必凍而色白矣。[1]

上述兩類尚易理解，《體用十章》於此之外，尚增邏輯演繹類實驗。如"證驗人身行動，氣體皆有所消耗"一節：

譬以一冰房内貫以冷氣管，一人先在外秤之，計其身之重數，然後令其往來於房内約一點鐘，維時其氣力固有所耗，冰亦因之而鎔，蓋身之熱氣已散於房内者甚多也。且若於此氣管之内，以石灰水（氫氧化鈣溶液）貫入，可以令其水稠白如乳（生成碳酸鈣沉澱）。蓋冰房内無炭氣，則石灰水無所改變，得人在内，則立可凝白。可知其散於屋内者，亦多炭養氣也（二氧化碳），不拘氣由口出或由身散，皆足以蒸化其冰焉。俟往來約一點鐘，令其人出而復秤之，則其身必較前輕減矣。可知凡人消耗氣力，則身内之水與炭養酸即隨之而出，故身必輕

[1] 哈士烈著，孔慶高譯：《體用十章》卷一，羊城博濟醫局刻本，光緒十年甲申（1884），第34a頁。

減，此人身消耗之勢也。[1]

此實驗先行猜想，機體於活動時有所消耗，炭養氣、熱能相與生成；繼而預判體重減輕、石灰水稠白、冷氣管消融等諸可觀現象；後以預判現象發生與否驗證猜想之正誤。邏輯推究一法於讀者思維與格致儲備有所要求，非有格致化學基礎者，則不易曉其明奧。

要而言之，由圖文體量、新知域界、理論證驗方式等比較可知，《體用十章》係格致生理之高階閱讀教材，《身理啓蒙》更似格致入門之初階教材。然後者在華似更得時人矚眄，傳布亦較前者更廣泛。《身理啓蒙》有多種版本，詳見下表：

**表 3-2　《身理啓蒙》諸版本情況**

| 序列 | 出版年份 | 版本 |
| --- | --- | --- |
| 1 | 清光緒十二年丙戌（1886） | 總税務司署刻本 |
| 2 | 清光緒二十二年丙申（1896） | 上海著易堂石印本 |
| 3 | 清光緒二十四年戊戌（1898） | 上海圖書集成印書局鉛印本 |
| 4 | 新中國公元紀年辛丑（2021） | 北京燕山出版社影印本 |

反觀《體用十章》，僅見一木刻版本，未再見翻刻覆

〔1〕哈士烈著，孔慶高譯：《體用十章》卷二，羊城博濟醫局刻本，光緒十年甲申（1884），第 1b—2a 頁。

印。《身理啓蒙》以上述版本流傳後世，故其閱者衆多，後世學者曹育、陳孟勤等即誤考此書爲首部格致生理譯著。[1] 蓋其未嘗得見《體用十章》一籍。然此訛考已爲此後學者所廣泛引證。[2]

《身理啓蒙》之底本，爲米歇爾·福斯特（Michael Foster）爲英國小學授課所撰教材[3]，僅效“啓蒙”之功用；而《體用十章》底本爲赫胥黎爲英美專科大學所撰課本，故一者叙案淺易，一者述理精深。

兩書於彼時之傳布情狀，似作“曲高和寡”之實寫。雖後世藏書家評《體用十章》云：“舊譯生理學書，應以此本爲最詳。”[4] 然是籍於彼時初涉格致之國人，則顯述理深奥，内容繁複，實難循其門徑，更遑論“匯通”。然《身理啓蒙》述理淺明，凡格致初學者皆可由其會曉生理大意，故此籍與國人學識見地皆相適宜。

然二籍之殊異非祇於述理一端，其刊發性質與譯者

---

〔1〕 參見曹育：《我國最早的一部近代生理學譯著——〈身理啓蒙〉》，《中國科技史料》1992年第3期。王志均，陳孟勤：《中國生理學史》，北京醫科大學、中國協和醫科大學聯合出版社，1993年，第41頁。

〔2〕 繼曹育之後，衆醫學史研究者皆轉引其説法，見諸袁媛：《近代生理學在中國 1851—1926》，上海人民出版社，2010年，第40頁。皮國立：《近代中醫的身體觀與思想轉型：唐宗海與中西醫匯通時代》，生活·讀書·新知三聯書店，2008年，第71頁。期刊文章復引此説者不勝枚舉。

〔3〕 Michael Foster, *Physiology*, Macmillan and Co., 1879.

〔4〕 馮承鈞：《續修四庫全書總目提要》，鄔國義編：《馮承鈞學術著作集》下，上海古籍出版社，2015年，第1214頁。

聲名亦迥然有别。兹就《身理啓蒙》之成書略作概述。斯籍係海關總税務司署所發行叢書《西學啓蒙十六種》之一分册，此套叢書底本 *Science Primers* 係英國麥克米倫出版公司發行且風行於英倫本土之格致啓蒙教材。1881 年，時任中國海關總司務（Inspector General）赫德[1]由英國郵訂 *Science Primers* 系列入華[2]，聘墨海書館主筆艾約瑟（Joseph Edkins，1823—1905）爲滬海關幹事，責此叢書之譯介工作。彼時赫德爲英帝國在華之商貿利益代理，實操清對外關税之議定權柄。故由赫德發起之譯介事業，得官商各界揚聲造勢，《身理啓蒙》之卷首，亦可見時任直隸總督李鴻章所作序言。

此外，叢書譯者艾約瑟彼時於譯述業務頗具聲名，艾氏於 1848 年受倫敦傳道會派遣到滬，參與創設墨海書館（The London Missionary Society Press），於該館所刊雜志《六合叢談》設專欄譯介西國歷史及名仕傳記。與李善蘭等合譯有格致文本《植物學》（1858）八卷。後研習唐代律詩、西漢占卜之學，并做英譯嘗試。故艾約

---

〔1〕赫德（Sir Robert Hart，1835—1911），生於北愛爾蘭，1863 至 1909 年間代表英帝國利益任中國海關總司務。

〔2〕赫德於 1881 年 10 月 10 日致信倫敦辦事處主任金登干（James Duncan Campbell），囑其悉數采購 *Science Primers* 叢書已出版分册，郵寄至北京海關總司務處。參見 John K. Fairbank, et al. ed., *The I. G. In Peking: Letters of Robert Hart, Chinese Maritime Customs, 1868 - 1907*, Belknap Press of Harvard University Press, 1975, pp. 350 - 351.

瑟雖非漢學家，然亦漸悉漢語遣詞造句之法，其漢譯文本遂得時人“通達曉暢”之褒揚。

綜上，《身理啓蒙》較《體用十章》傳布更廣之緣由，既在兩書學理之深淺，亦在譯述業務之性質，推介發行之聲勢，譯者所置身之語言環境及其譯述經歷。然所舉諸端尚不得解一情狀：兩書既一爲初階讀本，一作高階教材，有志研習格致生理者似恰可由《身理啓蒙》拾級而上，通達《體用十章》之奧義，由此兩書似皆可作暢銷讀本，時人何以厚此薄彼？

清季社會狀貌或可於此問聊作片解。赫德以 *Science Primers* 叢書作譯介底本洵非臨時起意，而在其深諳彼時不列顛島國何以令天朝清國屢行綏靖。格致諸學於英帝國自有其生發土壤，帝國知識日臻發達，赫胥黎所撰教材已狀其表徵。赫德向華引介格致啓蒙教材，雖切實令彼時國人由此簡明讀本通識泰西諸學，然此讀本於英帝國僅係小學教材。依赫德之見，啓蒙教材即足令清國學人盱睢。〔1〕 赫德似馭日不落雄獅自居於格致廈宇之聳

〔1〕 赫德於 1888 年 9 月 2 日致信金登干，告知對方 *Science Primers* 叢書已由艾約瑟譯介完竣，且將於明日遞呈光緒帝。繼之稱“黎明正欲破曉，告時兩秩之努力將見其重大成效”。其言語間傳達“欲以英國科學知識，震撼并開化清國統治者”之意。參見 John K. Fairbank, et al. ed., *The I. G. In Peking: Letters of Robert Hart, Chinese Maritime Customs, 1868 - 1907*, Belknap Press of Harvard University Press, 1975, pp. 717 - 718.

尖，俯察此華夏之邦何以憑經史舊學於萬國間縱橫捭闔。[1]

現實似亦如赫德所先見，彼時力倡改革之肱股大臣，實仍以“師夷長技以制夷”作靡寢自欺，衹見瓦特氏之汽機發明，而不見此中所涉學理之意涵，衹見槍炮輪機之鑄造，而不見格致思維之生成與演進。《西學啓蒙十六種》所涉諸學皆令國人欽歎，甚合附庸格致之時需，故《生理啓蒙》銷路廣開，幾經翻刻，衆版本皆得傳於後世，《體用十章》之傳布則囿於藏書家與醫者幾許，未經再版，亦鮮爲後人所知。由此可窺，彼時“師夷”僅尚徑術，“制夷”竟淪空談。

## 二　悍鷲：“造物”馭格致以侵靈肉

雖其傳布受限，即時人於格致西學之見識尚作一端，

〔1〕巴薩拉（George Basalla）在其知名研究中，將西方科學之傳播模式表述爲三階段，進而認爲 17 至 19 世紀歐洲向東方殖民征服過程中，對中國這一“無科學”國度之定位，僅限於帝國博物研究之後花園。巴薩拉聲稱，彼時唯有具備“現代科學文化”之國家，纔能“完全欣賞、評價并利用”所獲知識。參見 George Basalla, “The Spread of Western Science.” *Science*, Vol. 156, No. 3775(1967), pp. 612, 614. 張順洪在其對英國主流報刊之考察中，發現自鴉片戰爭後，英國輿情界對中國文化與公民素養存在極端負面認知。參見張順洪：《〈每季評論〉與英國對華輿論》，《近代史研究》1993 年第 6 期，第 72—74 頁。

然譯本之呈現是否亦關乎其現世認同，則需探溯此中譯本於英底本之更易情狀。試對《體用十章》與其英底本詳作比較。

如前所述，兩者結構框架大率契合，僅限於中西版式裝幀技法有別，中譯本係裸脊線裝，作四册，英底本則包背布面精裝，係單册。兩籍目録對比見下表（表3-3）。從中可見，中譯本係英本之節譯，整體删削英本“序言”“第十”“第十二章”，篇幅約合英本六分之一體量。

**表3-3 英底本與漢譯本目録之比較**

| *Lessons in Elementary Physiology*（1872） | 《體用十章》 |
|---|---|
| Preface | —— |
| —— | 蔡錫勇序，孔慶高序，例言 |
| Lesson I. A General View of the Structure and Functions of the Human Body | 第一章 全體功用論略 |
| Lesson II. The Vascular System and the Circulation | 第二章 論血脈運行 |
| Lesson III. The Blood and the Lymph | 第三章 論血液 |
| Lesson IV. Respiration | 第四章 論呼吸 |
| Lesson V. The Sources of Loss and of Gain to the Blood | 第五章 論血脈消長之源 |
| Lesson VI. The Function of Alimentation | 第六章 論消化之功用 |

續　表

| *Lessons in Elementary Physiology*（1872） | 《體用十章》 |
| --- | --- |
| Lesson VII. Motion and Locomotion | 第七章 論運動 |
| Lesson VIII. Sensation and Sensory Organs | 第八章 論知覺與智府 |
| Lesson IX. The Organ of Sight | 第九章 論眼官司視 |
| Lesson X. The Coalescence of Sensations with One Another and with Other States of Consciousness | |
| Lesson XI. The Nervous System and Innervation | 第十章 論腦部 |
| Lesson XII. Histology, or the Minute Structure of the Tissues | |

文獻來源：Thomas H. Huxley, *Lessons in Elementary Physiology*, Macmillan & Co, 1872, i－iii.

哈士烈著，孔慶高譯：《體用十章》，羊城博濟醫局刻本，光緒十年甲申（1884），目録。

各章屬節貫次幾相對應，局部可見些許調整，玆選若干類型於下表（表3－4）舉隅。

**表3－4　各章屬節調整狀况**

| 調整類型 | 舉例 |
| --- | --- |
| 删略 | 底本第一章第30節未譯 |
| 拆分 | 底本第三章第16節拆分爲"論化核血内之氣質"與"論血内之氣"兩節 |

續　表

| 調整類型 | 舉例 |
| --- | --- |
| 合并 | 底本第三章 1—3 節，合并爲“論血内質體”一節 |
| 拆分暨合并 | 底本第四章 17 節拆爲兩部，後部與第 18 節合并 |

文獻來源：同上。

屬節調整幅度相較有限，蓋其初衷僅就表陳慣例所需，以期相適於國人閲書慣習；然删譯整章，已有大刀闊斧之意味。中譯本“例言”未就上述删削與調整有所言説，然料此舉甚有緣由，詳察所削兩章於英本之論述，似可明其見斫於譯本之故。

英本第十二章重在引介如何窺探筋膜之微端組構（今“組織學”），此章所涉皆係實驗操作矱範，需設實驗室之類滅菌場域，亦需藉擴映鏡、培養箱等諸器皿，斯皆於尋常處不可得，空談技法實無裨益。况醫局所刊籍册皆分門别類，此書既專述生理諸知識，即無庸贅言解剖匠藝，故摒是章。

英本第十章旨在闡述人身諸端感覺之滙通，及其與識性之相與關聯，涉“視幻”“通感”“譫妄”等宗教所謂“靈顯”之象，然書中於此諸情狀之質性表述，即格致語境意義之“視錯覺”，此中機理亦得詮解，“視錯覺”之造就，即賴視神經於激抑後之鈍化、大腦知覺恒常等諸機制。

赫胥黎於 1869 年創製“不可知論”（Agnosticism）一辭，示上帝存在與否實不可知，上帝與自然哲學之關聯亦不可知。[1] 故可見赫氏實跳脱自然神學與自然哲學二元對立之框設，置其自身於錯綜立場。[2] 雖未否定上帝之實存，然據教科書第十章所現，赫氏於諸多感官幻象之疑竇歸因，悉皆脱離“上帝意志”等宗教意味説法，轉以有待證驗之格致理論預斷其機制。

然“靈顯”一説實爲基督教三位一體教義之實證，若以格致生理取代基督教教義解釋“感官幻象”，即自形而上之根基撼動宗教之廣廈。如前所述，嘉約翰係美國長老會傳教醫師，設館行醫與引介西學皆在應時勢所需，以令其布道言行得國人准允，故譯介西書從屬於布道之宗旨，譯籍所述凡與宗教教義相悖者，即得删削。由此，英本第十章即不得現於漢譯文本。

弗啻於此，博濟醫局之經營既以布道爲宗旨，其譯書事業即潛在含有布道性質，其有意隱匿英文底本信息，一在規避西方譯介版權之追究，一在令漢譯文脱離英底本之文義規束，時人即無從稽考其譯筆較底本信謹幾何。

---

〔1〕 Bernard Lightman, “Huxley and Scientific Agnosticism: The Strange History of a Failed Rhetorical Strategy.” *The British Journal for the History of Science*, Vol. 35, No. 3(2002), pp. 271－289.

〔2〕 Thomas H. Huxley, “Agnosticism: A Rejoinder.” *Science and Christian Tradition*, Vol. 5, (1909), pp. 263－308. Thomas H. Huxley, “Science and ‘Church Policy’.” The Reader, No. 4(1864), p. 821.

故該局所刊漢譯文本實非所截底本之原義呈現，即經由宗教思想之改造，譯文時可見“造物”一詞，該説法首見於道家經典，《莊子》中即言“造物”，謂“以自然造化萬物之道”，至東漢以降道教興起，所撰經書亦言“造物”，係指造化萬物之神祇，即三清[1]。“造物”與基督教 Creator/Creation 之語義對應，可溯至明崇禎年間來華耶穌會士所譯諸籍，由湯若望（Johann Adam Schall von Bell）譯介之基督教文本《主制群徵》（1629）中，即言“所以然者，萬類之表，别有至靈者爲之宰定其極，使之不得不然，所謂造物大主是已”。[2] 在此，湯氏即采道教“造物”之義，然所言神祇轉指其西方神，即上帝。故“造物”一詞即於此後遍跡基督教漢文譯著。

尚需言明，赫胥黎於英文原著中，未嘗言及 Creator/Creation 等諸宗教概念。故《體用十章》所涉“造物”語句，實係書局之有意增附；且此等論述多見於文末作結處，意在將格致之學理義涵指向宗教教義，即上帝之諸端特質：

一係“全能”，如“造物與人以四肢，必有四肢之功；與人以臟腑，必有臟腑之用”“此即吾人眼珠之妙用，而亦造物之奇能也”。

---

〔1〕 三清：道教神祇體系中，於“神位最上者”之合稱，指玉清境元始天尊、上清境靈寶天尊、太清境道德天尊。

〔2〕 湯若望：《主制群徵》，北京大學宗教研究所，2000 年，第 6 頁。

二係“慈恩”，如“此上主造物所以體無不備、用無不周之意也”“蓋人身日需淡養之物不少，造物特備此以供人之用……庶見造物養人之恩深也”“此蓋造物生人，使之人同此心，心同此理，天理人情莫非同然”。

雖未知讀者於此“造物”之領會，然可知譯者深受此中教義影響，孔慶高即於“叙”中書云：“此固造物之深心，似非智力所可考而知也。”已然將彼時格致生理有待詮解之疑竇，歸諸“全知”上帝之奥意，且爲人類所不可明察。

赫胥黎著教科書之本意，即闡格致可洞究人身運作之機，縱眼下其學理尚有未逮，亦必將於日後昭明此中原委，故毋論上帝作實存或虚妄，格致窮理顛撲不破。然爲博濟醫局賦予宗教底色之《體用十章》，則以格致所察爲上帝意旨之顯現——格致所論詳妙處，實在揭示上帝造物之巧構精思，然格致必有所不能明者，此中奥義獨爲上帝所知，此係世人與神靈之智識分野。故中譯本實以一微妙形式變更赫胥黎原著之思想義趣，藉格致之名以隱晦布道。

若謂赫胥黎以“宗教不可知論”架空“上帝”實存之意義，以“自然哲學”取代“自然神學”以爲人身諸象作解，博濟醫局所刊《體用十章》，則藉言周身謎奥爲人類智力所不可知，抽空格致之“窮理”旨趣，以此“格致不可知論”將人身運作機理之終極詮解復歸於

"全知"上帝。宗教由此凌於格致之上，格致爲侍女、爲途徑，上帝爲正主、爲指歸。

由此可見，博濟醫局所刊譯書略有假托"格致"以宣揚基督教義之嫌，雖未知孔慶高彼時信仰作何，然醫局此後出版著述之國人譯者，皆爲基督教受洗信徒[1]，醫局整體譯著時可見上帝之隱晦表述。

詳覈海外教會在華之文印館肆，其較具規模者，係美華書館、墨海書館、博濟醫局、益智書會。然此"假托"格致譯介以布道之舉，似僅見於博濟醫局與美華書館，二者皆由美國長老會所創設。與之相比，學者蘇精在考察英籍傳教醫師合信的書信往來後，認爲合信譯介《全體新論》[2]之初衷，旨在由此籍"闡明上帝造物主的力量、智慧、恩典與合一性"。故其在初版譯書中，將"上帝"冠於例言之首，書末章"造化論"即摘譯自神學性著述，後并附《靈魂妙用論》一篇鼓吹《聖經》。然國人翻刻《全體新論》之際，即徑自删削此中關涉宗教之言論。[3]由此亦見英美兩宗基督教派於布道之迥異

〔1〕博濟醫局所刊漢譯專著《醫理略述》，譯者尹端模（尹文楷）亦受基督教洗禮。

〔2〕合信撰：《全體新論》，廣州惠愛醫館刻本，清咸豐元年辛亥（1851）。

〔3〕蘇精：《西醫來華十記》，中華書局，2020年，第141—143，148—149頁。蘇精指出，合信譯介《全體新論》之構想，係"本於自然神學的觀點進行編寫，結合醫學與神學的内容於一書"。然合信稱其所譯介書籍係"生理學入門讀本"，此讀本是否實指解剖學主題書籍《全體新論》轉而存疑。

做法。

然就布道策略做論，長老會此舉切有其效。早期耶穌會士譯《主教緣起》《真福訓詮》等著，盡言上帝恩澤，傳教之意昭然，多爲國人所抵。同光之際係教會譯介活動之中後期，鏡鑒既往，博濟醫局未襲前朝譯著之“福音直呈”，譯書所涉主旨雖仍係上帝“全知全能”思想，然以格致主題作外顯，潛將“上帝統御格致”之説寓於其中，言貫條陳，實不易爲讀者所覺察。且誠如赫胥黎“不可知論”所云，上帝實存與否，其與格致之關聯作何，皆無可證驗，故於教會言此二者關聯緊密，亦難尋駁斥之據，況《體用十章》并未就其底本有所説明，稱譯文所現皆自著者“西國智士哈士烈”。可見，美長老會於《體用十章》編譯中，以一微妙形式假托格致與赫胥黎，爲其“上帝”正名。晚清相較明末，基督教在華信衆已翻數番，其中不乏開明學士、仕者由儒家信仰改弦更張，殆亦受斯類“假托格致”譯籍之濡染。[1]

雖於傳統儒家之影響幾何尚未可知，《體用十章》所載“宗教身體觀”於傳統華夏視域之身體觀確爲一衝颸。

---

〔1〕明末清初奉天主教者甚衆，以士大夫徐光啓、李之藻、楊廷筠最爲知名。清初醫家中，王宏翰亦係天主教信徒。學者方豪將此歸因於“自上而下之傳教策略”，即耶穌會士直叩宮廷，以士大夫爲首要布道對象。參見方豪：《中國天主教史人物傳》，中華書局，1988 年；方豪：《中西交通史》下，上海人民出版社，2015 年，第 817—821，824 頁。

清季醫家崇奉《内經》，黄老道家醫理以五運六氣思想爲旨要，腧穴分布盡得其位，經絡值令皆循其道，四時晝夜輪轉有常，人身氣機以應此周天往復。[1] 即先秦身體觀以天理（曆數）爲其指歸，曆法數術尚可推衍，人身洵亦如斯。故於中醫醫理文化域界下，人體運作係一有跡可循之動態往復，生老病死諸態皆可詮釋爲其内臟腑與其外“風”“氣”（宇宙）之互構。人身氣機運作與自然因果規律同頻（天人合一），自然與身體之奧義亦皆可知，此實爲一具身化之自然人體觀，人體與自然之生機運作皆爲實存，以其“象”作其理論邊界，天有星象，四時有氣象，至人體，亦有臟腑經絡面舌諸相，與宇宙

[1] 鄭曉紅認爲五運六氣本質係氣化理論，發端於“氣之一元論”，係“天人合一”哲學思想在醫學理論中之體現，經絡腧穴即作爲自然與人體之感傳能量場。參見鄭曉紅：《〈黄帝内經〉五運六氣氣化理論與天人合一》，《中醫雜志》2019 年第 12 期。廖育群分析了《素問》於五運六氣理論之推演方式，認爲該説因契合秦漢讖緯之説而被過度闡釋，晉唐之後被禁，宋以後被理學家改造，金元醫家由此切實將此論用於診療實踐，運氣思想在明代被方以智發揮作“交·輪·幾”宇宙論思想。參見廖育群：《中國傳統醫學的運氣學説》，《自然辯證法通訊》1993 年第 2 期。廖育群：《〈素問〉“七篇大論”運氣不同推算方式之分析》，《中華醫史雜志》1994 年第 2 期。二人認知分歧，首在對概念“天”之理解，前者認爲指自然界，後者認爲指天道。次在對“天人合一”思想在中醫問診中之理論受納程度與切實應用性，前者持肯定態度，認爲中醫實踐承襲此種認知精華，後者認爲該論係時代文化下之産物，其實踐價值已在歷史演進中被摒棄。

陰陽五行之造化相應。[1] 星移斗轉，抑或四季循環，五行陰陽交替，其周期循環係一套邊界完整之體系，所涉組分不可闕如，其“整體性”與“可推衍性”并存。

然《體用十章》所述格致生理實以“還原論”爲其探索進路，將人體解構作局部微觀之機制，於機理有待揭示處，轉以“不可知上帝智識”作解，實將身體運作始末推向“無盡還原”與“上帝意旨無解”之虚空。故就其質性而言，《體用十章》所呈“還原論”“不可知論”見識，實在侵損中醫醫理文化所賦予身體之具象邊界。

嘉約翰作爲傳教西士，布道係其本職，博濟醫局譯書之衷曲固爲馭西學以言上帝，故《體用十章》之問世無出於此等指歸，亦似在情理之中。故言此等“侵損”亦爲中性行徑，無置臧否功過，嘉氏在華行醫與譯書之

[1] 杜正勝在對“天”“氣一元論”之理解方面與鄭曉紅類似，然有别於傳統“神形二元論”認知，提出“形體”“精氣”“魂魄”三元論人體觀。參見杜正勝：《從眉壽到長生：醫療文化與中國古代生命觀》，三民書局，2005 年，第 82 頁。李建民認爲，《内經》全書泛言天象，即先秦以“天之曆數在吾身”爲認知核心，秦漢脈學體系以“十二月令系統”爲建構邏輯，此套生命觀與政治形態密切結合。在其後著述中，論證了脈學概念及其衍生知識體系，如何與數術天學産生理論互構。李建民解釋“天”作天象，不同於上述鄭、廖二學者之見。參見李建民：《死生之域：周秦漢脈學之源流》，“中研院”歷史語言研究所，2000 年，第 139—140 頁。李建民：《發現古脈：中國古典醫學與數術身體觀的新描述》，社會科學文獻出版社，2007 年，第 98，144—145 頁。

功績未予泯消，此譯著於格致之發微意義亦未爲否定。筆者僅以此案言陳，西醫書册之譯介活動誠非漢英語體之對應置換，譯介策略實以其宗旨爲導向，《體用十章》之刊發事宜皆由長老會所主，致此譯本思想基調偏離其底本著者原意，此係是籍傳布不及《身理啓蒙》之另一端由。於格致文本銜接宗教言論，雖爲布道之蹊徑，然亦爲“反洋教者”所詆譭〔1〕，自可想社會彼時於此書接納幾何，民族意識較强者，或將由“造物之説”質詰書中它論皆係蹈空。

## 三　潛淵："體用"何爲?

綜上可見，彼時以“日不落”自詡之英帝國視其格致文化作最上發達，故亦妄自臆度，由其所推介之西學將令清國開拓見識，日後亦將自降作大英之文化屬地；而由清教徒立國之美利堅則藉格致譯書，激進輸出其宗教文化。兩國雖分行迴途，然實以“文化殖民”爲同一

〔1〕 據方豪考察，基督教後期在華傳教者强烈輸出反宋儒理學之言論，即遭致理學家抵制，儒士中更有甚者，即聯合佛教理論反向攻訐“洋教”。且部分基督教習俗與清季社會禮教風俗相悖，亦由此多遭拒斥。參見方豪：《中西交通史》，上海人民出版社，2015 年，第 841—845 頁。

指歸。其所以徑向“驪淵”，且欲直搗龍潭，即在二者於“中夏文化”之本體想象皆以“落後封閉”爲其特質總括。然彼時清廷尚自尊以“炎黄後胤”，掌至上文明之源流，西學僅類“百工技藝”，此般下品與道法禮教殊作雲泥。中西見地分循異軌而各行其是，然雙軌交錯之際，則非祇颶衝撼撞情景可見，文化之隔閡亦可令二者因誤讀而各自隱遁，“體用十章”之書題恰映此端。

英底本題名 *Lessons in Elementary Physiology*，以今之白話文體，應譯作《基礎生理學教程》，然於彼時文言語體，以“體用十章”作漢譯書題則較適宜。一者，“體用”雖在此取其二字本義，然此名於時世引申之義則作非常。[1] 自張之洞《勸學篇》問世，“中學爲體，西學爲用”即係洋務運動之綱領，“體用”一詞遂涉中西“本末”之隱喻，爲時人所諳曉，斯於此做題，實奏“雙關”之效，令潛在讀者以此書題之“中西隱喻”爲先見，遂欲開卷以探其究竟。再者，《體用十章》似法《九章算術》等書題形式，以四字扼要分説其“主旨”與“體例”。此類題名之法得以沿襲，即在漢語固重

〔1〕“體”“用”二字之璧連，早見於儒經註疏。朱熹於《論語・學而》“禮之用，和爲貴”註“蓋禮之爲體雖嚴，而皆出於自然之理，故其爲用必從容而不迫，乃爲可貴”。由此“體用”時作互證對照之偶詞，爲後世所承襲，其含義漸寬泛。參見王爾敏：《晚清政治思想史論》，廣西師範大學出版社，2005 年，第 41—42 頁。

“四字格”行文，此前所陳諸本漢譯西籍，亦多以四字作其書題；“體用十章”四字亦朗朗上口，宜爲識記。由此觀之，漢譯本削英底本十二章作十章，蓋亦在醫局將“四字書題”納作考量。

然此書題仍見蹊蹺，“體用”詞義之雙關不盡爲時人所解。就嘉約翰等西籍在華者做論，以其於漢語淺作識讀，不得領會此中“義隨境轉”之文辭特質，所見“體用”僅係其字面原意，即“人體結構”與“功用”之對應書寫，故斯詞作 Physiology 之漢譯恰如其分，切可傳達西方“機械唯物哲學”思想。且西洋諸國以格致諸學之應用，得以據堅船利炮兵臨紫禁，威懾清廷。“清國爲西方諸國所屈降”之現實，令西洋來華者於其格致文明自視甚高，故以其所見，“體用”譯詞於 Physiology 之準確表陳，係國人善納且善從西學之徵，係格致文化殖民東方之良性肇端。而此書題在國人，則皆以其引申義“中體西用”“體本用末”爲先解，後起之義所以深入人心，即在其所關應之時局，故需詳考斯義衍創之情境原委。

據臺灣學者薛化元所見，“體用”含義於時世之引申，始自儒家“經世致用”思想。北宋經世思想家胡瑗〔1〕首將“體用”引申之意帶入其所倡“湖學”中，

〔1〕 胡瑗（993—1059）：字翼之，泰州如皋縣（今江蘇省如皋市）人。

斯學分作“經義”“時務”兩齋，胡瑗以“經義其體，時務其用”，主張“明體達用”。斯説後爲乾嘉學派考據風氣所掩，至清季社會危機加深之際，“經世致用”復興，龔自珍與魏源以該思想論證“興夷務”之必要性。由此推斷，“中體西用”思想由“經世致用”演進而來。〔1〕

繼清國告降於第二次鴉片戰争，政論思想家馮桂芬即以“采西學”作議，首諫“以中國之倫常名教爲原本，輔以諸國富强之術”；馮氏稱，“諸國并域”而能“自致富强”，皆在諸國“相類而易行”，故倡“鑑諸國”；又引荀子“法後王”之説，暗指此舉既合“正統”，亦謀“經濟”。〔2〕該議後由張之洞《勸學篇》闡發，以中學爲舊，西學爲新，倡議“舊學爲體，新學爲用”“新舊兼學”。〔3〕馮氏論著爲各地翻刻而廣爲傳布，此中“體用”思想亦爲光緒帝所重，因師法西學爲時勢

〔1〕薛化元：《晚清“中體西用”思想論（1861—1900）：官定意識型態的西化理論》，稻鄉出版社，2001年，第40—46頁。

〔2〕馮桂芬：《校邠廬抗議》下卷，豫章刻本，清光緒十年甲申（1884），第39a頁。

〔3〕張之洞：《勸學篇》外篇，中江書院刻本，光緒二十四年戊戌（1898），第9b—10a頁。關於“中體西用”論之肇端，薛化元認爲，魏源首立此論，然其所引魏源言論，實未涉及中學與西學之地位，仍係“經世致用”思想，薛氏所論似有牽强，“經世致用”或可作爲“中體西用”之先導性思想，然薛氏未能切實論證兩類思想之邏輯銜接。詳見薛化元：《晚清“中體西用”思想論（1861—1900）：官定意識型態的西化理論》，稻鄉出版社，2001年，第47—48頁。

所趨，保守士族以祖宗之法爲國之大體，不容屈尊師效“鄙俗夷國”，而“中體西用”一説則明中西二學本末尊卑，如此既爲綱常禮教正名，保全天朝[1]清國之威嚴，亦令“師夷長技”合乎體統，國人由此可體面效法格致諸學。恭親王奕訢持勢期間，以“中體西用”爲進路之洋務運動得以浩其聲勢，遍及地方，“體用”之指涉亦爲民衆士紳所盡悉。

由此可見，“中體西用”一説雖促進泰西格致諸學之引介，然亦制約國人於格致之見識。此説賦予清季士大夫階層以自欺式優越尊位，令其將西學看作爲華夏文明所統御之技藝。故於時代語境，“體用”書題更似社會於西學之消極表陳，即此書雖爲泰西格致譯書，然西學僅作中學義理教法於技藝端之演繹，實爲中學所統籌，中西之“本”“末”地位秩序未曾易革。

以既往觀點，彼時由中外人士共同參與之譯介活動，多呈現爲中西文化於逢遇後之衝突、争議調適後之折中，然譯書名“體用”則在此類情狀之外。斯詞於西人，切實作以“機械唯物哲學觀”對人體運作方式之直詮，係

---

[1] 關於“天朝”心態之解讀，茅海建以“公使駐京”，説明清政府以“天朝”視域對待西方“夷鄉夷俗”之失矩，認爲清政府試圖以不惜一切代價之姿態，維護其“天朝”身份與體制。參見茅海建：《近代的尺度：兩次鴉片戰争軍事與外交》，生活·讀書·新知三聯書店，2011年，第174，250—252頁。

清國譯者對格致思想之崇奉，係此東方國家將爲其西方文化殖屬地之徵兆；於國人，則切實荷載清季社會内部“華夷尊卑”之觀念隱喻。中西於此題名之見識雖自相對立，然就現實人際互動而言，中西譯校者及潛在讀者并未於其語義闡釋發生争執，此係斯譯名之蹊蹺所在。

究其緣由，中西表層語義空間似由漢英譯介活動所貫通，然緊繫民族文化之深層語義空間實質隔絶，此種隔絶令“認知對立”之現實跡象消匿於中/西單維文化語義範疇，“體用”轉而得以雙向迎合此二重語義。[1]

擇另一視角做論，“體用”譯名内蘊其爲異質文化所屈折之想象意涵，此中其一係歐洲中心視域下“先進宗主國與落後殖屬地”之文化地位想象，另一係自天朝中心視域下“尊高華夏與邊鄙夷洋”之政治身份想象。彼此枘鑿之眼界即以一微妙形式寓於此四字題名，延展爲疏隔於彼此之言詮空間，故我所目見恰係爾所障盲，汝所諳熟皆爲吾所費解。藉此“雙關詞作書題”案，清季社會—文化語境下西學譯介之詭曖特質得窺一斑。

---

〔1〕劉禾考察了漢字“夷”演變爲衍指符號“夷/i/barbarian”之過程，以及此中所倚賴之交互邏輯機制；認爲由 barbarian 以對照“夷”之詮釋法，實際是跨語際之謬釋法（catachresis）；亦在説明中西語義之深層隔絶。參見劉禾著，楊立華譯：《帝國的話語政治：從近代中西衝突看現代世界秩序的形成》，生活·讀書·新知三聯書店，2014年，第47—51，63頁。

# 肆　意象機杼：譯介空間之織造

前文業已分析《體用十章》譯介時代背景與成書始末，所涉理論之整體架構與深度，暗含於格致話語中之布道意圖，寓於書題中之政治文化隱喻。筆者進而將視角聚焦於譯介文本本身，譯本於“術語”“理論”與“思維”向度，較底本之信謹幾何，係另一考察重心。

## 一　創製：欲著其“微”，試明其“奥”

格致解剖與格致生理之殊異，雖於前文已言諸端，然仍有一端需特做强調：格致解剖之考察對象爲静態實體結構；格致生理之探究，多涉非裸眼可見之動態運作，如微觀結構之機能與體液之生成。故兩類學科之術語類型存在顯著差異。《體用十章》既係首部格致生理漢譯專著，即此譯籍告成前，西方生理術語尚未在華得到漢譯，故 *Lessons in Elementary Physiology* 之譯介，并非中西同義術語之對照置換，譯者孔慶高實在開拓一專業漢譯術語畛域。

《體用十章》中，由譯者創製術語可分三類：一係顯微與亞顯微構造，一係分子聚合體，一係生理現象與機制。茲就此三類，選取部分譯詞舉以分説（表4－1至4－3）。

**表4－1　顯微與亞顯微構造術語**

| 英底本術語 | 《體用十章》譯名 | 今譯名 |
|---|---|---|
| Lymph corpuscle | 液輪 | 淋巴細胞 |
| Lacteals | 腸液管 | 乳糜管 |
| Rods | 平 | 視杆細胞 |
| Cones | 尖 | 視錐細胞 |
| Pigment cell | 色珠 | 色素細胞 |
| Hepatic cell | 生珠 | 肝細胞 |
| Tactile corpuscle | 筋絲輪 | 觸覺小體 |
| Outer granular layer | 外點層 | 外顆粒層 |
| Buffy coat | 黄白衣 | 血塊黄層 |
| Tactile corpuscle | 筋絲輪 | 觸覺小體 |

今譯名參考自：章宜華，王曉鷹：《中山英漢漢英醫學詞典》，外語教學與研究出版社，2008年；朱大年：《生理學》，湖南科學技術出版社，2000年；以及全國科學技術名詞審定委員會公布名詞。

第一類術語用以描述顯微與亞顯微構造。該類術語少許可見於解剖類譯書，如cell（今譯作“細胞”）概念可見於合信所譯《全體新論》（1851），及韋廉臣等所譯《植物學》（1858），前書譯作“輪”，後者譯作“細胞”。《體用十章》於cell之譯介，一面沿用“輪”之譯語，如將底本中 red cell 對應譯作“紅輪”；一面另創術語“珠”，將底本中 pigment cell（今稱“色素細胞”）、hepatic cell（今稱“肝細胞”）對應譯作“色珠”“生珠”。此外，譯詞“輪”亦非全然對應底本之 cell，譯者復將“輪”作爲 corpuscle（今稱“小體”）之漢譯詞，如“液輪”（lymph corpuscle）。由此可見，“一詞多譯名”與“多詞一譯名”爲術語譯介之偶見情狀，然此般語義交錯對應，實未引發混淆，蓋在“輪”“珠”二者形態相類。

另一譯介特徵亦不可忽視，部分譯詞與其對應英文之原義不甚相符。如 tactile corpuscle（今譯作“觸覺小體”），該譯詞未與其英文 tactile（觸覺的）作本義對照，而以此物内含“筋絲”（今譯作“神經纖維”），狀若圓輪，而譯作“筋絲輪”。[1] 譯者之所以逸脱英文本意之框束，蓋以其所見，“形態與組構”描述更爲具象，“功用”則爲抽象概念，故前者應優先作物質性術語之命名依據，將其譯作“筋絲輪”，即可結合圖像作確切表陳，更易爲國人所領會。

結合上述幾例可見，漢譯術語較其對應英文之意義改動，非無章法可言，恰可由此窺見此書於“物質構造類”術語之翻譯矩矱，即譯者一致采用“據形態與組構

[1] 對其形態描述，譯爲：“此小刺既爲微絲血管網羅之處，又爲散布外皮之腦筋絲歸結之區，雖其如何網結尚未盡悉，有謂筋絲之入於小刺，足令其刺脹溢，形圓如輪，名之曰筋絲輪者。”

命名”原則，以令讀者形成直觀具象化理解。故此類漢譯術語之形成，以“基於本土視角而創製”爲其特性，而非中英文之對標置換。

**表 4－2　分子聚合體術語**

| 英文名 | 《體用十章》譯名 | 今譯名 |
|---|---|---|
| Globulin | 輪精 | 球蛋白 |
| Fibrino-plastic globulin | 似輪精 | 副球蛋白 |
| Haematin | 希嗎碘 | 正鐵血紅素 |
| Glycogen | 糖質 | 糖原 |
| Blood serum | 血絲 | 血清 |
| Blood-crystals | 血珠 | 血析晶體 |
| Pepsin | 把彼先 | 胃蛋白酶 |
| Ptyalin | 啼阿連 | 唾液澱粉酶 |
| Cholesterin | 高哩司顛 | 膽固醇 |
| Bilin | 啡哇 | 膽色素 |

自十九世紀中葉，以格致化學探究機體代謝之進路顯其成效。酶與血紅蛋白等聚合結構相繼爲生理學界所鑒别，此類物質概念亦由《體用十章》首次引介入華，故其漢譯名皆需譯者創製。

由表中可見，此類術語普遍采用“詞義音譯結合”譯法。譬以 globulin（今譯“血球蛋白”）作例，書中譯作“輪精”，即譯者將詞根 glob-（圓形，球狀）意譯作“輪”，以述其形貌，又將其詞綴-in（今稱作“肽/蛋白”）音譯作“精”，以表其質性。此類譯法有其獨到之處，西醫視域下，“肽/蛋白”被視爲人身運作之物質功能單元；而“精”係屬本土醫學及道家内丹學概念體系，傳統醫道視“精”“氣”“神”作人身三要，“精”獨爲此中實體，孕生機之本源，“氣”與“神”皆由“精”煉化。可見，中醫之“精”與西醫之“肽/蛋白”，於各自文化語境中，皆指代生命活動之實物基原，故譯者以此二者爲通約概念。

然此譯法亦偶見偏頗，如 glycogen（今譯作“糖原”）之譯介，書中漢譯名將詞根 glyco-（甜的）意譯作“糖”，將後綴-gen 音譯爲“質”，然其後綴含義實係“生發某物之事物”〔1〕，書中“糖質”之譯名遂未能確切傳達英文本意。

而於部分腺體分泌液，譯者則多采“音譯”之法。如將 pepsin 譯作“把彼先”，再以描述性文本闡釋其特質，稱“把彼先”係“胃内溶化之鹽類，少許并有酸味，以其内有輕緑酸也”。譯者於術語初創時期行此權宜

---

〔1〕 該後綴源自希臘語 genes（生發他者之物），此後法語 gène 沿襲該詞義。十八世紀末，法國化學家拉瓦錫首次使用該詞作後綴，與詞根 oxy-（酸性）結合，創製術語 oxygen（今譯作“氧氣”），表示“可產生酸的物質”。1848 年，法國生理學家伯納德（Claude Bernard）發現糖原，即沿用拉瓦錫式命名規則，創製 glycogen 一詞，表示“可產生糖的物質”。

策略，亦有其衷曲。蓋此類物質多爲近世學術成果，或係非英法母語學者之發現，校譯者嘉約翰亦難詳其命名原理。然音譯名詞自身本無意義，實非等效譯詞，故據此法所得音譯名詞皆爲後世摒棄。

**表 4－3　《體用十章》生理現象與機制術語比較表**

| 英底本表述 | 《體用十章》譯名 | 今譯名 |
|---|---|---|
| Muscular sense | 運動之知覺 | 肌覺 |
| Sensations of touch | 摩嘗之知覺 | 觸覺 |
| Sensation | 知覺 | 感覺 |
| Sensory organ | 智府 | 感受器 |
| Efferent nerves | 知覺腦筋 | 傳入神經 |
| Motor nerves | 運動腦筋 | 傳出神經 |
| Coagulation | 血之凝結 | 凝固作用 |
| Heart sound | 心聲 | 心音 |
| Osmosis | 泄散之功 | 滲透作用 |
| Absorption | 復噬 | 重吸收作用 |
| Reflex action | 有所感而動 | 反射活動 |
| Stimulus | 激抑 | 〔神經〕刺激 |
| Excitation | 受激 | 〔神經〕興奮 |
| Insensible perspiration | 汗之暗散 | 無感蒸發 |
| Temperature regulation | 熱之調勻 | 體温調節 |
| Oxidation | 真火燃化 | 氧化作用 |
| Excretion of urine | 導溺 | 〔腎臟〕泌尿 |
| Peristaltic contraction | 如回擁送 | 蠕動性收縮 |

續 表

| 英底本表述 | 《體用十章》譯名 | 今譯名 |
|---|---|---|
| Radiation | 熱氣 | 〔熱〕輻射 |
| Ferment | 以法化之 | 發酵 |
| Evaporation | 由外皮而泄 | 〔熱〕蒸發 |
| Paralyses of the opposite side | 半身不遂 | 半身不遂 |

書中生理機制之譯詞可見於上表。譯者於此類術語之譯介策略相較靈活，部分譯名尚貼切。如 absorption 一詞，書中譯作“復噬”，“噬”取“傾吞”之意，形象體現腎小管“主動吸收”特徵，較今譯名“重吸收作用”亦非遜色；再如，於術語 insensible perspiration，譯者稱之爲“汗之暗散”，“暗散”二字實已涵蓋今之譯名“無感蒸發”。此外，部分名詞實與今譯無所異曲，如 coagulation（血之凝結，今譯“凝固作用”），heart sound（心聲，今譯“心音”）。然亦有部分譯詞失之冗贅，如 evaporation 譯作“由外皮而泄”，此類譯名實近於描述性解釋，非專業術語，故未得後世沿用。

而解剖學術語方面，《體用十章》實亦較先前譯著有所修正。解剖術語之統一工作始於 1877 年，由英美教會聯合創設之益智書會（School and Textbook Series Committee）發起，該團體後於 1881 年刊發“解剖”主題譯著《全體闡微》，書後所附“詞彙表”被釐定作解剖學標準名詞。[1] 故此後西醫譯籍所涉解剖術語，多以《全體闡微》爲優先參照。[2]

《體用十章》雖於譯例中稱“書中所用各名目，皆照《全體闡微》”。然實非全然因襲，具體采用時仍有所甄別，如《全體闡微》將 alimentary canal（今稱“消化道”）譯作“養生路”。於此，醫師德貞（John Dudgeon，1837—1901）於《教務雜志》刊文，質疑該漢譯名與英文原意并未對應，可改譯作“飲食道”。[3] 此議或爲博濟醫局所重，《體用十章》就此術語之中譯名再行調整，將“養生路”易作“口與食管”，語意更較貼切。

此外，《全體闡微》將英文術語 vein（今稱作“静脈”）譯作“脈”，如書中“腋脈”“肝脈”“胃脈”“腎脈”[4] 等諸稱謂。然此等所言之“脈”全然有别於國人默會之“脈”，本土文化語義下，“脈”係中醫概

〔1〕 John Dudgeon, “Review of a New Medicine Vocabulary.” *The Chinese Recorder and Missionary Journal*, (1882 - 01 - 13), p. 183. 鄒振環：《“歷史上的中國出版與東亞文化交流”國際學術研討會側記》，上海市檔案館編：《上海檔案史料研究》第 6 輯，上海三聯書店，2009 年，第 353 頁。

〔2〕 博恒理所譯《省身指掌》一書亦采用《全體闡微》所定解剖學詞彙。詳參博恒理譯：《省身指掌》，上海美華書館鉛印本，民國二年癸丑（1913），序。

〔3〕 John Dudgeon, “Review of a New Medicine Vocabulary (II).” *The Chinese Recorder and Missionary Journal*, (1882 - 01 - 13), p. 183.

〔4〕 今相應稱作“腋下静脈”“肝門静脈”“胃静脈”“腎門静脈”。

念，爲形而上之象；而與之相對，格致解剖所述之 vein，係肉眼可辨之實體，故此西醫術語與中醫之“脈”所指有別，實不可通約。《體用十章》於此詳作區分，創製“迴管”指代 vein，創製“脈管”指代 artery（今譯作“動脈”）。再如，《全體闡微》將 chyle（今名“乳糜”）譯爲“尿”，該譯名頗具争議，於此，《體用十章》即製“食糜”一詞。

由上可見，西方醫學術語概念之漢譯，非中西現成譯詞之對照置换，譯者需創製相應中文指稱，此務非易。然今世之研究者，似無法據通識性譯介標準，如“信謹”規範，評判《體用十章》所創術語之優劣，此中存在兩重影響機制：

一者，術語名詞於譯書中之確鑿含義，實由語境規範所賦予。[1] 换言之，術語近似於“語境概念之簡約指代”，非概念本身，術語語義取決於前後文意與學術認知矩矱。故縱使漢譯詞與英文用詞於字面意義相符，二者所指之概念或機制亦未必盡同。譬如，譯詞“復噬”與英文術語 absorption 似有對應，然 absorption 於英底本語

〔1〕 哲學家維特根斯坦稱之作“語言遊戲”（language games）。據其觀點，語言并非孤立静止之描述符號，詞義被理解之本質，并非將固定語義信息傳入讀者視覺系統之過程，語詞爲讀者最終所理解之語義，取決於語境與讀者認知經驗之互動，故語義理解無法脱離篇章語境，篇章理解係一建構性活動。參見陳嘉映：《語言哲學》，北京大學出版社，2006 年，第 184—191 頁。

境中，特指腎臟之“重吸收功能”，因其與前後文所述“滲透壓原理”“腎小球濾過作用”相互關照而被賦予特定含義；即系列概念之“互文闡釋”，構成英底本於“腎臟生理”之語義表呈，相關術語亦由此被注入符合底本語境之意義；譯本以“復噬”對應 absorption 雖不失巧妙，然文中并未譯及腎臟之功用機制；上下譯文於理論引介之不足，致使術語“復噬”於書中實則未被賦予格致生理層面之實義，故就語義本身而言，術語字面含義對應與否，無法作爲衡量譯介成效之指徵。

再者，中西文化思想之不可通約，決定彼時無法以漢語實現生理術語之等效譯介。[1] 西方格致生理術語之

---

[1] 就“地域文明差異性”之思考，可見亨廷頓（Samuel P. Huntington）對布羅代爾、沃勒斯坦、德克海姆、斯賓格勒等歷史人類學家對文化與文明的理解之總結，亨廷頓以“宗教”爲文明之核心，將世界文明劃分爲七大單元，宗教之不可通約決定文明之不可通約，由此駁斥奈保爾（Vidiadhar S. Naipau）所謂“普世文明”，參見亨廷頓著，周琪等譯：《文明的衝突與世界秩序的重建》，新華出版社，1998 年，第 24—26 頁。再可見李約瑟就“地域文明體系間之不可通約性”主題論述，强調對其“世紀之問”之解答，應回歸於對東西文明於社會思想之内在差異性考察。參見李約瑟著，張卜天譯：《文明的滴定：東西方的科學與社會》，商務印書館，2016 年，第 176 頁。沈國威以其研究説明，跨文化譯詞在語義層面之非等效性，并非僅限於漢語與英語之間，而是以漢字爲傳統書寫慣習之東亞文化共同體，普遍存在對異質歐洲語言及其背後文化思想的“容受”問題，而彼時“創設語義符號”的折中方案無法真正實現語義通約。參見沈國威：《西方新概念的容受與造新字爲譯詞——以日本蘭學家與來華傳教士爲例》，《浙江大學學報》2010 年第 1 期。

建構，實以“機械還原論”爲認知範式。具體而言，其潛在預設，即有機生命現象可被還原作無機微觀單元，可由“格致物理”“格致化學”作爲人身運作之闡釋徑路。上述三類術語，亦反映“機械還原論”實爲格致生理之支配性思想，筆者即由下表（表4－4）分析了各類型術語及其思想映射：

**表4－4　格致生理術語及其思想基原**

| 格致生理術語類型 | 支配性思想 |
| --- | --- |
| 顯微與亞顯微結構術語 | 物理方式之物質還原 |
| 分子聚合體術語 | 化學方式之物質還原 |
| 生理機制術語 | 物理或化學方式之機制還原 |

由此可見，格致生理將人身還原至極致微觀構造，將體液還原作分子聚合體，此係無限還原，還原物皆係實體，其形貌與組分需藉顯微儀器與化學實驗得見。相對而言，中醫以“氣”爲終極還原，“氣”無本體形象，係實存虛體。故中西醫於人身之還原思想有别，術語作爲思想之外顯，西醫術語較中醫術語呈現“微”與“奥”雙重特質，一在其微觀實體結構爲國人所未見，一在其“無限還原”思想爲國人所費解。故就實踐層面而言，基於中西迥異人體觀之術語譯介，難以實現英漢語義之等效轉换。

## 二　源流：郢書亦可燕説

在上述構詞原則以外，尚需重視《體用十章》於術語譯介之另一隱匿性策略——優先以中醫術語對應西方醫學概念。循此策略，可見書中相較適宜之對等譯介，如 Paralyses of the opposite side 被對應作中醫既有術語“半身不遂”，此譯體詞可被視作其本體詞之等效譯介，因二詞所指皆係裸眼可見之具象情狀，故二者含義可作確切比照，進而批判其契合程度。然并非一衆術語皆如此類，由前文可知，格致生理多涉機體内部微觀層面之運作機制，相應術語多係抽象概念。如此，“中西概念通約”策略是否整體適用於格致生理術語之譯介？

回溯前例，可見譯者以中醫之“精”對應西醫之“肽/蛋白”。蓋以其所見，兩類概念皆指人身運作之物質基原，故得作通義理解。由“譯者學識”視角出發，此番對應不失爲權宜之舉。然就“語義文化”角度而言，譯者將承載同一功能之中西概念進行通約，則不甚合理，若論及組成與轉化形式，兩類物質存在顯著差異。換言之，“精”與“肽/蛋白”雖於中西方各自語境中，承載同一功能，然二者深層語義實非等效。

上述情況則指向系列問題：以中醫術語對應西醫概念是否普遍存在“語義等效性”問題？抑或上述中西術語之“不相對等”僅係個例？又可據何種因素判定語義能否通約？

書中於 oxidation（今譯“氧化作用”）之譯介實例，似在更深層面照應上述疑問。該術語於西方生理學科視域下，指生物體内化學性質反應，即有機物質在氧氣[1]作用下，分解生成二氧化碳與水，并釋放熱能。究其本質，此過程以“守恒定律”反映生物機體内部物質—能量之轉化機制，爲西醫還原論認知範式所統籌；然斯詞在《體用十章》中對應譯作“真火燃化”。“真火”説法始見於唐代末期道教内丹學經典《鍾吕傳道集》，斯籍假托道教神話人物鍾離權與吕洞賓師徒間之傳道形式，論述内丹之煉化過程，書中有云：

> 其陽止在起首始生之處，一點元陽，而在二腎。且腎，水也，水中有火，升之爲氣，因氣上升，以朝於心；心，陽也，以陽合陽，太極生陰，乃積氣生液，液自心降，因液下降，以還於腎……靈根堅固，恍恍惚惚，氣中自生真水。心源清潔，杳杳冥冥，液中自有真火。火中識取真龍，水中認取真虎，

[1] 生物體内氧化反應以氧氣爲主要氧化劑，體外反應則有多種。

龍虎相交而變爲黄芽，合就黄芽而結成大藥，乃曰金丹。[1]

可知“元陽”係腎中之火，令“腎水”化“氣”升騰至心；心性屬火，與“氣”相交，即作“以陽合陽”，此係陽之“太極”，故而“生陰”，即作“液”肅降回腎，“氣”“液”如此升降循環。又陰陽相生，故“氣”生“真水”，“液”生“真火”。據此推知，“真火”實係“元陽”（爲“氣”所載）與“心之火性”相交所得能量形式，雖寓於“液”中，然實係陰中之真陽。

據此可見，内丹學術語“真火”相應於道家“氣液互化”“陰陽異生”之辯證思維模式，故其本質有别於西方格致生理語境下 oxidation 之含義；前者認知前提係陰陽之無限循環相生，而後者係物質—能量之單向度非可逆轉化，以水、二氧化碳，熱能之生成爲其終極指徵。

譯者於一定程度領會生物氧化反應之特徵，即其一、發生於體内，其二、釋放熱能。故以體内之火爲“真火”，以其釋放熱能爲“燃化”，由此創製詞彙“真火燃化”。然此番譯介即與“真火”之原義衝突，由上可見，

---

〔1〕 鍾離權述，吕洞賓集，施肩吾傳：《鍾吕傳道集》，高麗楊點校：《鍾吕傳道集　西山群仙會真記》，中華書局，2015 年，第 66—67 頁。

内丹術語"真火"并非實體，而係能量形式，譯者以"真火"爲"燃化"之主體，實則模糊前者之虛實質性，且"真火"之寒熱質性并非絶對概念，而是相對於陰（"真水"）而稱爲陽（"真火"），"真火"已係陽之極致，若再變化，應巽向生陰，而非生陽（"燃化"），且"真火"概念絶非孤立呈現，而是以"陰陽和合"方式互存，故若未見"真水"，亦無有"真火"，更遑論"真火可孤立燃化"之説。譯者實未能領會道家"真火"概念與陰陽辯證思維之相應，將"真火"與"燃化"作似是而非之并列。

劉禾（Lydia H. Liu）考察了清季中西交涉中，漢字"夷"演變爲衍指符號"夷/i/barbarian"之機制，認爲此過程中内涵一隱蔽性交互邏輯。該邏輯假設，若判定本體語詞甲之語義與譯體語詞乙之語義相等同，甲乙二者即可以實現語義互構。劉禾指出，譯者實在依照此種邏輯，臆測兩種語言間切實存在"公度性"，進而於既有衍指符號之基礎上，營造新式衍指符號。如此，衍指内部之語言裂痕在最初即被遮蔽，本體語言自身之新奇性與陌生性被固有能指所吸納，以致讀者無法區别衍指符號鏈與固有能指間之本質差異。[1]

---

〔1〕 參見劉禾著，楊立華譯：《帝國的話語政治：從近代中西衝突看現代世界秩序的形成》，生活·讀書·新知三聯書店，2014 年，第 47 頁。

回歸本例中，譯者對存在所謂“公度性”之臆測近乎越界。就其現實做法而言，譯者試圖將術語“真火”“燃化”變爲衍指符號“真火燃化/oxidation”，由此造成本體語言之特異性被消解，譯體語言新舊語義之内部斷裂，舊語義被驅逐出其表意位置，而新語義無法形成自洽性邏輯鏈接。如從本體語言（oxidation）出發，審視其與譯體語言（真火燃化）之對應，可見譯者試圖以前者語義覆蓋後者之原本意涵，由此造成“真火”在新舊語義上之混淆；若由譯體語言（漢語）出發，反向審視“真火燃化”之譯詞本身，則其在語義邏輯上難以達成自洽，即“真火”與“燃化”無法構成可被實在理解之語義指涉。故此番“中西術語通約”，即有違“信謹”“通達”之譯介原則，更遑論等效譯介。

進而可見，術語符號并非孤立語義單元，作爲系統性文化思想之構成組分，其内在含義爲本土文化語境所賦予。故以中式既有術語通約西醫概念之合理程度，取決於二者各自所屬文化是否存在通約可能。唯有中西方文化語境相兼容，或申言之，唯有中西人體之認識模式相兼容，中西術語符號之指涉方可等效。然由前文可知，中西人體觀彼此齟齬，故由兩種觀念各自支配之術語體系不可通約。

就上述情況，另一現象與之形成對比：洋籍譯者在

“西書中譯”過程中，未見“以中醫術語對應西醫概念”等類似做法。譬如，由博濟醫局出版，嘉約翰主譯之化學著述，即自創一套專業術語及元素文字，并未自漢語取詞。[1] 具體至西醫譯籍，以早期解剖學論著《全體新論》爲例，譯者合信雖援引中醫“腎藏精”等論述，然并未將“精”與西醫概念作對等通約。[2]

中西譯者群體各自於譯介方式之迥異做法，基於何種現實情境，抑或何種思想認知前提？

緣由似在嘉氏等洋籍譯者未嘗通曉漢語遺詞，而深究其本質，則在中西譯者於“西學”之齟齬認知。西洋來華者，以格致之學爲西歐大陸所發祥，爲此東方古國所未逮，故應創製新式術語以詳陳其意。

而本土譯者之所以認爲中醫術語可以等效置換西醫概念，則因“文化優位”意識潛藏其心。此種認知發端自“西學中源”一説，明季學者黄宗羲（1610—1695）首稱西國竊取中原算學，同時代儒士方以智（1611—1671）亦以“天子失官，學在四夷”稱耶穌會士所傳之曆法，爲“聖人之所以言也”；清初天文學家王錫闡首次舉實例論證“西學中源”説，士大夫梅文鼎、阮元等繼以“禮失求野”加予佐證，後隨“閉關鎖國”政令之頒

〔1〕嘉約翰口譯，何瞭然筆述：《化學初階》，廣州博濟醫局刻本，同治九年庚午（1870）。

〔2〕《全體新論》書中所創術語“精液管”僅指代“淋巴管”。

設，斯説漸靡。〔1〕然至同光之際，“西學中源”説復爲時人所重，因清廷被迫重開門户，國家既爲“效西”形勢所迫，亦爲“天朝”身位所挾，而斯説力陳“華尊夷卑”之見地，故惟有樹此見爲基原，清廷方得全其顔面，朝野方可“師效夷技”。

“西學中源”説雖令“格致入華”順諸名教體統，然亦由此奠定國人“本土文化優位”之潛在認知。膾炙名篇《西學古今辨》即現此類認知：“惟中國重道輕藝，故久置不講而寖失其傳；外國重藝輕道，故日益研求，反成絶詣。”〔2〕依該篇所陳，西學係中學“道法”於“技藝”一端之發揮，中學爲西學之宗，格致諸學皆可自中學尋其本源。故據此説，理應存有一中學思想與西學理論相映照，亦理應存有一中學術語與西學概念相對應。國人於西書之譯介，應爲循“流”溯“源”之過程。由此似可明孔氏等國人譯者，何以據中學術語對譯西學概念。

---

〔1〕參見王揚宗：《“西學中源”説和“中體西用”論在晚清的盛衰》，《故宫博物院院刊》2001年第5期。韓琦：《通天之學：耶穌會士和天文學在中國的傳播》，生活·讀書·新知三聯書店，2018年，第111—114頁。江曉原：《試論清代的“西學中源”説》，《自然科學史研究》1988年第2期。張明悟：《“西學中源”説論證方式的歷史考察》，《自然辯證法通訊》2018年第6期。

〔2〕鍾天緯：《西學古今辨》，賀長齡：《皇朝經世文編 三編》卷十一，上海書局石印本，光緒二十八年壬寅（1902），第5a頁。

蓋亦可推知嚴復譯 physiology（“腓支阿洛志”）作“内景學”之緣由。[1] 因格致生理主考人體之内部運作，而在華夏本土認知中，此類學問歸爲道家醫學之“内觀”理論，内觀所見者即作“内景”。道家經典著述《黄庭内景經》即以“天人合一”思維審察人身之内部運作，更有《内景圖》作道家小周天修煉圭旨。[2] 故就士大夫所識，“内景學”即稽覈身體運作之學，若爲西洋生理學尋其中學本源，非“内景學”莫能相應。由此，亦無怪嚴復將此中西二學作對等通約。

綜上，需由多重維度評價譯者孔慶高之術語創製嘗試。就語彙沿革視角，孔氏做法應得嘉許，其術語構詞策略自本土讀者視角出發而設定，譯製相當數量生理學專業名詞，爲後世同主題西書譯介提供例鑒與構詞矱範。就語彙規範視角，音譯詞未能切實承載語義傳達功能，部分描述性表述在嚴格意義上，實未符合術語形式。然就“匯通”目的而言，這一嘗試工作則係徒勞，中西術語之内涵各自相應於其創製語境，即地方文化所決定之

---

〔1〕 嚴復於《群學肄言》中如是作詮：“内景學”，西名“腓支阿洛志”，所以考官骸之用。參見赫伯特·斯賓塞著，嚴復譯：《群學肄言》，北京時代華文書局，2014 年，第 49 頁。

〔2〕《内景圖》亦作《内經圖》，“内景”實爲道教於“内經”之别稱。於二者術語之淵源，參見栗山茂久：《身體觀與身體感——道教圖解和中國醫學的目光》，《古今論衡》1999 年第 3 期，第 147—154 頁。陳霞：《從〈内經圖〉看道教身體觀的生態意義》，《錦州醫學院學報》2006 年第 2 期，第 35—38 頁。

認知思維模式，由於中西文化互爲異質，不同文化視域下之人體認知模式迥然有別，故中西術語爲本土文化語境所賦予之含義實不可通約。

## 三　形變：方枘難契圓鑿

在對“術語創製特徵”予以考察後，筆者將關注重心置於“理論表述”層面。如前所述，格致生理藉物理與化學路徑通達其學術發現，故首需從書中於物理與化學知識之闡釋考察譯介水準。茲選取《體用十章》《身理啓蒙》兩書中對“臂力與杠杆作用”之表述，試作對照分析，見表4－5。

**表4－5　《體用十章》與《身理啓蒙》内容比較表**

| 《體用十章》 | 《身理啓蒙》 |
| --- | --- |
| 凡物之用如杆者，約有三等，其動勢各按所棲埶之處而别：<br>譬以杆一條，杆中有棲埶，杆頭墜物，杆尾以人力壓之，其動乃因棲埶而起，如四十九圖“一形”是也；<br>若棲埶在杆頭，杆中爲物墜，杆尾以力壓之，其動乃因爲重所墜，如“二形”是也； | 《重學》所論，舉重物之杆有三式：<br>一、倚點居中，重在一端，力在一端；<br>二、重點居中，倚點一端，力點一端； |

續 表

| 《體用十章》 | 《身理啓蒙》 |
|---|---|
| 又若棲墊在杆尾，杆頭爲物墜，杆中以人力起之，其動又爲人力所致，如“三形”是也。 | 三、力點居中，倚點一端，力在一端。 |

文獻來源：

哈士烈著，孔慶高譯：《體用十章》卷三 第七章 論運動，羊城博濟醫局刻本，光緒十年甲申（1884），第22b—23a頁。

艾約瑟譯：《身理啓蒙》臂骨伸屈式，總税務司署刻本，光緒十二年丙戌（1886），第22b頁。

從表中可見，孔、艾二人文辭表述迥異。《體用十章》述筆略繁，譯文將肩臂發力機理比擬作常見事物（將“手臂”擬作“杆”，將“支點”擬作“棲墊”，以“人力”喻“外力”，“墜物”喻“重力”），以論述杠杆作用之三類形式，其中雖乏物理術語，然配以插圖形象作解，易於讀者結合實際領會；而《身理啓蒙》措辭簡明，因艾氏先已譯介物理學著述《重學》（1859），并於書中創製力學術語體系，故《身理啓蒙》皆采用《重學》所創“倚點”“重”“力”等專業詞彙。故就“闡釋具象性”而言，《體用十章》藉日常事物述理，易於讀者理解；然就“知識傳布規範性”做論，術語之統一，爲知識流通之先決條件，故《身理啓蒙》與《重學》之術語互參，爲讀者匯通生理學與力學知識供以可能。

於述理層面，兩書互見瑕瑜，然就文辭表述方面，《體用十章》不及其後以“譯筆曉暢”[1] 著稱之《身理啓蒙》，未見讀者褒其措辭，僅見梁啓超“譯文劣”之貶責。[2] 雖不可據一家之見全盤否定《體用十章》之行文，然此書誠未備斐然文采，一如書中例言所云“是書詞句原求淺白，不事深晦”。平通文辭，或將令儒人墨客難起開卷之興。

中西譯述文筆與專業性之差異，源出三端：首在譯者譯述經歷。艾氏長年置身於漢語語言環境，既往《六合叢談》之主筆職務令之頗具譯介經驗，其譯文亦得李鴻章“妙筆不朽”之褒美。[3] 相較而言，孔氏雖有不凡資質，然尚屬初出茅廬之譯員，僅譯有《内科全書》與《體質窮源》兩種，翻譯資歷相較淺薄。次在底本理論深度。《身理啓蒙》之底本係小學基礎讀本；然《體用十章》之底本爲中學乃至大學教材，就譯介難度而言，二者差異懸殊。末則在譯者學識背景。艾約瑟畢業於倫敦大學，專擅雖非醫學，然領會西學啓蒙理論尚非難事。相較而言，孔氏未曾習

---

〔1〕 黄慶澄在其著《中西普通書目表》中稱《身理啓蒙》“譯筆曉暢”。參見黄慶澄：《中西普通書目表》，王揚宗編：《近代科學在中國的傳播》下，山東教育出版社，2009 年，第 674 頁。

〔2〕 梁啓超：《西學書目表》，實務報館，1896 年，第 5 頁。

〔3〕 李鴻章贊譯者艾約瑟“妙筆不朽”，參見《西學啓蒙十六種》序。

得格致諸學，故於書中所涉格致物理原理，祇得以比擬方式勉作其解。

然格致生理著述非祇涉及物理原理，亦相關諸多化學知識。孔氏於後者之譯介，則語焉不詳。以“論糖質在肝内變化之源”一節爲例，譯文“以化學覈之，内含炭輕養氣，且輕養二氣與水多寡相同”，讀來費解，不知譯文所述之“水”自何而來，參照原文 In chemical composition, consisting as it does of carbon united with hydrogen and oxygen, the latter being in the same proportions as in water. 可知底本原意爲“其化學組成，實爲碳、氫、氧三質，其中氫、氧二質之結合比例，類同於水分子中二質之結合比例（水分子中，氫氧比即 2∶1）”。

就物理化學與醫學之進階關聯性，博濟醫局畢業生陳垣曾解讀道：“夫《博物新編》者，即尋常醫學校之物理、化學、動植物學也。《全體新論》者，即解剖生理學也。於此不卒業，不足以讀内外諸科也。”譯者未備物理化學理論常識，譯述格致生理似在建構空中樓閣，故孔氏之譯述，屢屢捉襟見肘：或頗費筆墨，或繆訛斑駁。

然以上僅爲譯者於簡明常識之處理，至述理晦深處，譯者則囿於學識，不得其旨義要領。試以第十章屬節“論習慣成自然之勢”爲例，詳析此中之曲筆。

**表 4－6　英底本與《體用十章》内容比較表**

| 序次 | 英底本 | 漢譯本 |
| --- | --- | --- |
| 1 | It may be laid down as a rule, that if any two mental states be called up together, or in succession, with due frequency and vividness, the subsequent production of the one of them will suffice to call up the other, and that whether we desire it or not. | 更有奇者，凡心思中，每有二事齊遇或相繼而來者，則因此每可觸彼，不必有意或無意。 |
| 2 | The object of intellectual education is to create such indissoluble associations of our ideas of things, in the order and relation in which they occur in nature. | 此蓋造物生人，使之人同此心，心同此理，天理人情莫非同然。 |
| 3 | That of a moral education is to unite as fixedly, the ideas of evil deeds with those of pain and degradation, and of good actions with those of pleasure and nobleness. | 故人性皆善，習漸相遠：作善，降之百福；作不善，降之百殃。有感斯應，爲人自招，此理豈或爽哉？ |

文獻來源：

T. H. Huxley, *Lessons in Elementary Physiology* (London: Macmillan & Co, 1872).

哈士烈著，孔慶高譯：《體用十章》卷四，羊城博濟醫局刻本，光緒十年甲申（1884），第 29a—30a 頁。

如上表（見表 4－6）所示，底本英文意在説明“認知與記憶之交互關聯”機制，據此機制，可行“智育”與“德育”。智育之開展，即在令受教者將“自身於萬物之認知”與“萬物之生發秩序”相關聯；德育之實現，即在將惡行與“痛苦墮落”，善舉與“愉悦高尚”相關聯。然譯者未能領會此番書寫邏輯，轉將句意割裂：譯文首句尚在叙述生理機制，次句即引宗教造物，兼晚明心學認知，稱“此蓋造物生人，使之人同此心，心同此理，天理人情莫非同然”，至第三句，復歸於傳統儒家“性善”與“德報”之説。

牽强作解者非衹一處。再如“論獨食淡氣之物而不兼别物則無益”一節，英底本所述之大意爲，含氮物係人身運作之功能物質，雖可轉化作多糖類供能，然非速效，且此番轉化亦耗體能，若僅以此爲食，周身終將因能量匱缺而亡。赫胥黎將此狀比作“商賈之銀錢周轉”，即富商雖坐擁豐厚産業，却難以將資産旋即抵現，以應對高額經費支出。而孔氏將此誤解爲“國家貧富在於財幣撙節之力度”，將原文意譯作：“夫人身之惜功用，猶國家之節財帑也。財用不節，則國立窮；功用不惜，則身立瘦。”〔1〕由此可見，譯者未能通曉底本所述機理，衹得據既有認知，將傳統義理勉作比附。

上述偏離底本原意之譯文表述，可歸因作譯者於格致諸學之生疏；而另有少數曲筆，似爲譯者就時局之思

〔1〕 原文作“The body, under these circumstances, falls into the condition of a merchant who has abundant assets, but who cannot get in his debts in time to meet his creditors”.

想投射。如底本第八章第九節標題作 Function of the epithelium，實應譯爲“外膚之功用”，然孔氏譯作“論外膚能抵禦外侮”。[1]“抵禦外侮”實爲英文標題以外之文意補增。欲究孔氏因何演繹，可察“外侮”於學術文本語境與社會政治語境下之雙重含義。斯詞早見於《左傳·僖公二十四年》“其懷柔天下也，猶懼有外侮”[2]，本指“蠻夷侵略”，然於生理學文本中，“外侮”勉可引申作“外在塵垢”。孔氏似藉“外膚”“抵禦外侮”之錯綜并列，令身體承載“家國”之隱喻象徵，外膚所要抵禦者，似爲“塵垢”對人身之入侵，實係帝國殖民主義對“國家”這一“民族身體”之侵犯。換言之，譯者欲藉“表皮細胞具初級免疫功能”之論述，隱晦傳達“抵禦外族侵略”之思想。身體非再被純粹視作個人之肉身，而作“家國民族”之肉身。“外膚”在被賦予“抵禦外侮”之主體性時，相應具有了“邊陲將臣”之隱喻，身體需藉外膚抵禦病邪[3]之侵損，家國亦需有識之士守土戍疆抵禦外夷侵略。

此類身體—政治隱喻與書題“體用”之内涵有其思

〔1〕哈士烈著，孔慶高譯：《體用十章》卷三，羊城博濟醫局刻本，光緒十年甲申（1884）年，第 38b—39a 頁。

〔2〕左丘明著，杜預註，孔穎達疏：《春秋左傳正義》卷十五，紹興府刻宋元遞修本，宋慶元六年庚申（1200），第 17b 頁。

〔3〕病邪：中醫指風寒暑濕燥火，合稱“六淫”。

想同構性。如前所述，“體用”二字，爲國人“華尊夷卑”思想之映射，譯者將“洋夷”置於政治文化之低位，即鄙劣族群；而屬節標題“外膚能抵禦外侮”，則暗指洋夷作爲“侵略者”之不義本性。而傳統認知以“文化鄙劣”與“行徑不義”爲“蠻夷”身份之一體兩面，一如《尚書·舜典》所稱“蠻夷猾夏，寇賊姦宄”。[1]可見，孔慶高試圖以隱晦形式傳達對國家遭受侵略事實之憤慨情緒，并激揚所謂“蓄力制夷”之民族血性，由此契合其作爲“國人譯者”之身份認知。

綜上所述，《體用十章》譯文較底本内容思想有較高程度形變，非衹在譯文多增類比、言辭冗贅，更在譯文時有杜造觀點、曲筆附會之情狀。此中緣由即在譯者資質與其身份處境：西學并非國人自明之物，譯者僅憑傳統文史背景，誠難曉徹其理；且譯者需顧及讀者之認知水準與閱讀慣習，故欲衹以本土似是之理彌合中西認知之鴻溝。由此可見，《體用十章》實係譯者就本國認知視角於異邦思想之詮解。

亦可見孔氏在此書譯述中，以思想雜糅與認知混沌爲其特質，即既試探性爲西方基督教製造釋義空間，亦力圖鞏固儒家所創設之社會道德禮教秩序。而之所以出

---

〔1〕“蠻夷猾夏，寇賊姦宄”，即指責周邊外族乏綱常教化，侵擾中原實非義舉。原文參見阮元校：《十三經注疏 清嘉慶刊本》，中華書局，2009 年，第 275 頁。

現“以中式認知扭曲西學理論”情狀，在於彼時譯介活動參與者并未覺察中西自然哲學思維“不可通約”之本質，或縱有省察，西學譯介已爲時勢，爲洋務運動開展需求所挾。

不同於今日，格致西學已作“科學”，爲普世通行之學術認知體系，彼時中西則以迴異文化思想認知人體及自然，西學之漢譯實則涉及中西自然哲學與人體觀之交互，然中西思維彼此枘鑿，故自内在機理至外在術語，皆難以在彼此認知體系中尋得對應，西學思維之表達實受制約。如此，國人譯者藉本土認知闡釋西學思維，曲解亦在所難免。

# 伍　域内所識：時地經緯之鈐印

由前所述，可知《體用十章》之版式、體例、術語措辭於不同程度互見瑕瑜，然此西學拓荒譯筆之問世實引發何種社會輿論？書中所述人身運作機理能否爲華之醫者所信服？於中醫理論實作何影響？則需從《體用十章》之流傳層面予以考察。

## 一　迴響：爲世所輕？爲世所重？

博濟醫局發行《體用十章》之初，似賦予此“中土目所僅見之説”[1]多重價值功用，以其可作教材，供醫局學生深入研學；可作西學譯籍，供傳統中醫儒士旁作參考；可作宗教思想載體，説服潛在信衆。

作爲教材，《體用十章》對醫局學徒/學生之影響實

〔1〕哈士烈著，孔慶高譯：《體用十章》卷四，羊城博濟醫局刻本，光緒十年甲申（1884），叙。

難考察。後期博濟醫校畢業生實則數量有限[1]，若考此中有所成就者，如梁培基[2]、孫文[3]、陳垣等，未見學堂畢業者有關涉此籍之言論，僅推知學堂畢業生由此教材間接獲益。

作爲西學新知，該籍爲少數匯通派醫家所關注。朱沛文[4]於其所著《華洋臟象約纂》卷首，贊赫氏[5]之著述"尤精覈簡明，用以疏證《内經》，而經旨益顯，其腦筋、迴管、膽汁、精珠等説，尤能補古未備"。[6]

---

〔1〕自 1913 年博濟醫局招生以來，至 1935 年，醫局醫學專業畢業生共計 202 名。參見 William W. Cadbury, *At the Point of a Lancet: One Hundred Years of the Canton Hospital, 1835 – 1935*, Kelly and Walsh, Limited, 1935, appendix G.

〔2〕梁培基曾於廣東夏葛女子醫科學校任教，自設診所行醫濟世。後華南瘧疾流行，創"梁培基發冷丸"，開廣州製藥業中西藥結合之先河，後創辦光華醫社、光華醫學院。

〔3〕孫文於 1886 年以孫逸仙之名註册入學博濟醫局。

〔4〕朱沛文（約 1805—?）：廣東南海人，近代中西醫匯通派代表人物。泛讀彼時漢譯西醫書籍，并於西醫醫院内親驗屍體解剖。著有《華洋臟象約纂》（1893）。

〔5〕書中稱爲"哈氏"，校者認爲指代"哈來"，然考哈來在案之記録，僅有參訂英國虎伯所撰《内科理法》一則，未見其有他著傳世，况此書譯於 1900 年，晚於朱沛文《華洋臟象約纂》之成書年份，故"哈氏"另有他人；疑似 Halliburton，其作初譯爲《體功學》，後改稱《哈氏生理學》，而《體功學》初版問世於 1904 年，同據年代否之；又考博濟醫局建址南海，朱氏籍貫亦廣東南海，其自叙"往洋醫院親驗真形臟腑"，"嘗兼讀華洋醫書"，故綜合年份及地域判定，哈氏實指"哈士烈"，即赫胥黎。

〔6〕朱沛文：《華洋臟象約纂》，牛亞華、張偉娜校注：《中西匯通醫書二種》，中國科學技術大學出版社，2014 年，第 354 頁。

朱沛文實將《體用十章》理解作格致解剖書籍，以此籍較先前《全體新論》等籍，增補諸多微觀構造，然未切實領會《體用十章》所述身體觀，係不同於傳統中醫視域之機械還原論思想。丁福保在編譯生理教科書期間，曾參閱此書，然未對是籍做出評註。[1]

彼時切實借鑒《體用十章》所述醫理者，係匯通派醫家吴錫璜（1872—1950）。吴氏祖籍福建同安，七代中醫世家。[2] 如前所述，格致生理於西方肇始於醫師威廉·哈維"心血運動論"之闡發，該理論即由《體用十章》引介入華，爲吴氏所重，在其專著《中西脈學講義》中，吴氏特於編首撰《脈之原出於心》一文，先溯《内經》心脈理論，繼引《體用十章》原文：

> 西醫哈士烈云，"心爲運血之經，周身血脈皆於此發源會歸，試以心體脈管運血之勢察之，其擁動之象常可摩覺，此擁動乃由心房逼血行於周身，心房一開闔，而血管之動脈應之"。

據此論，吴氏將華之傳統脈學與西醫心血理論結合，創中西匯通之見解：

> 此跳動起點之區，我國名之曰"虚里穴"，在胸

〔1〕 袁家剛：《丁福保〈辛丑日記〉釋注》（上），上海市檔案館編：《上海檔案史料研究》第13輯，上海三聯書店，2013年，第192頁。

〔2〕 吴錫璜著有《中西脈學講義》《中西内科學》《中西温熱串解》等。

> 前之左，第五六條肋骨中，起落不已，以指按之，跳動頻頻，此即心房縮縱發血之勢也。當一起之時，見其心尖撞擊心外衣，即爲下房發力，而當一落之後，始則心肌放縱，心尖往上擊之，隨更見其上下亦微脹，此則大脈管與血脹溢之證也。心房在内一縮一縱，即胸前在外一起一落，而手腕之動脈管隨與心之起落相應，脈書所謂一呼一吸，脈來四至者，即心房之一縱一縮爲之也。

據吴氏上述説法，西醫所述“心房縮縱”活動，係中醫“脈”之生發緣由；而西醫所察之“心臟起搏點”，則可與中醫“虚里穴”概念相通約。

吴氏賦予此番“匯通”見地以高度意義認知。以其所見，此論問世前，本土醫家有其隱而未發之困惑與學理危機，即中醫雖以“脈象”爲診斷之正統指徵，然醫之大成者尚不知脈之生發緣由。故在其所撰《脈之原出於心》篇末，吴氏感慨道：“我國脈書，精微者不少，獨於脈之來源，曾未言及，無怪學醫者之莫識旨歸也。”〔1〕

《體用十章》於彼時中醫醫家有較爲普遍之啓發性。非祇吴錫璜以此論爲正見，粵地醫者梁翰芬（1876—

〔1〕 吴錫璜：《中西脈學講義》上卷，上海文瑞樓鈕君宜署石印本，民國十一年壬戌（1922），第2a—2b頁。

1960)[1] 亦於其所撰中醫院校教材《診斷學講義》中，引書中“西醫哈士烈”之論，并作補充性闡釋。[2]

以長時段視域分析，《體用十章》對“心血運動論”之詳實引介，於中醫學界産生三重影響：

其一，推進中醫脈學認知之演化。斯籍啓發吴錫璜以西醫“心血運動論”對中醫脈象之來源做出理解，此番匯通之見實非必然正解。西醫所言 pulse（今譯作“脈搏”）與中醫所言之“脈”各自相應於東西文化視域，pulse 始於古希臘解剖學之實證認知傳統，被蓋倫（Claudius Galenus）視作血管收縮與舒張運動之外顯，後得出其於心臟之必然唯一性對應。[3] 而在秦漢岐黄醫理認知視域下，“脈”係周身陰陽與臟腑狀態之外顯，以《素問》[4]《脈經》[5] 所述“三部九候”切脈法，左右側之脈位各有九處，分别對應諸臟腑狀態，而“心”僅

---

[1] 梁翰芬，廣東番禺人，清末監生。擅長舌診、脈診。著有《痛症案疏》《辨舌疏證》《中醫診斷學》《中醫眼科學》《中醫婦科學》等專書或教材。

[2] 梁翰芬：《廣東中醫藥學校中醫診斷學講義》，廣東中醫藥學校印刷部，1929 年，第 130 頁。轉引自劉小斌，鄭洪：《嶺南醫學史》中，廣東科技出版社，2012 年，第 531 頁。

[3] 栗山茂久著，陳信宏，張軒辭譯：《身體的語言：古希臘醫學和中醫之比較》，上海書店出版社，2009 年，第 5—7，19—24 頁。

[4] 王冰注，林億校：《重廣補注黄帝内經素問》卷六，景上海涵芬樓藏明翻北宋刻本，第 1a—3a 頁。

[5] 王叔和：《脈經》卷四，景上海涵芬樓藏元刊仿晉刻本，第 9a—14a 頁。

係此中一處。[1] 秦漢以降，亦有切脈方式之衍生與演化。據《太素》[2]《難經集注》[3] 等補釋註疏經典，在“三部九候”之外，古代醫家亦采“分經候脈”“四時診脈”“人迎脈口診”[4]，諸脈法以周身經絡、陰陽氣象、臟腑爲對應，而“心（包）經”或“心臟”亦僅係此中一處。[5] 故彼時匯通派醫家群體内部亦有反對聲音。唐宗海（1851—1897）率先質疑道：“西醫不信脈法，謂人周身脈皆生於心中血管，心跳動不休，脈即因之而動。人身五臟何得衹據血管爲斷？又言手脈衹是一條，何得又分出寸關尺？”[6] 徐靈胎（1693—1771）亦於《難經經釋補證》（1734）復引唐氏之反詰。[7] 惲鐵

---

〔1〕 山田慶兒著，李建民，廖育群譯：《中國古代醫學的形成》，臺北東大圖書股份有限公司，2003 年，第 439—445 頁。

〔2〕 楊上善：《黄帝内經太素》卷十四，蘭陵堂仿隋刻本，民國十三年甲子（1924），第 3a—6a 頁。

〔3〕 王惟一，王九思等輯，錢熙祚校：《難經集註》卷一，清道光守山閣叢書仿宋刻本，第 22a 頁。

〔4〕 今亦稱作“人迎寸口診”。

〔5〕 因此諸脈法有别於今所見診脈之法，故被醫學史家稱作“古脈法”。參見廖育群：《周潛川、廖厚澤與〈古脈法〉》，《中國科技史料》2001 年第 4 期；李建民：《發現古脈：中國古典醫學與數術身體觀的新描述》，社會科學文獻出版社，2007 年。

〔6〕 唐宗海：《中西匯通醫經精義》下，千頃堂書局石印本，光緒三十四年戊申（1908），第 28b 頁。

〔7〕 皮國立：《中西醫脈學理論在近代史上的初遇——以唐宗海（1851—1897）的醫學觀點爲例》，《中國歷史學會史學集刊》2005 年第 37 期，第 133—174 頁。全漢昇：《清末西洋醫學傳入時國人所持的態度》，《食貨半月刊》1936 年第 12 期，第 50 頁。

樵（1878—1935）更將“脈搏”與“脈學”相區分，言二者無所因果關聯：“脈搏爲人身血管之跳動，脈學乃醫者指端之觸覺。病症不同，脈動亦不同；脈動之不同，乃根於病症之不同。”〔1〕 而本土醫界内部之立場分歧，致使衆派醫者反思脈學理論，進而革新認知，傳統“三部九候”切脈法之權威地位漸被動摇。〔2〕

其二，將“心爲脈之源”思想正典化爲中醫基礎理論，潛在變革中醫於“循環體系”之認知。於“虚里穴”，《内經》首言：“胃之大絡，名曰虚里，貫鬲〔膈〕絡肺，出於左乳下，其動應衣，脈宗氣也。”〔3〕 “虚里穴”被視作胃經之募穴，宗氣匯聚之處，其搏動情狀即在映照宗氣之盛衰。廖育群據其對《素問》《靈樞》衆篇之解讀，認爲中醫實以“胃”爲中心，建構其“生理

〔1〕 惲鐵樵著，章巨膺編：《脈學發微 病理雜談》，上海科學技术出版社，1959 年，第 12—13 頁。

〔2〕 廖育群指出，脈診始於經脈理論，以此形成以“三部九候法”爲代表之“分經候脈”方式，而在診脈方式發展爲“獨取寸口法”，即以手橈側動脈之博動爲診斷指徵時，已然脱離經脈理論。李建民則認爲，脈學發端於曆數，醫學與占卜曆數分離後，脈學轉向計量化。廖與李雖未對其變革緣由做出分析，然“獨取寸口法”實與“心爲脈之源”理論相適恰，即以寸口脈象與心臟搏動互爲表裏。在此种意義上，西醫“心血運動論”切實影響了中醫脈學理論與實踐的變革。參見廖育群：《岐黄醫道》，遼寧教育出版社，1991 年，第 104—108 頁；李建民：《死生之域：周秦漢脈學之源流》，“中研院”歷史語言研究所，2000 年，第 139—140 頁。

〔3〕 吴崑註：《平人氣象論篇第十八》，《黄帝内經素問》卷五，官局刻本，明萬曆三十七年己酉（1609），第 17a 頁。

循環”理論體系，人體以胃爲氣血之本源，宗氣亦源自胃氣。[1] 由此，“虛里穴”在傳統中醫認知體系中，相應於氣血循環體系之中心；而“心臟起搏點”係西醫血液循環理論之動力中心。吴氏由此將西醫以心臟爲中心之循環體系，橋接中醫以胃（經）爲中心之循環體系。

梁翰芬作爲粤地知名中醫教育家，其所撰《診斷學講義》爲廣東中醫藥專門學校、廣州光漢中醫學校、華南國醫學院等中醫教學機構之專業理論讀本。[2] 書中“心爲脈之源”即作“公理”爲醫學生所接受。此後隨著西醫思想之系統傳入并占據主導地位，斯説廣爲中醫學界所認同。

其三，變革脈診方式。吴錫璜藉其匯通之論，創設脈診量化手段“脈波計法”“脈壓計法”，且被後世推廣應用。[3] 而此種脈診方式被賦予臨床效用，即由實踐層面印證“心爲脈之源”理論被後世中醫學界普遍接受之現實。

雖作爲格致生理開山譯作，《體用十章》對粤地醫者

---

〔1〕 廖育群：《中國古代醫學對呼吸、循環機理認識之誤》，《自然辯證法通訊》1994年第1期，第44—45頁。

〔2〕 政協廣東省委員會辦公廳，政協廣東省委員會文化和文史資料委員會，廣東省中醫藥學會編：《嶺南中醫藥名家》卷一，廣東科技出版社，2010年，第193—200頁。

〔3〕 陳榮等主編：《中國中醫藥學術語集成·中醫文獻》上，中醫古籍出版社，2007年，第126頁。

影響深遠，然作用範圍彼時僅限於華南一帶，故就整體社會影響而言，此書作用有限，銷量亦與醫局早期設想相差甚遠。論及時世反響與銷量，《體用十章》較首部近代解剖譯著《全體新論》弗如遠甚。學者談及晚清醫學譯籍，多舉《全體新論》《全體闡微》等格致解剖專著，鮮有論及格致生理譯著。《全體新論》發行之初，以其所載解剖圖譜詳備〔1〕，爲中土醫者前所未見〔2〕，故“遠近翕然稱之，購者不憚重價”。〔3〕時人稱頌此書“外而筋骸節幹，内而臟腑絡包，無不精詳賅備，洞見要處”，書中圖譜復現於匯通派醫家唐宗海、朱沛文之中醫著述，金石藏書家潘仕成〔4〕特將斯籍編入海山仙館叢書。〔5〕合信於惠愛醫館1855—1856年報中粗略統計，《全體新論》兩版及其翻刻本在華之流通量已過萬册。〔6〕可見

〔1〕《全體新論》初版（1851）插圖136幅，二版（1853）271幅，三版（1853？—1855）212幅。

〔2〕王韜：《英醫合信氏傳》，海青編：《中國近代思想家文庫 王韜卷》，中國人民大學出版社，2013年，第153頁。

〔3〕馬伯英：《中國醫學文化史》下，上海人民出版社，2010年，第422頁。

〔4〕潘仕成（1803—1873），祖籍福建，居廣州番禺，曾任浙江鹽運史，晚清享譽朝野之巨賈，建有名園“海山仙館”，收藏金石字畫圖書，數額甚豐，并刻録海山仙館叢書，五十六種。

〔5〕《全體新論》成書於咸豐元年（1851），次年爲潘仕成收入海山仙館叢書，遂又有海山仙館叢書本。

〔6〕Benjamin Hobson, *Report of the Missionary Hospital in the Western Suburbs of Canton for 1855 - 56*, [s. n.] 1856, p. 13.

《全體新論》與《體用十章》雖各自作爲西方解剖學、西方生理學首部專題譯著，然問世影響大相徑庭。

此種現象可歸咎於《體用十章》之宣傳模式。就推廣範圍而言，斯籍僅由廣州仁濟醫局、泰安藥房、上海美華書館、雙門底福音堂四處發售，後亦由廣學會代售。[1] 再就宣發渠道而言，博濟醫局未嘗於宣傳環節有所投入，《體用十章》書末附廣告頁稱“此書圖式細緻，按圖解說，不蔓不支”。[2] 此外，僅見一地方畫報有所言涉，稱此籍“凡一肌一膚，莫不闡微析幽，窮原反本，洵有用之書也”。[3] 而兩處廣告語皆存相似弊端，即未能聲明該書所述係新式西學門類——“格致生理”，轉將《體用十章》錯置於“西醫解剖學”主題下。而自《全體新論》作爲首部西醫解剖學譯著，引發醫界嘩然矚目後，同主題譯著已數見不鮮，難再掀波瀾。粵滬以外醫家尚乏知悉此書之途徑，縱有聽聞，亦據上述宣傳語將此書視作解剖類著述。故并非彼時醫者對此西醫新學刻意疏蔑，皆因此書本應定位作“生理新學”，以引發社會各界之關注意趣，然却自居爲“解剖舊學”，令其自身湮

〔1〕高晞：《德貞傳：一個英國傳教士與晚清醫學近代化》，復旦大學出版社，2009年，第377頁。

〔2〕哈士烈著，孔慶高譯：《體用十章》卷四，羊城博濟醫局刻本，光緒十年甲申（1884），附頁。

〔3〕佚名：《書評》，《畫圖新報》1885年第11期，第17頁。

淹於衆多解剖學譯著中。

因主題定位之錯置，《體用十章》難爲清季學者所悉曉。鮮有藏書名擘觀照此譯書，唯可見清藏書家徐樹蘭收斯籍入古越藏書樓。然徐氏於《體用十章》之主題界定亦較含混，列其入“東西洋醫學總義”名目，而《身理啓蒙》與《全體新論》則被列入“全體學”名目。[1]可見，以徐氏爲典型之傳統學者，實未對生理學與解剖學著述有所區界。换言之，彼時格致生理尚未作爲一門獨立學問，被國内傳統知識分子所體認。此外，清廷規模性書目提要於斯籍略著筆墨：内閣學士劉錦藻[2]所編《清朝續文獻通考》，贊此籍“既不失之蹈空，亦不過於徵實，可以郵通中西”。[3] 然由此評注可見，劉錦藻實受《體用十章》宣傳影響，以此籍係屬常見西學譯著類型，故其揄揚之辭亦顯浮泛，未能貼合“格致生理”之學術特質。自明季以降，士大夫階層即作爲西學思想闡發之主導性群體，若《體用十章》得以明確其所述“西方生理”主題之新學性質，蓋可得廣大學者群體之註疏

〔1〕 徐樹蘭：《古越藏書樓書目》，李茂如等編：《歷代史志書目著録醫籍匯考》，人民衛生出版社，1994 年，第 1116，1120 頁。

〔2〕 劉錦藻（1862—1934），浙江烏程人，劉鏞次子。光緒二十年榜登進士。光緒二十七年著成《清朝續文獻通考》四百卷進呈，獲御賜内閣侍讀學士銜。

〔3〕 劉錦藻：《清朝續文獻通考》卷二百七十五，民國影印十通本，光緒二十七年辛丑（1901），第 7437 頁。

探討，藉此廣爲時人知曉。

## 二　滙通：醫理之本體想象

繼上文所言，《體用十章》因其作爲“西式新學”之主題特質并未被凸顯，以致爲彼時諸多西學解剖譯籍所掩埋。然若斯籍效法《全體新論》之發行策略，其所述“還原論人體觀”是否將在彼時爲國人所接納？换言之，清季社會自身是否具備接納西方還原論之思想文化基礎？

欲就此問做出回應，需以彼時國人對《全體新論》内容之真實態度爲觀照。先將考察潘仕成收録此書之緣由，細觀潘氏於《全體新論》之弁語：“《全體新論》者……第言全體之本，然而不及治病之法。蓋起廢疾鍼膏肓亦不過還其全體之本然，知其本然，自可研精究思，以求治病之法也。”以潘氏所見，此西國醫書皆言全體之本，雖不及中醫起廢疾鍼膏肓，然可輔後者深究治病之法，故推介此書。談及西醫解剖與中醫經典之齟齬，潘氏則言“與《靈樞》《素問》故相刺繆者，適足以成其爲偏隅之學，一家之言”。可見國人仍崇奉本土醫理，若遇西醫有悖於古之經典者，即嗤西人短見。於書中所涉西方醫理，潘氏觀點鮮明：“至其論精血由某處達某處，胎盤在何時作何狀，此皆言之過當，在彼不過想當然耳。"[1] 可見西式解剖諸論傳入之初，尚不能爲彼時國人所理解，更遑論博采悦納。[2]

潘氏所白或僅屬儒士之見，可再觀匯通派醫家之言論。言及中西醫之瑕瑜，此派代表醫家朱沛文有言："（中醫）精於窮理，而拙於格物，然信理太過，而或涉於虚"，"（西醫）長於格物，而短於窮理，然逐物太過，而或涉於固"。[3] 朱氏雖不避西人專擅解剖之實，然强調"窮理"爲華之醫者所長，人身運作機理已爲上古先賢所洞見，岐黄之道係中醫皆引以自傲者，中西生理學可能之弊端，朱氏以"虚""固"二字凝括，即中之醫理源於氣化形質，衹可意會，而西之生理得自實體解剖，據其形以言其功。華之醫者鄙西之生理不知變通，故亦

---

〔1〕 潘仕成：《全體新論弁語》，王揚宗編校：《近代科學在中國的傳播》上，山東教育出版社，2009 年，第 262 頁。

〔2〕 在文化層面之外，亦涉及牟利與社交層面。據蘇精考察，《全體新論》問世兩年内，即見坊間覆刻本，翻刻業務主導者皆爲粤地名士，一係潘仕成，一係兩廣總督葉名琛之父葉遂翁。潘氏仿覆《全體新論》作海山仙館刻本，然其版質低劣，售價則高達三十元，合信於告友人書信中稱"潘仕成獲利很可觀"。葉遂翁則將《全體新論》插圖刻畫爲八幅卷軸，贈送賓客友人。參見蘇精：《西醫來華十記》，中華書局，2020 年，第 148—150 頁。葉氏此舉類似明季士大夫以利瑪竇地球儀等器物作爲賓友交酬之禮。可見，葉氏意在藉西學譯書之新奇，附會風雅意趣。

〔3〕 朱沛文：《華洋臟象約纂》，牛亞華，張偉娜校注：《中西匯通醫書二種》，中國科學技術大學出版社，2014 年，第 369 頁。

難能容此拘泥學説越俎代庖，僭内經之正統。學者皮國立解讀唐宗海，稱唐氏非完全否定西之臟腑形質，衹覺西醫未見人體功能運作之深層，此運作之建立，皆倚傳統中醫理論：氣化與臟腑。〔1〕

彼時醫家，能若吴錫璜，摒棄於西醫之成見，博采衆長者甚少；然吴氏於西醫心血運動之"滙通"，皆因此理無悖中醫經典。其《脈之原出於心》一文開篇所陳"《内經》云：心在體爲脈"，即意在申明此論古已有之，脈之來源，實係中醫尚待詳闡之處；西醫所言，恰可補證中醫之論。故吴氏"滙通醫學"之本質，實藉西醫之論，佐《内經》之言，以彰中醫之精深洞邃。

清季社會對於西方醫學之認知想象，基於以"華尊夷卑"爲其特質之民族文化身份建構。傳統經典之獨尊式霸權地位滲透於時人思想，譯者孔慶高亦非例外。《體用十章》第二章論述消化，開篇即以語源學經典《釋名》之言"夫胃者，圍也"爲統領，詮闡"胃""圍"二者之音形淵源，即"胃"之所以與"圍"同音，皆在

〔1〕皮國立：《近代中醫的身體觀與思想轉型：唐宗海與中西醫滙通時代》，生活·讀書·新知三聯書店，2008年，第406頁。就唐宗海所言"氣化"之含義，近年出現異議。既往認爲，唐氏稱"西醫長於形跡，中醫長於氣化"，"氣化"指中醫傳統五運六氣理論。而雷祥麟認爲，唐宗海所言"氣化"，源自彼時傳入中國之蒸汽機，即由水蒸氣模型構想而來。參見雷祥麟著，陳信宏譯：《非驢非馬：中醫、西醫與現代中國的相互形塑》，左岸，2024年，第110—111頁。

其形態係一空腔。然此句實係譯者增補，孔氏有意言明西學於“胃”之所見，實則早已爲本邦先賢所知悉。華夏文化有其宗源性，西學爲其衍生。以此認知爲基源，西醫即作“偏隅之學，一家之言”，縱偶有言成其理，亦係中醫理論之註脚，其意義僅在映照中醫經典之正統。故國人於人身運作機理（醫理）之本體想象，唯中醫生命觀獨尊，實未逾越傳統岐黄醫學之固有文化認知範式。故就現實意義而言，《全體新論》作爲由一異質文化所統御之學問，亦未能得國人平視。

甲午戰敗前，西學譯介更似時代潮流下“開明之士”之狂歡。“洋務派”鼎舉西學，因其得見“夷技”力量之具象化外顯——堅船利炮，然在滿蒙保守派掌權時期，效西之音尚孱，且需以“中學爲體，西學爲用”爲其掩辭，然“中體西用”説實未將中西文化置於同一地位；部分智識精英倡議西學，則妄圖作爲新學術秩序之代理人與詮釋者，然異質文化之深層隔閡令其難以切實融匯異邦文化思維，故“以其昏昏，使人昭昭”之做法未見切實成效。然西學於廣大受本土詩書教化之素民，仍係淺嘗輒止之學問，若遇中西述理不相符契之處，日常經驗與本土文化慣習即令國人多以己爲是，以彼作非。這一自上而下之西學推行，實難正其名。故《體用十章》在此形勢下，縱其新學主題得以明彰，傳布方式更較適恰，亦至多爲時人論其穎異，或可引發些許評議，然實難撼動中醫理論範式於國人認知之正統地位，西方機械論人體觀仍不爲時人所納。

部分醫史研究者認爲，西方醫學體系向異邦文化區域之移植，可被解讀作舶來醫學與本土醫學就身體運作機制解釋權之壟斷性争奪。[1] 以此認知觀照本例，可見十九世紀末，所謂“中西醫學匯通”更似烏托邦式想象，中國社會并未向西醫讓渡於人身運作機制之解釋話語權，社會整體於正宗醫理之想象，仍係中醫陰陽氣化學説與傳統自然哲學思想相互映照之理論體系。

---

〔1〕 Andrew Cunningham, Bridie Andrews eds., *Western Medicine as Contested Knowledge*, Manchester University Press, 2017.

# 陸　結　語

清季西書譯介活動，以中國於反侵略戰爭中之潰敗形勢爲時代幕景。相應於西方國家對中華領土之蠶食，帝國文化侵略亦成爲主體間性認知。由此，上至朝廷宰輔，中至學仕鄉紳，下至市井素人，於西學各有其繁複態度。力倡洋務者實有其“被動迎合”西學之特質，即在輕鄙遠洋蠻夷及其文明之餘，亦欽羨或懼恐西學理論所指向之工業時代產物——火器，這一“殖民征服”之化身。在此種民族文化心理下，《體用十章》作爲承載“西學”之具象文本而問世，故斯籍之呈現形式與理論傳布情狀，皆無法獨立於其所處時代與地域。換言之，時地因素以“漣漪遞推”形式影響此部格致生理譯書在華之命途。

一者，時地因素決定中西政治之交互形式。十九世紀八十年代，西方殖民國家雖藉槍炮迫使中國門户洞開，然未能鯨吞中國廣袤疆域，故英美帝國試圖以“文化輸出”形式將此東方國家變爲其商品傾銷市場，而東西距離決定實現“文化輸出”之主體，係以信仰爲指歸之基督教徒。基督教差會在華形式相對鬆散，且其布道工作缺乏本國資金支持，致使其所發行産物《體用十章》寓涵特質有三：其一，低廉工本影響刻板質量；其二，生理新學主題未被宣傳推廣；其三，“格致”論述與宗教教義雜糅，主旨含混。故以時人所見，《體用十章》刻印未見精審，刻本難爲世重；主題似屬格致解剖，不以穎奇作論；題旨表裏不一，假托格致西學，隱晦傳達宗教教義。

再者，時地因素亦在形塑國人於西學之認知模式。十九世紀八十年代，中西文明與認知範式各自分野，國人所納西學僅限器物原理與技藝製造，而并未深涉歐洲自然哲學思想及其衍生理論。就格致生理而言，此晚近學科以實驗爲其理論依據，以物理化學諸識爲其認知基原，《身理啓蒙》譯者艾約瑟縱受教於西方，亦言生理“精深微奥之旨，誠非初學者所易明”。[1] 然清季社會未備相應實驗場域，格致諸學引介亦參差不齊。國人既難以親證其理，更遑論觸類旁通。至生理學英文專著之譯介，清季社會即形成四重限制：其一，本土社會未有通曉格致生理之國人譯者；其二，國人重在師效夷技，實無引介格致生理之切實需求；其三，本土社會未能爲格致生理知識提供實證證驗環境；其四，本土社會已有與

---

〔1〕艾約瑟譯：《身理啓蒙》，總税務司署刻本，光緒十二年丙戌(1886)，譯者序。

傳統哲學思想相應之醫理理論體系。故就《體用十章》之譯介而言，國人譯者孔慶高無法領會斯籍底本所涉"機械還原論"思維，衹得自本土文化視角勉作漢語詮解，如此，即致使譯本所創術語缺乏其理論支撑，述理亦有諸多牽强訛錯。因機械論人體觀未能被譯者領會并揭示，故此書未能引發本土醫家之關注，僅個別理論被納作《内經》之佐證，實於中醫學界無所衝颶。社會情境亦爲"大衆於此籍之漠然"作解，因民衆既乏究索此深奥學問之動力，亦難以由實踐證驗或應用此中理論。

申言之，時地因素致使社會閲讀需求滯後於《體用十章》之問世年份。斯籍之譯介與發行，係獨立於官方體系之民間活動，清廷既闕財力支持，亦乏聲勢助推。呈對比者，爲出版於 1904 年之格致生理譯書《哈氏體功學》，斯籍由中華博醫會審校，上海美華書館付梓發售，問世十年内多次覆刻再版。[1]《哈氏體功學》備受推崇，非衹在其措辭與術語均優於《體用十章》，其本質因素，即在清廷之政令導向，1902 年"癸卯學制"已明確將

〔1〕 據《哈氏體功學（第七版）》所附初版序言，得知此書於 1904 年印行第一版，此後續有新版。參見高似蘭譯，蕭惠榮述：《哈氏體功學（第七版）》，上海美華書館鉛印版，民國八年己未（1919），第一版序。

"格致生理"列入學堂授課範疇。[1] 故《哈氏體功學》問世之初，即被采作普及教材。可見文教改革於社會需求之導引，自格致生理成爲官方背書之必修學科後，此西學門類一改既往鮮被問津之情狀。

故在多重時地因素之復合作用下，《體用十章》縱係首部漢譯西方生理學專著，其在華之影響亦極其有限。所創系列生理術語，僅爲後期相關名詞之標準化供以少許借鑒。書中所述，唯有"心血運動論"知識産生些許效應。然若由知識生成層面，審視匯通派醫家吴錫璜對書中"心血運動論"之引介與闡釋，可知吴氏實非在復刻抑或移植西方生理學知識，亦未以此論反詰傳統中醫脈學思想，更未顛覆以"胃（經）"爲中心之循環體系，吴氏實將西醫心臟起搏點與胃經募穴——虚里穴概念進行通約，由此橋接二者所涉理論，心血運動論由此被納入中醫脈學體系中。西方學者吴章將西醫被中國接

---

〔1〕壬寅年清廷所頒《欽定京師大學堂章程》規定，仕學館第二年博物課程以生理學爲主，師範館第三年博物課程以生理學爲主，然此章程并未實施。翌年，清廷頒行"癸卯學制"，《奏定大學堂章程》將大學堂分作八科，其中"醫科大學"下設"醫學門"，以生理學爲主要修讀科目。參見璩鑫圭，唐良炎編：《中國近代教育史資料彙編 學制演變》，上海教育出版社，1991 年，第 241、243、340、359 頁。此外，《奏定高等小學堂章程》雖將"人身生理衛生及大要"作爲格致學科之主要内容，但嚴格意義上，生理衛生側重於衛生學，并非生理學。見《中國近代教育史資料彙編 學制演變》，第 306—313 頁。

納之過程理解作“西醫認知在華之調適”。[1] 然由本例可見，與其説“調適”，毋寧説“知識在異質地域之再生成”，即中醫知識之地方本土性生成。在此種意義上，帝國文化侵略并未取得其預期成效，在地醫理/人體觀并未被異質身體觀所完全顛覆，而是在後者啓發下有所演化，得以生發新知識。

《體用十章》之譯介與知識傳布現實，自兩方面向學界慣常認知發起質詰：一係西學在清季之程式化引介，即西方自然科學自帶普世性，其全球化擴散以帝國武力征服爲其動力，與歐洲對華之領土殖民相同步；一係“西學東漸”説法之切實性，即西方格致知識之移植，無關乎“異質文化及認知可否通約”這一本質問題。故重審并重釋十九世紀末期中西方文化及醫理思想之交互情境，係近代史與醫學史學界尚待著意之探索畛域。

---

〔1〕 Bridie Andrews, *The Making of Modern Chinese Medicine, 1850 – 1960*, UBC Press, 2014, pp. 53 – 55.

# 參考文獻

## 古籍

艾約瑟譯:《格致總學啓蒙》,上海著易堂石印本,光緒二十二年丙申(1896)。

艾約瑟譯:《身理啓蒙》,總税務司署刻本,光緒十二年丙戌(1886)。

博恒理譯:《省身指掌》,上海美華書館鉛印本,民國二年癸丑(1913)。

高似蘭譯,蕭惠榮述:《哈氏體功學》,上海美華書館鉛印版,民國八年己未(1919)。

哈士烈著,孔慶高譯:《體用十章》,羊城博濟醫局刻本,光緒十年甲申(1884)。

合信撰:《全體新論》,廣州惠愛醫館刻本,清咸豐元年辛亥(1851)。

合信撰:《西醫略論》,上海仁濟醫館刻本,清咸豐七年丁巳(1857)。

賀長齡:《皇朝經世文編 三編》,上海書局石印本,光緒二十八年壬寅（1902）。
赫施賚撰，羅亨利，瞿昂來譯：《格致小引》，江南機器製造總局刻本，光緒二十二年丙申（1896）。
孔慶高譯：《内科全書》，羊城博濟醫局刻本，光緒六年庚辰（1880）。
劉錦藻：《清朝續文獻通考》，民國影印十通本，光緒二十七年辛丑（1901）。
梁啓超：《西學書目表》，實務報館，光緒二十二年丙申（1896）。
唐宗海：《中西匯通醫經精義》，千頃堂書局石印本，光緒三十四年戊申（1908）。
王冰註，林億校：《重廣補注黄帝内經素問》，景上海涵芬樓藏明翻北宋本。
王叔和：《脈經》，景上海涵芬樓藏元刊仿晉刻本。
王惟一，王九思等輯，錢熙祚校：《難經集註》，清道光守山閣叢書仿宋刻本。
吴崑註：《黄帝内經素問》，官局刻本，明萬曆三十七年己酉（1609）。
吴錫璜：《中西脈學講義》，上海文瑞樓石印本，民國十一年壬戌（1922）。
楊上善：《黄帝内經太素》，蘭陵堂仿隋刻本，民國十三年甲子（1924）。
阮元校刻：《十三經注疏 清嘉慶刊本》，中華書局，

2009 年。
左丘明著，杜預註，孔穎達疏：《春秋左傳正義》，紹興府刻宋元遞修本，宋慶元六年庚申（1200）。
朱壽朋：《東華續録·光緒朝》，上海集成圖書公司鉛印本，宣統元年己酉（1909）。
朱熹：《大學·朱熹章句》，宋吴縣吴氏仿宋本。
張之洞：《張文襄公全集》，民國十七年刻本。
《清實录·大清德宗景皇帝實録》。

**論著**

艾爾曼著，趙剛譯：《從理學到樸學：中華帝國晚期思想與社會變化面面觀》，江蘇人民出版社，2018 年。
蔡錫勇：《傳音快字》，文字改革出版社，1956 年。
陳嘉映：《語言哲學》，北京大學出版社，2006 年。
戴克斯特霍伊斯著，張卜天譯：《世界圖景的機械化》，商務印書館，2018 年。
杜正勝：《從眉壽到長生：醫療文化與中國古代生命觀》，三民書局，2005 年。
范行准著，牛亞華校：《明季西洋傳入之醫學》，上海人民出版社，2012 年。
方豪：《中國天主教史人物傳》，中華書局，1988 年。
方豪：《中西交通史》，上海人民出版社，2015 年。

高晞:《德貞傳:一個英國傳教士與晚清醫學近代化》,復旦大學出版社,2009年。
韓琦:《通天之學:耶穌會士和天文學在中國的傳播》,生活·讀書·新知三聯書店,2018年。
赫伯特·斯賓塞著,嚴復譯:《群學肄言》,北京時代華文書局,2014年。
亨廷頓著,周琪等譯:《文明的衝突與世界秩序的重建》,新華出版社,1998年。
黄慶澄:《中西普通書目表》,王揚宗編:《近代科學在中國的傳播》下,山東教育出版社,2009年。
黄永年:《古籍版本學》,江蘇教育出版社,2009年。
繼格,張之洞:《廣東同文館又閲三年請將在館各員循案分别給予奬敘折》,高時良編:《中國近代教育史資料彙編 洋務運動時期教育》,上海教育出版社,1992年。
雷祥麟著,陳信宏譯:《非驢非馬:中醫、西醫與現代中國的相互形塑》,左岸,2024年。
李建民:《發現古脈:中國古典醫學與數術身體觀的新描述》,社會科學文獻出版社,2007年。
李建民:《死生之域:周秦漢脈學之源流》,"中研院"歷史語言研究所,2000年。
李尚仁主編:《帝國與現代醫學》,中華書局,2012年。
李約瑟著,張卜天譯:《文明的滴定:東西方的科學與社會》，商務印書館，2016 年。
利瑪竇著，文錚譯：《耶穌會與天主教進入中國史》，商務印書館，2014 年。
栗山茂久著，陳信宏，張軒辭譯：《身體的語言：古希臘醫學和中醫之比較》，上海書店出版社，2009 年。
梁翰芬：《廣東中醫藥學校中醫診斷學講義》，廣東中醫藥學校印刷部，1929 年。
廖育群：《岐黄醫道》，遼寧教育出版社，1991 年。
劉士永，王文基主編：《東亞醫療史：殖民、性别與現代性》，聯經出版事業股份有限公司，2017 年。
劉禾著，楊立華譯：《帝國的話語政治：從近代中西衝突看現代世界秩序的形成》，生活・讀書・新知三聯書店，2014 年。
劉小斌，鄭洪：《嶺南醫學史》中，廣東科技出版社，2012 年。
羅桂環，汪子春：《中國科學技術史 生物學卷》，科學出版社，2005 年。
馬伯英：《中國醫學文化史》下，上海人民出版社，2010 年。
茅海建：《近代的尺度：兩次鴉片戰爭軍事與外交》，生活・讀書・新知三聯書店，2011 年。
皮國立：《近代中醫的身體觀與思想轉型：唐宗海與中西醫匯通時代》，生活・讀書・新知三聯書店，

2008 年。
璩鑫圭，唐良炎編：《中國近代教育史資料彙編 學制演變》，上海教育出版社，1991 年。
山田慶兒著，廖育群，李建民譯：《中國古代醫學的形成》，臺北東大圖書股份有限公司，2003 年。
蘇精：《西醫來華十記》，中華書局，2020 年。
湯若望：《主制群徵》，北京大學宗教研究所，2000 年。
王爾敏：《晚清政治思想史論》，廣西師範大學出版社，2005 年。
王爾敏：《中國近代思想史論》，社會科學文獻出版社，2003 年。
王韜：《英醫合信氏傳》，海青編：《中國近代思想家文庫　王韜卷》，中國人民大學出版社，2013 年。
王志均，陳孟勤編：《中國生理學史》，北京醫科大學、中國協和醫科大學聯合出版社，1993 年。
韋斯特福爾著，張卜天譯：《近代科學的建構》，商務印書館，2020 年。
文慶等輯：《籌辦夷務始末 同治朝》三，中華書局，2008 年。
陳榮等主編：《中國中醫藥學術語集成·中醫文獻》上，中醫古籍出版社，2007 年。
熊月之編：《晚清新學書目提要》，上海書店出版社，2014 年。

徐樹蘭：《古越藏書樓書目》，李茂如等編：《歷代史志書目著録醫籍匯考》，人民衛生出版社，1994 年。

薛化元：《晚清"中體西用"思想論（1861—1900）：官定意識型態的西化理論》，稻鄉出版社，2001 年。

楊念群：《再造"病人"：中西醫沖突下的空間政治（1832—1985）》，中國人民大學出版社，2013 年。

楊祥銀：《殖民權力與醫療空間：香港東華三院中西醫服務變遷（1894—1941 年）》，社會科學文獻出版社，2018 年。

余新忠：《清代江南的瘟疫與社會：一項醫療社會史的研究》，北京師範大學出版社，2014 年。

袁家剛：《丁福保〈辛丑日記〉釋注》上，上海市檔案館編：《上海檔案史料研究》第 13 輯，上海三聯書店，2013 年。

袁媛：《近代生理學在中國 1851—1926》，上海人民出版社，2010 年。

惲鐵樵著，章巨膺編：《脈學發微 病理雜談》，上海科學技術出版社，1959 年。

章宜華，王曉鷹：《中山英漢漢英醫學詞典》，外語教學與研究出版社，2008 年。

張勇安主編：《醫療社會史研究 第八輯 醫療傳教士研究》，社會科學文獻出版社，2019 年。

政協廣東省委員會辦公廳，政協廣東省委員會文化和文史資料委員會，廣東省中醫藥學會編：《嶺南中醫藥名家》，廣東科技出版社，2010 年。

朱大年：《生理學》，湖南科學技術出版社，2000 年。

朱沛文：《華洋臟象約纂》，牛亞華，張偉娜校注：《中西匯通醫書二種》，中國科學技術大學出版社，2014 年。

鄒振環：《“歷史上的中國出版與東亞文化交流”國際學術研討會側記》，上海市檔案館編：《上海檔案史料研究》第 6 輯，上海三聯書店，2009 年。

## 期刊報紙

八耳俊文：《ウェルカム図書館蔵ホブソン文書を用いた. ベンジャミン・ホブソン（合信）伝》，《青山學院女子短期大學総合文化研究所年報》2003 年第 11 期，第 99—120 頁。

曹育：《我國最早的一部近代生理學譯著——〈身理啓蒙〉》，《中國科技史料》1992 年第 3 期，第 91—96 頁。

《長善等奏同文館學成諸生請分別給獎奉折》，《申報》，1880 年 8 月 22 日，第 3 版。

陳霞：《從〈内經圖〉看道教身體觀的生態意義》，《錦州醫學院學報》2006 年第 2 期，第 35—38 頁。

《光緒六年七月初十日京報全録》，《申報》，1880 年 08 月 25 日，第 4 版。

《光緒六年十月初六日京報全録》，《申報》，1883 年 11 月 19 日，第 10 版。

紀浩鵬：《〈天津條約〉簽訂後清廷悔約問題研究》，《中國國家博物館館刊》2018 年第 4 期，第 132—146 頁。

栗山茂久：《身體觀與身體感——道教圖解和中國醫學的目光》，《古今論衡》1999 年第 3 期，第 147—154 頁。

廖育群：《〈素問〉"七篇大論"運氣不同推算方式之分析》，《中華醫史雜志》1994 年第 2 期，第 78—84 頁。

廖育群：《中國傳統醫學的運氣學説》，《自然辯證法通訊》1993 年第 2 期，第 53—60，80 頁。

廖育群：《中國古代醫學對呼吸、循環機理認識之誤》，《自然辯證法通訊》1994 年第 1 期，第 42—49 頁。

廖育群：《周潛川、廖厚澤與〈古脈法〉》，《中國科技史料》2001 年第 4 期，第 343—359 頁。

牛亞華：《〈泰西人身説概〉與〈人身圖説〉研究》，《自然科學史研究》2006 年第 1 期，第 50—65 頁。

皮國立：《中西醫脈學理論在近代史上的初遇——以唐宗海（1851—1897）的醫學觀點爲例》，《中國歷史學會史學集刊》2005 年第 37 期，第 133—174 頁。

全漢昇：《清末西洋醫學傳入時國人所持的態度》，《食貨半月刊》1936年第12期，第43—53頁。
沈國威:《西方新概念的容受與造新字爲譯詞——以日本蘭學家與來華傳教士爲例》，《浙江大學學報》2010年第1期，第121—134頁。
松本秀士，坂井建雄:《『全體新論』に掲載される解剖図の出典について》，《日本醫史學雜志》2009年第4期，第463—497頁。
松本秀士:《人體解剖學の専門書『全體闡微』の解剖學用語について》，《或問》2006年第12期，第11—24頁。
王妮:《胡適題跋本〈體用十章〉》，《中醫文獻雜志》2006年第3期，第10—12頁。
王揚宗:《“西學中源”説和“中體西用”論在晚清的盛衰》，《故宫博物院院刊》2001年第5期，第56—62頁。
吴義雄:《晚清時期西方人體生理知識在華傳播與本土化》，《中山大學學報（社會科學版）》2009年第3期，第78—94頁。
楊祥銀:《殖民醫學史：術語内涵、核心争論與多元視角》，《學術研究》2022年第8期，第102頁。
佚名:《書評》，《畫圖新報》1885年第11期，第17頁。
張大慶:《中國近代解剖學史略》，《中國科技史料》1994年第4期，第21—31頁。

張明悟:《“西學中源”説論證方式的歷史考察》,《自然辯證法通訊》2018 年第 6 期,第 108—114 頁。

張順洪:《〈每季評論〉與英國對華輿論》,《近代史研究》1993 年第 6 期,第 63—76 頁。

趙璞珊:《合信〈西醫五種〉及在華影響》,《近代史研究》1991 年第 2 期,第 67—83 頁。

鄭曉紅:《〈黄帝内經〉五運六氣氣化理論與天人合一》,《中醫雜志》2019 年第 12 期,第 1008—1014 頁。

祝平一:《身體、靈魂與天主:明末清初西學中的人體生理知識》,《新史學》1996 年第 2 期,第 47—98 頁。

## 英文文獻

J. Vernon Jensen, *Thomas Henry Huxley: Communicating for Science*, University of Delaware Press, 1991.

Thomas H. Huxley, William J. Youmans, *The Elements of Physiology and Hygiene: A Text-Book for Educational Institutions*, D. Appleton & Co, 1868.

Leonard Huxley, *Life and Letters of Thomas Henry Huxley,* D. Appleton & Co, 1909.

Thomas H. Huxley, *Lessons in Elementary Physiology*, Macmillan & Co, 1866.

Thomas H. Huxley, *Lessons in Elementary Physiology*,

Macmillan & Co, 1868.

Thomas H. Huxley, *Lessons in Elementary Physiology*, Macmillan & Co, 1872.

Thomas H. Huxley, *Lessons in Elementary Physiology*, Forgotten Books, 2016.

Thomas H. Huxley, *Introductory*, D. Appleton & Co, 1887.

Michael Foster, *Physiology*, Macmillan and Co, 1879.

William Harvey, *An Anatomical Disquisition on the Motion of the Heart & Blood in Animals*, J. M. Dent & Company, 1923.

Lois N. Magner, *A History of Medicine*, Taylor & Francis, 2005.

William W. Cadbury, *At the Point of a Lancet: One Hundred Years of the Canton Hospital, 1835 - 1935*, Kelly and Walsh, Limited, 1935.

John King Fairbank, et al. , *The I. G. In Peking: Letters of Robert Hart, Chinese Maritime Customs, 1868 - 1907*, Belknap Press of Harvard University Press, 1975.

Benjamin Hobson, *Report of the Missionary Hospital in the Western Suburbs of Canton for 1855 - 56*, [s. n.] 1856.

Nancy G. Siraisi, *Medieval and Early Renaissance*

*Medicine: An Introduction to Knowledge and Practice*, University of Chicago Press, 1990.

Andrew D. White, *A History of the Warfare of Science with Theology in Christendom*, Cambridge University Press, 2009.

Ronald L. Numbers, *Galileo Goes to Jail and Other Myths About Science and Religion*, Harvard University Press, 2010.

Lewis H. Gann, *Burden of Empire: An Appraisal of Western Colonialism in Africa South of the Sahara*, Pall Mall Press, 1968.

Andrew Cunningham, Bridie Andrews eds., *Western Medicine as Contested Knowledge*, Manchester University Press, 2017.

David Arnold, *Colonizing the Body: State Medicine and Epidemic Disease in Nineteenth-Century India*, University of California Press, 1993.

Michelle C. Renshaw, *Accommodating the Chinese: The American Hospital in China, 1880 – 1920*, Routledge, 2005.

Frantz Fanon, Haakon Chevalier Trans., *A Dying Colonialism*, Grove Press, 1967.

Robley Dunglison, *Human Physiology*, Blanchard & Lea,

1856.

W. J. O'Connor, *Founders of British Physiology: A Biographical Dictionary, 1820 – 1885*, Manchester University Press, 1988.

Great Britain. Treaty of Tientsin (1858). Maritime Customs of China, *Treaties, Conventions, Etc., between China and Foreign States*, Statistical Department of the Inspectorate General of Customs, 1917.

David Arnold, "Introduction: Disease, Medicine and Empire," in David Arnold ed., *Imperial Medicine and Indigenous Societies: Disease, Medicine and Empire in the Nineteenth and Twentieth Centuries*. Manchester University Press, 1988.

Roy M. Macleod, "Introduction," in Roy M. Macleod, Milton J. Lewis eds., *Disease, Medicine, and Empire: Perspectives on Western Medicine and the Experience of European Expansion*. Routledge, 1988.

Bernard Lightman, "Huxley and Scientific Agnosticism: The Strange History of a Failed Rhetorical Strategy." *The British Journal for the History of Science*, Vol. 35, No. 3 (2002), pp. 271 – 289.

Thomas H. Huxley, "Agnosticism: A Rejoinder." *Science and Christian Tradition*, Vol. 5, (1909), pp. 263 – 308.

Thomas H. Huxley, "Science and 'Church Policy'." *The Reader*, No. 4(1864), p. 821.

John Dudgeon, "Review of a New Medicine Vocabulary." *The Chinese Recorder and Missionary Journal*, (1882 – 01 – 13), pp. 183.

Arthur Jamieson, "William Harvey." *The British Medical Journal*, Vol. 1, No. 5032(1957), pp. 1421.

Max Neuburger, "An Historical Survey of the Concept of Nature from a Medical Viewpoint." *Isis*, Vol. 35, No. 1(1944), pp. 16 – 28.

David W. Chambers, Richard Gillespie, "Locality in the History of Science: Colonial Science, Technoscience, and Indigenous Knowledge." *Osiris*, Vol. 15, (2000), pp. 221 – 240.

Kenneth D. Keele, "Leonardo Da Vinci's Influence on Renaissance Anatomy." *Medical History*, Vol. 8, No. 4(1964), pp. 360 – 370.

George Basalla, "The Spread of Western Science." *Science*, Vol. 156, No. 3775(1967), pp. 611 – 622.

Adi Ophir, Steven Shapin, "The Place of Knowledge a

Methodological Survey." *Science in Context*, Vol. 4, No. 1(1991), pp. 3–22.

Warwick Anderson, "Where Is the Postcolonial History of Medicine?." *Bulletin of the History of Medicine*, Vol. 72, No. 3(1998), pp. 522–530.

Ryan Dunch, "Beyond Cultural Imperialism: Cultural Theory, Christian Missions, and Global Modernity." *History and Theory*, Vol. 41, No. 3(2002), pp. 301–325.

Shula Marks, "What Is Colonial About Colonial Medicine? And What Has Happened to Imperialism and Health?." *Social history of Medicine*, Vol. 10, No. 2 (1997), pp. 205–219.

# 整理篇

# 圖片目録[1]

第一圖　腦與脊側面正中與橫向割露之形*……162
第二圖　特指人身企立所賴各肌肉……168
第三圖　微絲血管割露之形*……177
第四圖　迴管内有囊袋之形……180
第五圖　右臂前面之吸液管……182
第六圖　位在此圖正中貼附脊骨者也……182
第七圖　心與血管及血之路……184
第八圖　羊心割出繫於肺之形……186
第九圖　横割胸膛之形，連心肺肝三腑……186
第十圖　心體脈管與肺……187
第十一圖　羊心右邊……188
第十二圖　羊心左房割開之形……188
第十三圖　心上房由下觀上之形……190
第十四圖　心體由上觀下之形……191
第十五圖　田蛙足内之微絲血管以顯微鏡映大之形……206

〔1〕 圖題帶＊者爲整理者所增補。

第十六圖　即十五圖之一小份，另以加大顯微鏡映大者也 ………… 206
第十七圖　血内紅白輪 ………… 209
第十八圖　血内白輪隨時改變之形 ………… 211
第十九圖　人身背面頸與喉 ………… 229
第二十圖　肺之小份與其氣泡割露并映大之形* ………… 230
第廿一圖　割驗狗之脅骨四條，連脅肌相附 ………… 235
第廿二圖　内外脅肌當呼吸時起落之象 ………… 235
第廿三圖　割驗狗腹 ………… 236
第廿四圖　人身脅腹部 ………… 239
第廿五圖　内腎與膀胱割開之形* ………… 252
第廿六圖　直割内腎之形 ………… 255
第廿七圖　腎内微溺管行溺之路 ………… 255
第廿八圖　腎核映大之形 ………… 255
第廿九圖　内腎之血脈* ………… 256
第三十圖　微絲溺管横割之形 ………… 256
第卅一圖　汗核與周圍組織割露之形* ………… 259
第卅二圖　外皮即卅一圖更加映大之形 ………… 261
第卅三圖　汗核曲迴之形 ………… 261
第卅四圖　肝體翻上，由下觀之形 ………… 265
第卅五圖　肝之小份　映大之形* ………… 265
第卅六圖　肝管末結與肝生珠* ………… 266

第卅七圖　肝轡及其映大之形* ………………… 266
第卅八圖　脾胃與脈管割露之形* ……………… 272
第卅九圖　各等有管核 ………………………… 276
第四十圖　口鼻側面略在左割開 ……………… 285
第四十一圖　割露面右邊之形 ………………… 287
第四十二圖　胃後面割開之形 ………………… 290
第四十三圖　胃津核爲顯微鏡映至三百五十倍
大者 ……………………………………………… 291
第四十四圖　割驗兔子胸腹之形 ……………… 294
第四十五圖　大腸上迴 ………………………… 295
第四十六圖　小腸内吸液管 …………………… 295
第四十七圖　腿骨破邊形 ……………………… 306
第四十八圖　手臂骨與雙頭肌 ………………… 306
第四十九圖　三“形”分指骨幹提墜之形如稱幹
……………………………………………………… 307
第五十圖　大腿骨較之端部與頸部* …………… 312
第五十一圖　肘節側面直割之形 ……………… 312
第五十二圖　脊骨節各側形態* ………………… 314
第五十三圖　肘骨 ……………………………… 314
第五十四圖　割露枕骨以見脊節 ……………… 315
第五十五圖　舌雙腹 …………………………… 317
第五十六圖　聲管各韌 ………………………… 320
第五十七圖　聲管各韌 ………………………… 320

第五十八圖　從上看下之聲口 …………………… 320
第五十九圖　聲筋之形* ……………………………… 321
第六十圖　韌骨之形* ……………………………… 321
第六十一圖　割開口内以露舌腭之形 …………… 331
第六十二圖　側面直割鼻孔之形 ………………… 332
第六十三圖　側面直割鼻内各骨 ………………… 333
第六十四圖　未録 …………………………………… 335
第六十五圖　内耳各膜鏡映兩倍大者 …………… 336
第六十六圖　螺紋膜横割映大之形 ……………… 336
第六十七圖　耳内膜 ………………………………… 337
第六十八圖　横割耳門骨，以露耳内各體 ……… 338
第六十九圖　耳鼓由後觀之形，與耳内各小骨及耳膜等 ………………………………… 339
第七十圖　耳内各體相連之形 …………………… 339
第七十一圖　眼腦衣之腦筋并與衣相連之質俱映大二百五十倍厚者 ………………… 346
第七十二圖　眼球正中割開，在外觀裏之形 …… 347
第七十三圖　横割黄點處 ………………………… 347
第七十四圖　眼黑衣之色珠 ……………………… 355
第七十五圖　眼球平割 …………………………… 355
第七十六圖　眼球前半面，由後觀之形 ………… 356
第七十七圖　晶珠視遠近之形 …………………… 359
第七十八圖　左右眼球肌割露之形* …………… 361

第七十九圖　右眼前面 …………………………… 362
第八十圖　左眼前面割開眼皮以露淚核之形 …… 362
第八十一圖　脊髓 ………………………………… 365
第八十二圖　脊髓破邊之形 ……………………… 366
第八十三圖　腦漿 ………………………………… 375
第八十四圖　腦漿側面與脊髓上節之形 ………… 376
第八十五圖　腦脊與各對腦筋 …………………… 377

# 蔡錫勇叙

粵自有熊御極，生而神靈，明造化之本，探陰陽之秘，而《内經》作焉，此醫之所由起也。周秦以降，代有傳人。至漢，長沙張氏崛興，尤能奉《靈》《素》之遺文，闡軒岐之奥旨，玉函金匱，歷代寶之，至今弗替，無有遠邇，中外咸遵。觀《東醫寶鑑》一書，自海外流入中國，其中所言經絡、臟腑、肢體、膚腠、毛竅及一切方藥之事，罔非黄岐楷模，仲聖論略。學者於張劉朱李諸家以外，偶一寓目，可以資采擇而證異同，然亦可知，海隅日出之鄉皆我朝同文之化所涵濡耳！

顧吾聞之，昌黎有言：莫爲之前，雖美弗彰；莫爲之後，雖盛弗傳。今泰西博士哈士烈所撰《體用十章》，議論明通，考證精細，其視《東醫寶鑑》有過之無不及；而其推究病源，洞見垣一方人，外國醫家莫不奉爲圭臬。嘉君約翰檢出，請吾友孔繼良筆譯之，以流傳於中國。學者苟能循誦是編，推廣其意，俾天地同春，民無夭札，將不獨可以慰作者濟世之心，抑亦足以上佐我聖天子壽世壽民之治也，豈不懿歟？

光緒甲申孟冬　龍溪蔡錫勇
書於羊城之静遠軒[1]

〔1〕 文末刊白文方印“蔡印/錫勇”，朱文方印“義/若”。

# 譯者叙

今夫人莫不有體，而體莫不有用也。以言夫體，則曰人身也，不然則曰四肢，又曰百體耳。抑知身體之竅奥百出不窮，位置之營合一絲不紊，外而肌膚筋骨，内而臟腑津液，機械既極其巧，動用咸得其宜。此固造物之深心，似非智力所可考而知也。

然天地間一事一物，莫不有其理，有其理莫不有其據。推之以理，證之以據，則事物無不可明。矧夫體用爲人所固有，行乎己所自歷，豈其間獨無理據之可考乎？亦在考之者亡有其人耳。

泰西自尚格致以來，體用之書，代有發明，然編卷太繁，譯録恒非易易。自余去歲選譯《體質窮源》，每憾言衹及夫全體，未嘗及夫功用。適余師嘉約翰先生，檢得哈士烈先生所注《體用十章》。其説理明晰，證據確切，凡一切人身消長之機，血脈運行之理，與夫氣機流行、知覺運動，莫不推詳備至、圖注分明。誠泰西不可多得之書，亦中土目所僅見之説也！余是以不揣固陋，謹即其文而譯之，亦冀資以養身之一助耳。至於文辭鄙俚，尤望修飾潤色者不吝其筆，以匡不逮，是又余之深幸也夫。

光緒甲申仲秋　瀋陽孔慶高
序於同文館之寧桐軒〔1〕

〔1〕 文末刊白文方印“孔印/慶高”，朱文方印“繼/良”。

# 例 言

○ 是書乃泰西哈士烈先生所作。哈士烈者，西國智士也。所輯之書不一，而於是卷，尤見其聰明獨擅，迥異尋常。

○ 是書乃繼《體質窮源》而譯也。蓋《窮源》祇得其體，而未及其用，此所以補其未備也。

○ 是書乃由英文翻譯漢文，其中辭句原求淺白，不事深晦。

○ 所謂體者，乃指全體而言。凡一肌一膚，莫不考究的確。

○ 所謂用者，乃指功用而言。蓋有其體，必有其用。造物與人以四肢，必有四肢之功；與人以臟腑，必有臟腑之用；及凡一膚一腠，亦莫不有功用寓乎其間，特人不察，則不知其功之巧，不識其用之妙耳。

○ 書中首章已將全篇大旨略言之，以下逐一推詳。

○ 書中所用各名目皆照《全體闡微》譯就之名用之，以歸畫一（《全體闡微》，版存福州，本局代售）。

○ 是書發明人身動用。蓋人必知其全體之功用，然後飲食知所戒禁，動作無虞乖張，未嘗非養身之一助也。

○ 是書發明身體活潑之象全賴各腑動用以養生，猶時表之靠機械，稍有滯礙，疾病叢生。然則閱是書者，不獨可以廣見聞，抑亦可以却疾病。

○ 是書固爲吾人衛生之助，亦爲學醫者立岐黄之基。蓋醫不知臟腑，藥劑恒足以殺人；不識筋骨，刀針難冀其得力，是更不可謂其無益於世也。

# 體用十章

英國哈士烈先生譔
瀋陽孔慶高繼良氏筆譯
美國嘉醫士約翰氏校正

# 卷一

## 第一章　全體功用論略

### 一　論審察人身動用之法

夫以一人之動作不一端也。有顯然可見者，有細察始知者，更有以術考之、以理推之而後明者。如人身有動用不息之處，雖當熟睡之時，四肢既静，雙目亦冥，而胸前之起落不止，常使吾人能辨其爲睡而非死者。此固天工之妙，而亦顯然可見之機耳。再細察之，又知其心亦動，脈亦行，及眼内之瞳人時縮時伸，呼吸之天氣隨出隨入，且所出之氣多重濁，所入之氣常輕清。再深究之，視遠視近，眼内如何措施？腦筋又如何發力？更問血肉從何生長？痛癢何以感觸？故欲詳其底藴，則須參夫天地消長之機，明乎格物化學之理，逐一設法察驗，體認的確，庶於人身體用之道，求其大備耳。

## 二　論識功用須先明臟腑

夫何以謂之曰功用？分而言之，不止一端；合而論之，統乎一是。蓋身爲有用之身，動作云爲必有其機，出入消長必有其理。故察其所以動作之機，明其所以消長之理，即爲功用之學。顧欲殫功用，必須先明夫全體。茲特將周身之肢體臟腑及其何以動用，逐一圖畫分明，以備易於參考。

## 三　證驗人身行動則氣體皆有所消耗

譬以一冰房内貫以冷氣管，一人先在外秤之，計其身之重數，然後令其往來於房内約一點鐘，維時其氣力固有所耗，冰亦因之而鎔，蓋身之熱氣已散於房内者甚多也。且若於此氣管之内，以石灰水貫入，可以令其水稠白如乳。蓋冰房内無炭氣，則石灰水無所改變，得人在内，則立可凝白。可知其散於屋内者，亦多炭養氣也，不拘氣由口出或由身散，皆足以蒸化其冰焉。俟往來約一點鐘，令其人出而復秤之，則其身必較前輕減矣。可知凡人消耗氣力，則身内之水與炭養酸即隨之而出，故身必輕減，此人身消耗之勢也。

## 四 論消長

獨是其勢可暫而不可久。蓋一經消耗之後，其人必饑渴，復將飲食以充其所費，還其氣力，此消而復長之道也。夫物之能長吾身者，惟三者而已。一空中之氣；二所飲之水，如茶湯之類；三所食之物，内具之原質，以化學覈之，不外養輕淡炭四者。外此則有油漿等類，是皆飲食中以養身者之大概也。

## 五 論消化之宗

然而食物中，又有於身無用，所謂渣滓者，由胃腸而下，於身毫無所補。惟值氣壯者，則消化力足，受用恒多，不拘油漿及凡物，悉經榨化，而後變爲渣滓焉。雖然，物自受用入血之後，其中仍有廢棄而應隔之於外者，如汗、溺、炭養酸與溺底等類。此皆所謂餘液也，以化學覈之，内具養氣最多，物與水皆少。以人身日受者養氣最多，除飲食内具之外，空中者亦時出入於呼吸焉。故人當費力之際，炭氣因而出之，養氣亦隨而入之，是雖有所失，而亦有所得也。

## 六　統原每日消長之勢

假使一人，其身之重數朝與夕毫無所異，則其所出之餘液必與所入之飲食二者相等。顧以無病之人而論，雖日無肥瘦異勢，而消長之機則時有所不同。蓋飽食固異，饑餓亦殊。惟統一日之消長計之，則其勢兩相若耳。

## 七　論工苦與安閒消長異勢

苟不明乎消長之勢，則將謂苦工勞役之後，其人亦無所異矣，而不知凡人消耗氣力，則身立有所減。試令一人般舉重物，雖不見其身有所消，然當飯時，則必加餐，乃足補其所費；故工作時，不必定有汗，而所費亦不少焉。苟使其未用力而日卧安閒，則當飯時，胃必有減。夫善消化者，日受之食物甚多，惟物内所函之養氣甚少，尚不及各物復出時所函之多，然則養氣之所入，豈非不敷於所出乎？是又賴呼吸所接者以爲助焉，乃足供其耗費，如機輪行駛必需煤炭若干，乃足供其用也。

# 八　論全體

今夫生命之機與功用之理，上文已大概言之矣，而身内之臟腑肢體，不更當考之乎？人身分乎頭面四肢，在頭分腦部面部，身體分胸腹，四肢分手脚，每肢復分腿、臂、肘、膝、腕、指，至指仍有三節，在手則曰手指節，在脚曰脚趾節。是故若將全體直分兩半，則除内腑之外，左右肢體相同，第一圖可見。

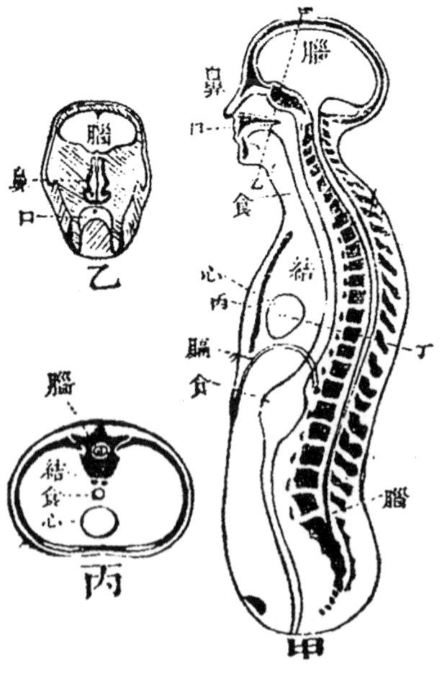


第一圖　【腦與脊側面正中與横向割露之形】

甲形，側面正中割露之形。二“腦”字，腦與脊；“鼻”字，鼻孔；“口”字，口内；二“食”字，食物所入之路，此處所見，形如窄管，原非若是；“心”字，心體；“膈”字，膈膜；“結”字，腦結。
乙形，横割頭之側面。由甲形之“甲”字起，至“乙”字止。“鼻”字，鼻孔；“口”字，口内。
丙形，横割。由甲形之“丙”字起，至“丁”字止。“結”字，腦結；“食”字，食物所入之路；“心”字，心體。

## 九　論脊骨脊髓

圖上甲形，割露脊骨三十二節，皆爲脆骨所包，從背觀之，尤覺清切，名曰脊柱，内成一筒，居於背面，與前面胸腹不相關連。脊筒之内，藏貯腦髓，名曰脊髓，爲腦部一扼要之區。前面胸腹之間，又爲一層半皮半肉之膜分隔之，名曰膈膜，第一圖“膈”字是，其形如拱，上貼心肺，下即胃腸。圖上“食”字，乃食管由上而下，直過膈膜。此處另有腦結數對，與脊髓相連者，名曰自和〔1〕腦筋，第一圖“結”字是。外此則有内腎一對，貼附腰骨，左右相對，其餘肝、脾、甜肉皆藏於腹内者焉。胸膛之内，除食管與腦結之外，則有心、肺二腑，心居中而肺分左右，此臟腑之部位也。脊之上，承墊頭顱者，有枕骨一節，居三十三節之首，亦在背面，不與前面相關，第一圖二“腦”字是。頭之前面大半爲口與喉所占，自口以下直接食管，是爲前路。

---

〔1〕“和”，原作“合”，據文意改。

## 一〇　論人身前後竅

故將人身直割，則見前後二路，中爲脊柱所隔。枕脊之後爲腦脊根，枕脊之前爲食管、自和腦筋與心肺等部也。若横割驗之，或在脊，或在腦，更可見其爲人身特要之區。而在頭腦横割與在脊者，其形狀固自不同。蓋在腦割，則後固大於前（第一圖乙形見），而下至胸腹，則前固大於後（第一圖丙形見）。至於四肢，則與身體殊異，内無管竅，唯有血脈與吸液管而已，餘皆骨肉。

## 一一　論内外皮

統觀頭身四肢，而人身之形象大備矣。然此皆顯然可見者耳。次於此，則凡各腑之形質，各處之竅奧，亦莫不當逐一察覈，此非剖割細驗，不足以顯其微妙也。夫護乎身者，有外皮，剖割莫先於此，亦莫易於此也。顧在外觀之，皮似一層耳，而割驗之則有二。蓋上層粗澀殼硬者，曰外膚，下層柔嫩濕滑者，曰内膝（第三十二圖可見）。外膚損破，既無血亦弗痛，若傷内膜，則痛而有血。今之剃頭者，常損外膚而不自覺，苟偶傷内膜，則既痛而且流血也。夫外皮固護乎周身，肢體無不到也，而接於外皮者，更有色赤性軟、易破常濕者一層曰内皮。蓋外皮所止之處，即内皮所起之處，如眼鼻口耳與肛門等處，皆内外皮交界之區也。然考其寔，内外皮視同一體，外皮雖似止之，其實接連未斷，不過隱諸内，則體質柔嫩耳。蓋内皮亦分兩層，下層乃有血管、腦筋絲，上層無血亦弗知痛，名之曰内膚，意與外膚同也。由此觀之，則人身無處不爲内外膚所括也。

## 一二　論連網

再察内皮之下，仍有一層，名曰連網，相連於各臟腑之間，如二腑比鄰之中，骨肉相間之裏，皆有連網。凡肢體臟腑之内，莫不有連網以聯絡之，故若將各臟腑盡去，而其形狀猶在也。第連網之性質，則各處有異，有柔軟者，有堅硬者。凡貼附筋骨者，大率堅硬，其中又有限制而不能動者，亦有靈敏而柔活者，蓋貼附肌肉者，大率爲靈敏者焉。

## 一三　論肌肉

夫何以謂之曰肌肉，實人身活動之體。試觀手臂一伸則泛而無力，一屈則堅而體實，此無他，臂内圓肌之力所使然耳。試將該臂外皮剥去，見其肌色鮮紅，外爲連綱所包，連綱之末即成爲筋，上黐於肩，下連於腕。而肌肉能短能長，以其有舒縮之力，故爲一身靈動之體。且布置安詳，與骨相輔，按節束合，有條不緒。誠天工之妙藴，非人力所能造作者也。

## 一四　論骨骼

至論骨骼，其體既成爲骨，其質亦甚堅硬，中有微軟者，曰韌，俗名脆骨。考其實，骨之原質皆屬於韌，惟内多石磷養與石炭養，故其體尤堅也。試以骨浸磺强水，其中石質皆爲磺强食盡，則骨性立軟，與韌無異。人身骨數共計二百有奇，中有數骨，自幼年與耄期不同者。如脊骨三十二節，其上二十四節，老幼無異；而下五節（即二十五六七八九等節），則幼年時分明可數，長成漸壯，合而爲一，名曰鈎骨；再下三節，亦合而爲一，名曰尾閭骨。又如人當長定時，頭骨共得二十二枚，幼年固不止其數，老來又不及二十二枚矣。此皆老幼骨數之不同也。他如脅骨，共計二十四條，左右各十二，每有韌骨相輔，與胸骨連合；脅骨之上，承於肩膊者有二骨，曰鎖柱骨、曰肩胛骨；骨盆繫於大腿，有二無名骨，每一無名骨又分三骨，曰胯骨、尻骨、交骨；至於手臂，每肢得骨三十枚；脚骨亦然，自腿至趾〔1〕共骨三十。以上各骨皆有筋或韌以束縛之，其交節處，每有薄韌一層，以便伸屈，另有胞膜生脂液以潤澤之，以便轉動靈活，不致有澀滯之象焉。

## 一五　論肌骨相輔

雖然，一人之骨體甚堅，筋韌之連合甚固，而欲以死骸令其竪立而不倒也，勢必不能，何也？蓋肌肉不發力，則骨無所主持，雖堅固，亦奚以爲？然則骨之能立，亦賴肌肉之力也。試觀人當立時，腿肚之圓肌（第二圖“囊”字）受力最重，倘該肌不發力，則人必往前撲；且該肌發力，必使膝前之肌（圖上“腿”字）亦發力，不然，則人又往後仰；二肌既縮，其身可起，此時又必令腰脊之肌（圖上“腰”字）着緊矣。夫人之起立亦甚隨意耳，

〔1〕“趾”，原作“脂”，據文意改。

而不知須費許多肌勁焉。

第二圖　特指人身企立所賴各肌肉

"囊"字，脚囊肌；"後"字，腿後肌；"腰"字，腰脊肌。此皆扶持此身，勿使傾前者也。"脚"字，脚前肌；"腿"字，腿前肌；"腹"字，腹前肌；"頸"字，頸前肌。此皆扶持此身，勿使後倒者也。

圖之箭指肌肉發力之趨向，圖式乃雙足并立之形也。

## 一六　論氣力

假使一人因跌打傷其腦内，隨即倒斃。驗其傷，則肌肉毫無所損也，血脈不洩一滴也。蓋非傷重至此，則緩緩可動，不久即復如初。惟肌肉雖無損傷，而動力已失，血管雖無洩破，而已無氣脈。可知氣力爲連用全體之機，不獨因跌打始足以傷之，即因别故亦可損也。如或人忽太費心力，或異味薰塞，亦嘗有如重傷之險者。由此觀之，氣力固似發之於心，惟心爲能運用肌肉也；而不知非也，試觀夫脊髓受傷，如背受箭刀而損其骨髓也，其人心甚明醒，而足不能立，且不知所之，既不能舞動，亦不知痛癢，形若癱瘓者焉。

## 一七　論腦脊爲元神之府

假使心有所傷，則足未必盡失其力，縱周身不能動，兩腿遇癢痛則必知之。更試以電氣放其脊，則必令兩脚激動不已。然若脊髓受傷，則雖加重電，而兩足亦置若罔聞。故細察之，則知腦爲人之靈府，一切知覺悟性及自主之運動皆爲腦所司。而脊髓與腦相連，尤易爲外物所觸，不獨一二處之肌肉爲其運用，及凡動作云爲，或數肌齊動，或百體交行，莫不爲腦脊所司也。由是觀之，惟腦脊爲元神之府，一切知覺運動皆由此而發也。

## 一八　論感觸

蓋凡事必先有所感觸於腦，運動乃因之而作，獨是感觸之理不一而足。夫寒熱施於身，人能辨之，痛癢發於身，人必知之。是人身無處不有覺悟，即無事無物不可感觸也。然若是之感觸，亦皆全體皮外之事耳。外此更有數處，其功用尤爲特奇者，如辨五味、知香臭、能見能聞，俗所謂五官是也。

## 一九　論臟腑肢體各有所司時行動用

今更即吾身之肢體臟腑統而論之。凡所以承立吾身之骨，運動吾身之肌，與使吾身能應萬事之腦，各部詳而言之，以觀其何以爲功爲用，而窮天地生物之奇，造化養人之妙。夫功用之所出，亦消長而已。凡動作皆爲消之之理，飲食即是長之之機。故肌肉腦筋運用，每有消化在其中，擇其有用者而存之，隔其無用者而去之，此其大略也。夫人無日不飲食，亦無日不便汗，此其中固非無變化也。略而言之，飲食所到，變化爲血者，是爲消化之腑；運血遍行，滋養周身者，是爲血脈之經；其餘清隔汗溺，消除渣滓者，乃消導之經也。

## 二〇　論消化之經

夫何爲消化之腑？即口、喉、食管、胃、大小腸等是也。其功用先將食物咀嚼糜爛，繼則榨化而得其精液，即留而用之，其餘渣滓則遞而出之。

## 二一　論血脈之經

抑何爲血脈之經？其極細而薄者，曰微絲血管，人身除內外膚與牙靭骨之外，遍體皆有。由此微管追而尋之，則得其脈管與迴管，由是漸行漸鉅，終必歸源於心焉。心也者，運血之府也，居喉之下，當肺之中。心房之內，時載流汁，色赤而鮮者，名之曰血。心房之質，乃自動之肌，而縮縱必有準則，故一縮也，即逼其房內之血入總脈管，隨即流散於微絲血管，復由微絲血管而入迴管，返心房。此血脈循環，周而復始之道也。

## 二二　論餘液

然究之血脈從何而來？夫當食物榨化而得其精液也，即有精液管以吮吸之，而精液管固有微絲血管與之相接，精液故得而進之。此食物入血之理，即血脈日長之道也。由是食物變化之血即可載運入心，復由心分派於四肢百體，而爲養身之具焉。獨是血爲肢體用後者，皆爲餘液，付入迴管，久則有變爲水者，有成炭養氣者，有爲溺爲汗者，皆屬人身餘液，所當消洩於外者焉。

## 二三　論消導之經

惟餘液之出路，不外三者而已。一外皮，二肺經，三内腎。三者所導之液雖各有不同，而其理則一。如肺爲呼炭養氣者，維時亦有水與之俱出；内腎導溺，而溺内亦有炭養酸；外皮導汗，内固多水，亦有炭養酸與鹽類、溺底等質焉。

## 二四　論肺經又能消能長

至論肺府一經，則有出有入。不僅能導餘液、驅雜質，且能吸引一原質入内，以養吾身。此非屬於飲食之類，而較飲食爲尤要者。此質爲何？曰養氣也。養氣者，養人之氣也。有之則生，缺之則疾，非有則死。由肺而入，混於血，行於四肢，貫於百體，無處不及，爲用最大。蓋其力能助臟腑筋骨之功用，以化原質之所廢，而爲水爲溺與炭養氣焉，此雜質所由變化也。然究之養氣爲何，而能有如是之力哉？即俗所謂人身真火是也。蓋人身時受熱氣，至寒暑表約一百度，此其故亦緣身內之血，時爲真火熨至一百度，而血固遍流周身，是以身常暖熱也。

## 二五　論各經運用得宜皆主於腦

今試即以上消化之腑，血脈之經，與餘液之所出，真火之所入，統而論之。苟使功用一有不合，措施稍覺不利，或出入多寡，或消長遲速，則不惟無益，而又害之。故言醫理，則不獨應使日之所入與所出相等，且應察其欠者補之，過者移之。而血氣爲醫士之糧官，糧不足則兵無濟，故先足食，而後足兵，欲補身莫先補血。然苟火力過熾，風勢正盛，爲醫者固當小心撲滅，庶盡爲醫之道耳。且除以上各經之外，更有腦之一府，其功用不獨能令吾人知運動、應外務，抑且能使吾人知飽知餓，知微知顯，多寡足以充吾饑，何物足以適吾體。及凡耕采逐殺，提壺執杯，入口以吞咽，運腸以消化，皆具性靈，莫非由腦發遣。再推而至於心之舒縮有準，血之流行莫亂，與及餘液真火出入得宜，則正勿謂不由腦所主使，而能若是措施之當也。

## 二六　論生死異勢

統以上各腑功用而論，即爲一身活潑之機。故有斯功用則謂之生，無則謂之死，獨是死有一二處與全體之别焉。

## 二七　論人身時有死腐之處

夫何以謂之曰一二處死？如内外膚常有離褪，亦時復滋長，此血氣體質潛消暗長之機，亦是吾身長養之理，吾人特自行乎不自知耳。更有因受傷受患，而一二處腐死不生者，即如火燒、水湯或生瘡等事，每見皮肉腐朽，更或一肢半體癱瘓不仁，其狀尤屬難堪。然皮肉腐朽，每可復生，雖傷殘闊大，亦可復原，惟脆骨經壞，則無生機耳。

## 二八　論死有各處先後不同

凡人初死，雖然各處功用俱停，但肢體仍屬未絶，何以驗之？試以電氣震其肌肉，尚能活動，是其據也。

至於全體皆歿，其勢亦有筋絡與肢體先後不同。凡腦筋血脈各路先停者，謂之筋絡先死；凡臟腑肢體先硬者，謂之肢體先亡。蓋氣血先絶者，其皮骨肌膚尚有生色，必俟久之，乃形死態。是以受戮之人，頭落後，其身常能自動，蓋人雖死，而肌肉尚靈動也。

## 二九　論人死之勢各有不同

更即人死之勢而論之，初覺各有不同，有老年正寢者，有久病不治者，有飢乏暴亡、傷斃與酖毒者，種種不同。究其原，則以腦肺心三處之功用爲最要，一有停絶，其人必死。夫何爲腦之功用停絶？如上吊、斷頸等類，皆爲絶腦之路，以不能貫落脊髓、應發四肢、宰治百體，故死可立待也。夫何爲肺之功用停絶？如絞縊淹溺，皆爲絶肺之路，以不能呼吸，故氣可立絶也。再若心之功用停絶，而血不能行，則死尤速。由此觀之，腦肺心三者豈非生命之最關緊要者乎？然吾謂惟心肺二者尤爲特要，腦尚次之。蓋腦失功用，而氣血尚足，則未必損命，若因腦壞以致心肺一有停絶，則斷無生活之理。

且當人死之後，則天地之物不爲其身所用，而其身反爲天地之物用矣。何則？如養氣原爲長養生命之質者，今作摧殘故身之具，始則嫩軟者，先受其殘而腐化爲炭養酸或輕淡水，久之骨亦腐朽而化水化氣，終亦散於天地之間而爲天地所用焉。此有造所以有化也。人苟從此而悟，則身爲我所用之物，而我之爲我，究非肉身可同日而語者，蓋有至寶之靈魂，不能與物俱化者在也。

# 第二章　論血脈運行

## 一　論微絲血管

人身無處不有血，即無處不有血管，遍體通行，密結如網，管形極細，管肌極薄（第三圖甲形“肌”字可見）。

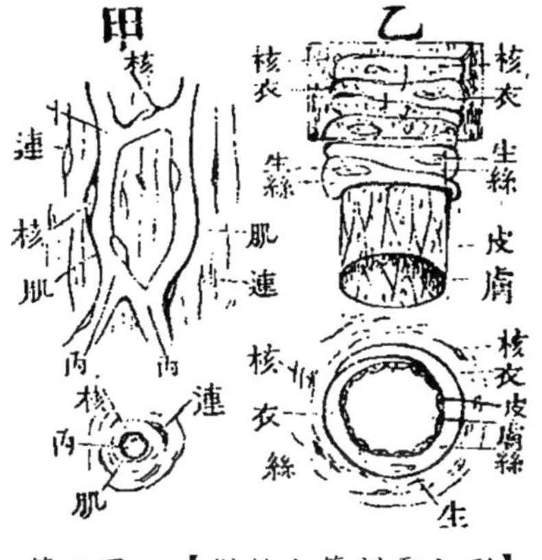

第三圖　【微絲血管割露之形】

甲形，微絲血管割斷，由上觀下映大之形。
“肌”字，血管肌相連之；“核”字，乃血管生核；“連”字，血管所在之連網，生核；“内”字，血管内。
乙形，小脈管内質體。
“膚”字，内膚；“皮”字，内皮；“絲”字，管内無紋肌絲相連之；“生”字，乃肌内生核；“衣”字，脈管衣相連之；“核”字，乃管衣生核。

血内有核，形極微渺（第三圖甲形“核”字可見）。此管名曰微絲血管，以其管細如絲，目力所不能見，每條細至一寸二千五百分之一，或略粗，二千分之一；紐纏卷曲或串連。二管隔縫之處疎密不等，而最疎之地，亦較之一微絲管或尤大焉（觀第十六、二十與三十、三十二、三十七各圖皆可見之）。故微管雖密，而隔乎微管者仍有餘地（第三圖甲形“連”字可見）。然質體中更有數處全無血管者，如内外膚、甲、髮與牙、韌等是也。數處雖無血管，亦常得血以養之，蓋附近有血，可以潤澤及之。

## 二　論脈迴管之血色不同
## 論血管内之肌

按微絲管内所載者每分二等：一色鮮紅者，爲血；一色白如乳者，爲明汁。二者相混，由此而運行於脈管迴管。脈迴管固較微絲管大，而管衣亦厚；且不獨因其管大，故管衣堅厚，抑且更有一微要之理寓乎其間。蓋血在脈管迴管之時，不能由管衣透洩於外，以浸潤肢體，而至微絲管，則須發洩，故微管之衣應薄，而脈迴管應厚也。且即其薄厚不同之處而觀之，其中更當有變，蓋脈迴管之衣不僅堅厚，且層數尤多，其中更有一層，乃屬肌肉者，取其能舒能縮也。再考層數，則大小不同，及脈管與迴管亦異。試即一小脈管自内而察之，必先見内膚一層（第三圖乙形“膚”字是）；次於此，則有内皮一層（第三圖乙形“皮”字是）；又次則爲肌絲（第三圖乙形“絲”字是）。肌肉之上仍有一層，名曰肌絲生核（第三圖乙形“核”字是）。在細小之脈管，肌肉僅得一層，圍於管内。在大者則數層摺疊，力能縮縱，縮時管口立小，縱時管口自大。蓋既屬肌肉，即有能舒縮之力。脈管内有肌肉，是以亦能縮縱以逼血行，且必按乎準則，亦受制於腦筋。蓋當縮則縮，當縱則縱，循乎一定之規，按乎虛盈而動。但脈迴管無洩血於外之功，即有運血至微絲血管之力，而運血多寡，更按乎脈迴管縮縱時大小而分。

## 三　論脈管與迴管不同之處

細考脈迴之小者，其枝派雖繁，終必匯於一二大管，由此而歸源於心。再察脈迴管，大小亦有不同之處。蓋脈管之大者，管衣既堅且厚，雖空虛亦自圓，以其肌肉之層數既多，而縮縱之力亦大。試將一大脈管搯之，可短可長，勢如象皮。若迴管，則肌肉既薄，縮縱之力亦小，管内無血即自匾塌。此大脈與大迴管不同之一端也。且也迴管之内，又有囊袋以阻迴血之逆流，每於臂腿及各肌處之迴管内見之；其總迴管、微迴管及四合迴管，與肺腦各處之迴管，則無囊袋耳。

## 四　論迴管之囊袋

囊袋之口必向心，而底則向微絲迴管，故血可由微絲迴管迴支末，合流過此，順入心房，不能由心返流入微絲管。故曰迴管有囊袋，乃所以阻迴血逆流者也（觀第四圖自可見之）。欲驗其所以阻迴逆流之勢，亦屬不難。試觀手臂之迴管，自指至肩，運行而上，是其順流；苟將一迴管在上壓閉，復將手往下垂之，則將見青筋浮露，脹溢起結，此即迴血不能順流，返而行之，盈其囊袋之據矣。苟上無所塞，血即順囊袋之背而過之，又安有脹溢之形也哉（觀第四圖自可見之）？然而脈管之中，亦有一二内有囊袋者，即總脈與肺脈是也。獨是二者皆與心相鄰近，其囊袋之所用與迴管者不同，蓋在此則形如門户，下文論心部詳之。

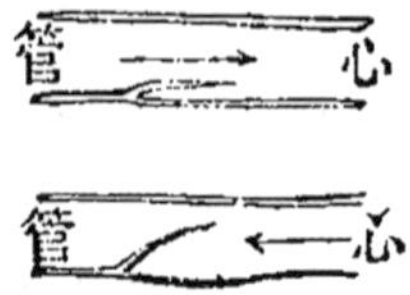


第四圖　迴管内有囊袋之形

其在上一枝箭頭所向，乃血迴心之路，是爲順行，其在下者，爲逆行。

“管”字，指向血管；“心”字，指向心。

## 五　論吸液管

夫吸液管與微脈管之在人身，并重而略有不同。微脈管則除甲髮外，百體無處不到。吸液管，除腦漿、脊髓、睛珠、瞳人、筋骨外，亦無處不有也。其吸液之所在，布置網連，或與血管交錯，獨不與之相通耳，蓋爲運載精液之用也。惟精液之流行與血脈殊異。蓋迴管所行散而復聚，而精液管則分行至底，管内亦有囊袋以阻精液之逆流。細考吸液管，遠近大小相若，所行非由此入彼，不同脈迴管之由大而分於細者焉。液管起自液核，液核者，生發精液之區也（第五圖可見）。核之所在，固有吸液管與之相接，亦有微絲血管與之相近。細察精液各管，卒皆會於一總管，名曰精液總管，在腰骨第二節，管大如翎，附脊骨而上，至頸骨即屈轉而下，入左頸手迴血總管（第六圖可見）。右半身之精液管略少，亦行而會於右頸手迴血總管。惟當精液至迴管之時，亦必有囊袋，以備其有返流之弊。蓋祇可令精液順流而入迴管，不容迴血逆流入液管也。由此觀之，精液管亦可謂爲迴血之一脈，蓋雖迴血不能入液管，而精液必歸源於迴管也，謂之爲迴管之一脈，不亦宜乎？且液管之内亦有囊袋，故遇塞閉，亦祇可往前逼進，斷不容往後逆流，則與各路迴管又何異哉？

第五圖　右臂前面之吸液管

“核”字，吸核，又曰吸結，與腦結不同，須分辨清楚，勿誤認之。

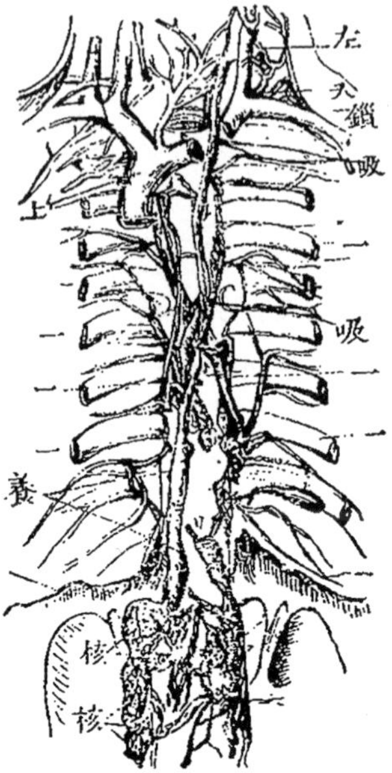


第六圖　位在此圖正中貼附脊骨者也

兩邊脅骨割剩一節，即“一”字是；“養”字，養汁囊；“吸”字，總吸管直徑至“入”字，則入於“左”字之左頸迴管，并入“鎖”字之鎖柱下迴管，二者相合而會於首臂迴管，此管已割斷，以露總吸管，可知總吸管乃在首臂迴管之後也；“核”字，腰部之吸核；“上”字，上總迴管爲左右首臂管會合之區。

# 六　論腸液

按精液管之在腹間每形寬大，名曰腸液管，内有養汁（第六圖“養”字是），蓋爲吸收腸内之精液，以養身者也。雖與其餘之精液管無甚分别，然謂之曰腸液管者，以其所吸之精液皆爲食物在小腸内榨出之液，色白如乳，與别不同。考腸内之吸管爲數甚多，排連如網，不獨散見於腸内皮之裏，抑且浮布於摺紋之上，形尖如粒，旋叠成核，名曰吸核，爲收吸腸液散布於衆液管之區也。

## 七　論血脈流行

今試即人身各管統而論之，其竅奥之相連相繫，要必推源於至中至正之一府，即俗所謂心是也（第七圖可見）。人身迴血管除心肺與腹内一二臟腑之迴管外，莫不由至微而會流於至鉅，卒且歸於二大枝（第七圖“上迴”“下迴”等字是），名曰上下總迴管，由此即迴心右上房。人身脈管除肺一經之外，莫不始自心左下房，發於總脈管（第七圖“總”字是）。而血脈之由心入肺者，始自心右下房，名曰肺脈管（第七圖“肺脈”字是）。迴管由肺入心者，四管皆歸於心左上房，名曰肺迴管（第七圖“肺迴”字是）。此心内四房發脈會歸之源也。

由是觀之，迴血入心之路固分爲二。一由身而入者，歸心右上房；一由肺而入者，歸心左上房也。然則血脈之由心發於外者，亦分二路。一發於身者，始自心左下房；一發於肺者，始自心右下房也。約而言之，人身之總脈管、總迴管與肺内之總脈管、總迴管，兩兩相對。蓋人身之總迴管與肺内之總脈管，固同在心之右，惟上下不相通；而肺之總迴管與人身之總脈管，又同在心之左，亦惟上下相隔絶。學者欲明心房各路，必須於各圖上體認明白，細心考究，庶於血脈運行之道恍然大悟，苟粗心厭煩，則亦茫然而已。

夫心爲發血之府，而本體亦有微絲血管，散布於心肌之内，亦爲總脈之一支派者，名之曰養心脈。惟心肌

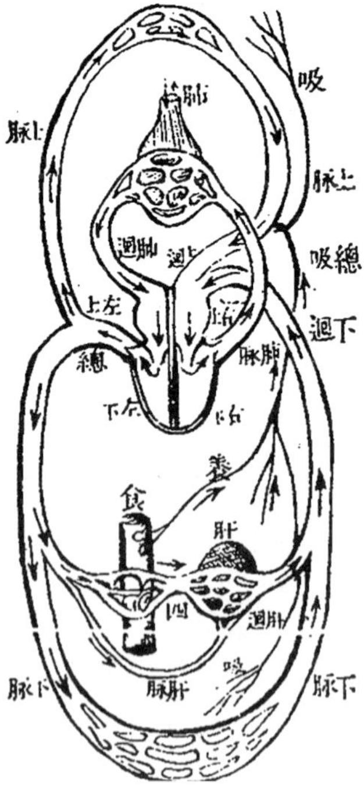


第七圖　心與血管及血之路

由後面觀之，是以圖之左右與閲者之左右相同。

“左上”字，左上房；“左下”字，左下房；“總”字，總脈門；“上脈”字，上肢脈管；“下脈”字，下肢脈管。“肝脈”字，肝脈管；“上迴”字，上肢迴管；“下迴”字，下肢迴管；“四”字，四合迴管；“肝迴”字，肝迴管；“上總”字，上總迴管；“右上”字，右上房；“右下”字，右下房；“肺”字，肺體；“肺脈”字，肺脈管；“肺迴”字，肺迴管；“養”字，養汁；“吸”字，吸管；“總吸”字，總吸管；“食”字，食路；“肝”字，肝體。

圖上箭頭所向乃血脈與養汁所行之路。其墨痕重者，爲脈行之路，墨痕輕者，迴行之路。

迴管則與衆微管連合，而不入總迴管，乃入心右上房。再察腹内之各迴管，其不與尋常周身之迴管同其徑者，則有胃、腸、脾與甜肉，四處皆合而爲一，名之曰四合迴管（第七圖“四”字是），此則不入總迴管，而行入肝經。既入肝經，即散布微管於肝内，曰肝脈管（第七圖“肝脈”字是），周行肝内之後，即合而會流於肝迴管（第七圖“肝迴”字是），由是肝迴管，乃入下總迴管。且獨是四合迴管之血，乃可由迴管運載而入肝，散爲脈管，然卒之亦必轉入總迴管焉。

## 八　論心經

夫心經爲運血之府，周身之血脈皆於此發源會歸，上文已言之矣。至於心之形象，仍須論之（第八、第十兩圖可見）。心體之大，約如一拳，上闊而圓，每向右，曰心底；下小而尖，常向左，曰心尖。位居第五、六肋骨之間，左右爲肺所括，貼附胸前，外爲雙層夾膜包之，曰心外衣，又曰心胞絡（第九圖“心”字是）。胞絡下層緊貼心體，爲其衣，上層與血管相連，半黐於總脈管，半與貼附之衣相疊，然上下層雖相疊，而非周圍黐緊，蓋中仍有罅，而罅内有膚，出津液以便心體易於縮縱也。且上層之衣，直達乎隔膜，故隔膜似爲承墊心體之基，

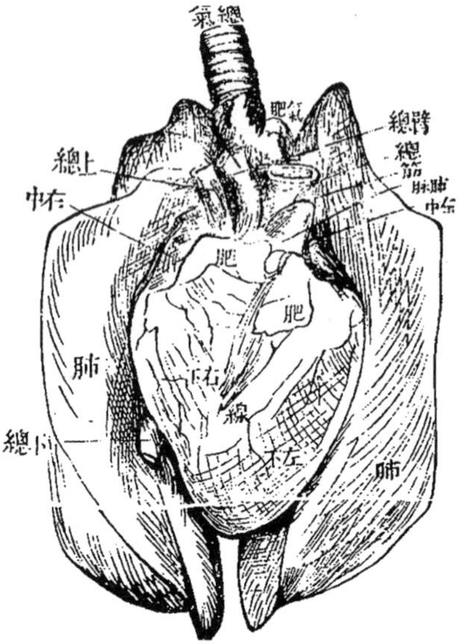


第八圖　羊心割出黐於肺之形

衹將心胞絡割去耳，餘未經割。“右中”字，右房中門；“左中”字，左房中門；“右下”字，右下房；“左下”字，左下房；“上總”字，上總迴管；“下總”字，下總迴管；“肺脈”字，肺脈管；“總”字，總脈管；“臂總”字，由總脈發出，臂頸脈管；“肺”字，肺體；“總氣”字，總氣管；“筋”字，韌筋爲肺脈管與總脈相通之處；“肥”字，肥網附於左房之下者；“氣肥”字，肥網之附於氣管者；“線”字，肥網線痕爲分晝二下房者。

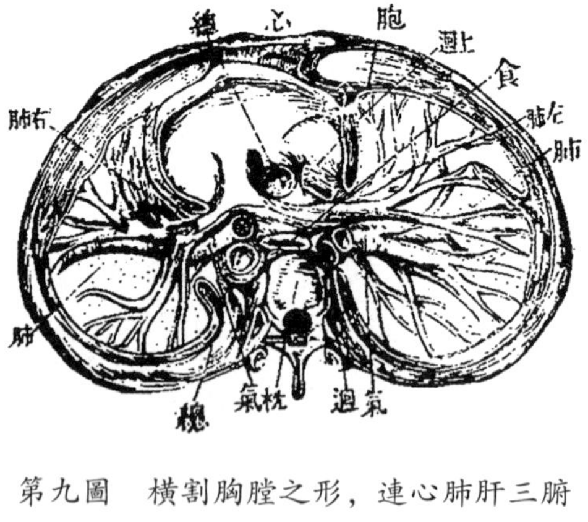


第九圖　横割胸膛之形，連心肺肝三腑

“枕”字，枕部，又曰腰脊；“總”字，總脈，其脈管尖已割去；“上迴”字，上迴管；“肺脈”字，肺脈管，分入左右肺；“左右”字，左右肺迴管；“食”字，食管；“心”字，心外衣，又曰心胞絡；“氣”字，左右大氣管；“肺”字，左右肺；“胞”字，肺胞雙層；“迴”字，迴管。

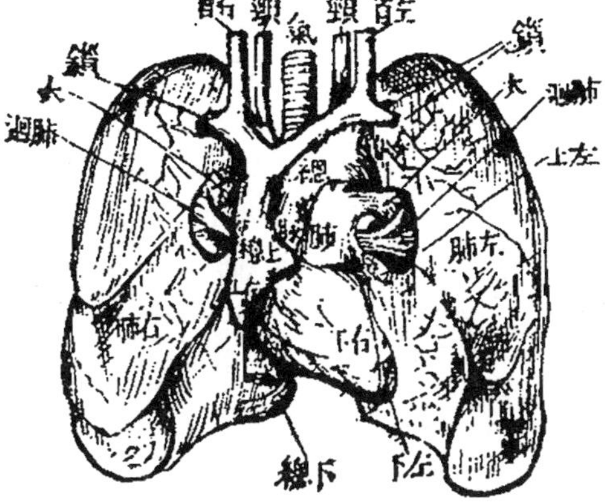


第十圖　心體脈管與肺

“右下”字，右下房；“左下”字，左下房；“右上”字，右上房；“左上”字，左上房；“總”字，總脈門；“肺脈”字，肺脈管；“肺迴”字，肺迴管；“上總”字，上總迴管；“鎖”字，鎖柱脈管；“頸”字，頸脈；“左首”字，“右首”字，左右首迴管；“下總”字，下總迴管；“氣”字，總氣管；“大”字，大氣管。除肺内大血管之外，各處大血管皆斷。

而實則心體不能全賴隔膜爲力，更賴有總氣管往上提之，乃能懸定耳。

夫外衣包乎心體，外狀既如此矣，而内則始分左右二房，中有直牆以間隔之，自底至尖，毫無縫罅，故左右不相通連。每一房之中，仍有横牆一重以隔之，復分爲上下房。故一心四房，在上者，曰左右上房；在下者，曰左右下房。每房大小相若，可容血一兩，上房肌薄，下房肌厚，左下房者尤較右下房者更厚，惟上房則左右相等（第十一、十二圖“上”“下”等字是）。

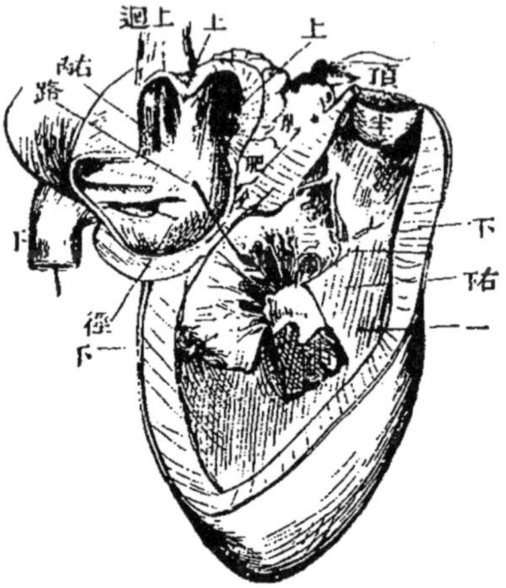


第十一圖　羊心右邊

“右內”字，右上房內；“上迴”字，上總迴管；“下”字，下總迴管；“路”字，由上房入下房之路；“徑”字，由下房入養心迴管之徑；“右下”字，右下房；“三”字，三扇門之二葉，其第三葉在後，其“路”字在此三葉之中，而二葉又爲筋線所絆；“一”字，貼於下房一葉割去之形；“頂”字，下房之頂與肺脈相接之處；“半”字，半月門，一葉全見，一葉半見；“下”字，下房邊割露之形；“中”字，右中竅；“上”字，上房邊割露之形；“肥”字，狹於右上房與肺脈管之肥網。

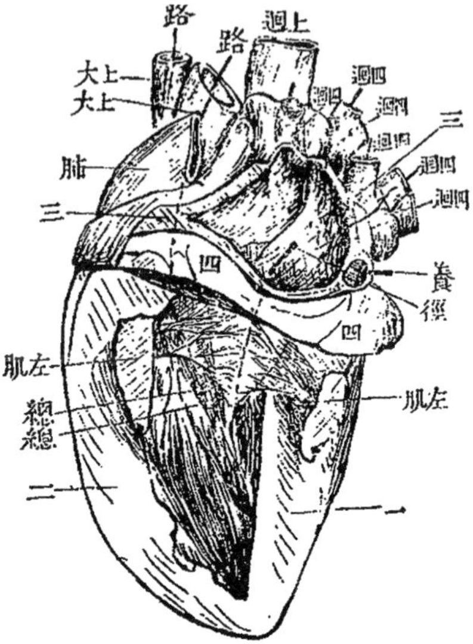


第十二圖　羊心左房割開之形

“四迴”字，入左上房之四路肺迴管；“徑”字，由上房入下房之徑；“養”字，養心迴管；“總”字，總脈門；“左肌”字，左下房肌絲；“路”字，下房入總脈之路；“上大”字，總脈分出之上肢大脈；“肺”字，肺脈管；“上迴”字，上總迴管；“一”字，下房本體割開之形；“二”字，上房本體由左中竅割去；“三”字，上房割露之形；“四”字，下房肥網。

## 九　論心體

察其故，因下房發血用力多於上房，而左下房更比右下房用力特大，是以下房之肌應較上房者厚，而左下房更應特厚也，且因其發血之力最大，愈見其左下房之肌加厚焉。至論心體之肌，不甚柔滑，與脈管者同，惟兼有横肌線質，與身之肌相類，然又無衣，身之肌則有衣。此其大同而小異也。心經全體皆屬肌肉，交互重叠，紋絡不一，内附以皮，名曰心房内皮。於上下房内間隔之中，有門户一重，名曰中竅，并有門爲筋線所絆，自能開闔。

## 一〇　論心房之體用

在右中竅有門三葉，左中竅有門二葉（第十一二三四等圖“一”“二”“三”“四”等字可見）。各門皆心房内皮爲之，其體寬薄，其質堅韌，相連心房内皮，黐於中竅户口，垂於下房界内。在右房者有三葉，故號曰三扇門；在左房者有二葉，名曰總脈門，因血脈由此發源也。各門皆有筋線數條，絆連凸壁，繫於下房内之肌，此肌名曰繫連肌絲（第十二圖“左肌”字是）。如此則門户自能開合，血於上下房出入自無礙，而若血行逆流，亦可阻之。蓋血由上房入下房，血滿而門即閉，不容血有逆流之勢。左下方入總脈管之門，與夫右下房入肺脈管之門，二者皆名半月門（第十一圖“半”字，十三圖、十四圖“總”字可見），其形與迴管之囊袋相似。惟二者必相齊合閉，毫無縫罅，血入脈管，即緊閉之，逼其血往前進，斷不容其稍有後流者焉。兹試以羊心割驗，將其總脈管、肺脈管緊扎，復將其左右上房割去，然後以水貫入下房，殆至充盈，則將中竅之門充閉；或將至充盈，而以手捻之，其門亦自閉焉；可知下房盈滿自可將中門充閉也。又試將總脈管、肺脈管割斷，勿傷其門，隨將水貫入管内，則半月門立自緊閉，不容有水由管流入心房。由是觀之，有此三扇門，則血衹準由上房而入下房，更有此半月門，則血自易由左右下房運行於總脈管、肺脈管，而不容其有返迴之弊也。

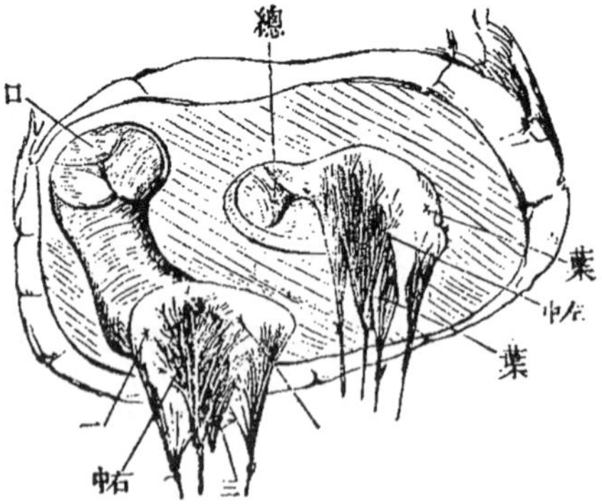


第十三圖　心上房由下觀上之形

下房已割去。
“右中”字，右中竅兼三扇門；“一”“二”“三”字，三扇門爲筋線所絆，圖所見乃搐緊之形；“左中”字，左上方中竅兼總脈門；“二葉”字，門之二葉；“口”字，肺脈管口，爲半月門所閉之形；“總”字，總脈管。

## 一一　論心體跳動

且夫心爲自動之肌，而動必按乎準則，一縮一縱，動息有常。試將生物心體割落，尚見其鼓動不已，即與在人身内鼓動相若。再細察之，始則見其二上房一縮，繼即二下房一縮，然後暫時息縱，隨又縮焉，亦必先上房而後下房也。然則心體之縮縱，固有準則也。且當心上下房縮動之後，周身之脈管亦相繼而動焉，計其久暫，亦與心房縮動無差等，蓋心房始動之際，即脈管將息之時，而脈管始息之時，即心房將動之候也。

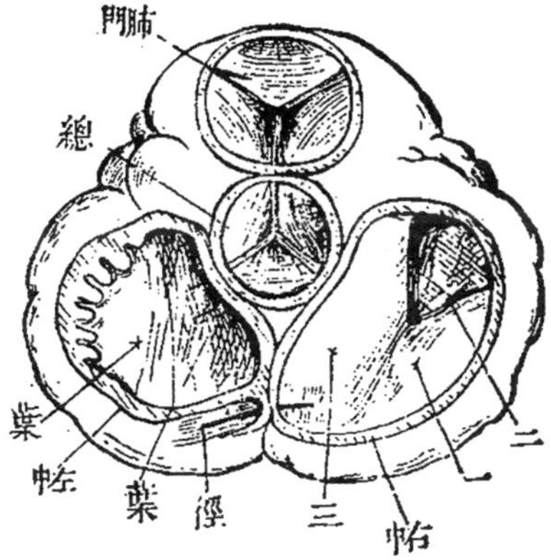


第十四圖　心體由上觀下之形

上下房各血管皆割斷。

“肺”字，肺脈管與半月門；“總”字，總脈門；“右中”字，右中竅與三扇門；“左中”字，左中竅與總脈門；“徑”字，入養心迴管之徑；“一”“二”“三”字，門之三扇；“二葉”字，門之兩葉。

## 一二　論心經運血流行　論心體功用

以上既將血管之路徑，門户之位置，與心體之縮縱一一詳明之矣，兹不難以其血脈充盈遍體而觀其如何運行。初爲右上房縮動，即將其内之血逼而發之二路焉，一則入總迴管，一則入左右下房。此時必須觀其二路皆能通行與否也。其入總迴管一路即有阻礙，蓋總迴管乃血脈之迴路，管内正積貯多血，曷能更容血由此進哉？惟入左右下房一路既無阻礙，因門户開而房内亦放已入大脈管之血，又不能返回者，因半月門已遏閉矣。是則血由左右上房而出，其入於總迴管者少許而已，而充於左右下房者誠多也。

夫血既入下房之候，門户亦即涌閉之，則二上房既已空虚，亦正息縱矣。此時總迴管之血即可乘勢而入，不久則二上房亦復滿焉。然當二上房將息之際，二下房即發力矣，先則將中竅門壅閉，以免血返入上房。按下房發力甚大，苟此門無筋線以絆繫之，則必將門充去，且或當發力時，其房縮小，更可將門反捲，惟有此筋以絆之，自然縮縱無乖。蓋此筋線繫於心房内凸壁，故凸壁肌肉一舒，筋線亦舒，自將其門開之；凸壁肌肉一縮，筋線亦縮，自將其門緊閉，如此則下房之血自不能返於上房。蓋因下房收縮之時，發力甚大，一、因總脈管常有血壓，半月門開放不易；二、血過總脈，半月門一開，總脈管隨即舒縮，仍將半月門壓低；三、血過脈管，各脈管分歧擁進，畢竟有些濡滯。故二下房之力，較之二上房特大者，此也。

又何以下房之界於上房，必須有門，上房之界於迴管，不見有門？蓋上房之所爲，不外以充盈下房爲務，血由迴管可以順流而入，不必另起波瀾；是以上房之肌既薄，功用亦略，且不須門户以阻之，倘若下房有所阻攔，則前者未去，而後已充盈矣。至於下房必須有門者，因其發力逼血入脈管之時，脈管尚聚有血，若無中門以閉之，則血在下房必將返流入上房，而不能出總脈矣，是以下房之界於上房必須有門，下房之肌肉必須特厚，發力亦須更大也。再論周身之脈管、微絲血管及迴血管。統而論之，其血脈固較肺内之脈管迴管衆多，費力尤重，故左下房之肌力又必須較右下房者特大也。

## 一三　論脈管之功用

統而觀之，二上房發力，則血自充盈於二下房，二上房既空，迴血由總迴管漸入，不久復盈其二上房。而二下房發力，則血即行於總脈管與肺脈管，俟二下房將空，而二上房復發血以盈其下房。玆更將血之入脈管而詳其運行焉。當左下房之發力也（此時衆脈管原皆有血積聚），即將房内之血逼入總脈管，擁動之以分行於衆脈，至微絲血管，則力漸薄而勢漸弱，卒至無所擁動焉。假使衆脈管之質體係屬硬固如鐵而非柔軟者，則將見血入之多乃能行之遠，血入少則行不遠；先充其大脈，次及其微脈，又次乃及迴管；且血之由下房而出與返入上房者，亦無多寡之異矣。而不知衆脈管之質體原非硬固，而乃柔軟如上下房之肌，能縮縱能大小者也；故二下房一縮，則血自擁動而往前進，隨則衆脈管爲血所擁而即脹大焉；惟當下房發力之後，即賴脈管之肌肉縮縱，以逼其血，當將半月門收縮，逼其血由大脈而分行於小脈，復由小脈逼血散流於微絲血管，至微絲血管，即接入迴血管，卒由迴管而返心房，是爲一周。周而復始，循環不絶，皆賴下房之力也。

## 一四　論心脈起落

故細將心體脈管運血之勢而察之，其擁動之象常可摩覺。試觀胸前之左第五、六條脅骨之中，見其起落不已，以指按之，跳動頻頻，此即心房縮縱發血之勢也。當一起之時，見其心尖撞擊心外衣，即爲下房發力，而當一落之後，始則心肌放縱，心尖往上擊之，隨更見其上下亦微脹焉，此即大脈管與血脹溢之證也。略而觀之，心房在内一縮一縱，即胸前在外一起一落也。

## 一五　論心聲

再以耳付胸前聽之，則内更聞有聲。且其聲有二，一緩一急，起落有準，始則聲緩而長，繼則聲急而速，然後則暫爲一停，停後復有緩聲急聲，起止相間，了了可聞。至其聲之所由來，其緩而長者，係血由上入下房，流涌過中竅門、肌線之聲，其急而速者，乃心下房縮後，血過總脈、半月門，即閉之聲也。

## 一六　論　脈

又試以指按脈管於手腕處，即俗所謂胗脈者，亦必覺其起落循乎有準，實與心之起落相應。惟手脈不能與心同時擁動，蓋心必先而後漸及於手，故脈管離心愈遠，則擁動愈遲；而脚腕之脈又後於太陽各脈，以太陽之於心固近，而脚腕之於心誠遠也。故徒以指按脈管，衹覺其血之擁躍，由總脈而波及於手。但用善法細心察之，則衆脈皆齊相起落，蓋心房一動，衆脈管必相繼而齊動焉，特先由大脈而波及於小脈耳，則在遠者固稍遲之。

## 一七　證驗血行噴射之勢

又試將一脈管割斷，則血往外流，必緩急相間，與心房之動息相約。蓋心房停息，則順流暫緩；心房發動，則噴射甚急，以其勢逼血涌，故來之特速也。

## 一八　論血在迴管何以無擁動之勢

即以尋常而觀之，血至微絲管與迴血管時，已無擁動之勢。其故不止一端，一則衆小脈所受之血多於一總脈，衆微脈能受之血又多於小脈。譬以一總脈，所受之血十；衆小脈，所受之血五十；而衆微脈，所受之血一百。然則總脈内之血能令其管脹大十份之一，衆小脈内之血能令其管脹大五十份之一，而衆微脈之血即能令其管脹大一百份之一矣。惟其分散愈多，斯其勢力愈薄也。

# 一九　論血在脈管能動跳至微絲管無擁動之勢

非衹此也，謂微絲管之所以無擁動，衹因其分散衆多之故，則嗣後合聚於大迴管，應復有動矣。而不知非也，蓋擁動之勢至微管已絶，轉入迴管更無其勢，惟總迴一管有所擁動者，此亦因心房發力充動之故耳。然而微管漸無擁動之勢，實其脈管之肌與伸縮之力有所不同，可於下文詳之。

蓋一則當知微脈管之形極細，血流至此，則差磨之勢甚多，而阻礙之處亦衆。雖衆微管能受血最多，然血由微絲管流入迴血管時，斷不能如由心房入脈管之快。況微管入迴管，歧路既多，分行愈慢。是以血之在脈管者，常形脹溢也。玆觀其勢，而知脈管有如是之長，伸縮之力有如是之大，乃能逼運血脈周行不絶耳。試即以水節（節形如球，乃樹膠皮爲之）套一玻管，貫以水，即捻其節，血自由管噴射而出。勿論管口或寬或窄，而水噴出皆無異勢，蓋玻管質體堅硬，不能舒縮自如。苟换以樹膠皮管，則其勢不同，而管口寬窄仍殊有異。蓋寬則水噴出尚與玻管相若，以其差磨之勢不甚多，管内微形脹大，伸縱亦微用力耳；然管口若窄，或將管口拈埋，或以碎布塞其管内，使其内有所攔阻，則管自脹大，而水往外流，不能噴射而出，衹慢流而已，其管愈長，脹溢愈大，則水流愈久。玆將水節而比心體，以微絲血管比阻塞歧路，以樹膠皮管比周身脈管，即可悟人身血脈之運行自與此無異。蓋至脈管，血亦有舒縮之勢，則血由心逼出，已無噴射之勢，而亦慢流而已；且心體一縮，不能將血盡逼入微絲血管，惟心體各脈受其血耳；餘則血脹管内，俟心體暫息之候，則脹溢之管自能收縮，而逼其血入微絲管，其勢亦與心體逼血入衆脈管相若，一俟各處積溢之管逼發衆血之候，而心體又復作動，心體一擊，衆管即收受其血，然後相遞而分流於微絲血管；其脈管之離心較遠者，則必俟心體停息之後，血流至此，乃可發力。蓋總脈逼後暫停，衆脈始行發力，故脈管之離心愈遠，則分散愈微，而脈動之勢益弱也。夫脈既離心，則動勢必減，離之愈遠，則所減甚多，每遠一寸，勢減幾分，合計衆脈相遞，則心體原有逼血噴射者，至微管已不覺有其勢矣。故觀以上所言，脈至微管，勢漸微薄，則知衆脈管固日動不息，更知脈管縮動乃能逼血至迴管也。由是觀之，則脈管之血可比水車之水喉，必覆按水匱而水勢乃猛也。

## 二〇　論心爲血脈發源總匯之區及其血之何以運動流行之勢

以上發明血脈運行之勢，要必歸源於心。而心房發力，即將其内之血逼而流於脈管，由脈管分行於微絲血管，由微絲血管轉入迴血管，返於心房，且當其運行之際，心既有擊動之勢，亦有起落之聲與脈動之力等事焉。蓋嘗於馬之血管内驗之，以一鹽類之微物（易於化學覈知者）由胸前大迴管放入，約半咪呢[1]之間即周行全體。始見其由胸前大迴管入心右房，轉入肺，出而入左房，達頸頭各脈，復轉胸前大迴管。於此半咪呢之時，血在微絲管時候最多。統計血在微絲血管一咪呢之久，可行二三分之地，而在脈管，則一習啴[2]可行八分，可知血在微絲管行之甚慢，費時亦久也。然以一血輪或一微物而論，固不必周行於全體之微絲血管，蓋所過數條，即入迴管，是以周流若是之快也。

夫血之行固賴心房逼發之力，而其勢之遲速，又自有異。蓋在總脈管者固速，而在微絲血管者固慢也。按

〔1〕“咪呢”，minute 之音譯，今譯作“分鐘”。
〔2〕“習啴”，本書中又作“習根”“嗜啴”，second 之音譯，今譯作“秒鐘”。

每一大脈管分數小脈管，由小脈管分無數微絲血管。顧將數小脈管合而計之，固比一總管大，而合衆微絲血管計之，又比數小脈管尤大。今夫衆血既由心房發總脈，周身之血脈賴此總管而出，則血之經過總脈固應較別處尤速也。由是觀之，微絲血管之血所以行之慢者，其故非必因其差磨之勢多。蓋差磨之勢，自總脈以下，凡脈管皆有，且惟衆脈管有此差磨之勢，而心房之血乃能接續運付，不然則接續不及矣。夫血之行於周身，其勢原無所緩急，惟分流愈廣，則所行愈慢，至微絲血管，則已極慢。然過微絲管，得入迴管，則血可漸迴漸聚；至大迴管，則血行又復快矣，雖不如脈管之快，然較之在微絲血管時則異矣。夫迴管之迴路與脈管之出路，其勢兩相若焉。如一河首尾皆窄而中寬，水勢一起，固流之甚急，至中寬處則慢，過寬處則又復快也。

## 二一　論血行之路

茲更將血脈運行之路約而言之。可於心右上房起，右上房一縮，即將紫血逼入右下房；右下房一縮，逼血入肺脈管（内載紫血），由此散於肺内之微絲血管（此時血已轉赤色），復聚而會於四路肺迴管（内載赤血），返入心左上房；左上房一縮，即將血逼入左下房；左下房一縮，逼其血入總脈管，由總脈即散流於周身之脈管（除肺之外）；衆脈管復散於微絲血管，由是即轉入迴血管；由衆迴管（除腹内四合迴管之外）聚而會於總迴管，歸源於右上房。此血脈運行，周始相復之道也。其血之散入胃、腸、脾與甜肉等處之微絲血管者，則合而另入一大迴管，名曰四合迴管。由此管運血入肝，即爲肝脈管，散布微絲管於肝内（肝脈管亦係紫血），復聚而會於下總迴管，此腹内血脈運行之道也。心本體另有養心血管二條，起自總脈門之外，散布微絲血管於心全體，會而迴養心迴管，此管不入上下總迴管，而自返入右上房。養心迴管内有門户一重，以免血由上房逆流而入者也。

## 二二　【論養心血脈運行之路】

夫養心血脈運行不遠，而其血亦由心之左而運返心之右。脈管起自總脈門之外，迴管亦返於右上房。然則血脈之運行至遠、歧路最多者，亦何莫不起自心而終返於心也？試觀血自總脈管發付於腹者，始必先散其血於腸、胃、脾、甜肉等處之微絲血管，繼則會而入肝，分散微絲管於肝内，即返入心右房，由此入肺，由肺復出，達心左房，終且仍歸總脈管。且由是而尋之，凡前所謂飲食之精液者，則由小腸之各液管分流後，即會而入上總迴管，遞入心右上房，或由小腸之微絲血管分入肝内之後，會而入下總迴管，遞入心右上房。

## 二三　論血管司於腦筋

夫血脈之運行，固賴脈管之肌肉以擁動，而擁動之力，猶賴腦筋以管束，上文已言之矣。然則腦筋固能使血脈運行，更能使一二處所行特異。故心體與脈管雖如常發力，無分此輕彼重之勢，而腦筋驅使則有各處不同、輕重異勢之分矣。何以驗之？如面紅一事，乃血勢忽異之證也。然考其面紅之故，果何以致之哉？固必有感觸於心，或喜或痛，或羞或慚，忽爾發紅，或限於臉，或至髮脚，或滿面皆覺紅熒。其故爲何？蓋血本色紅而熒，面之所以紅熒者，實因其内之微絲血管血多脹溢，而管内之肌縱而不縮，不思逼血前進，故暫停脹之。然肌肉之暫停而不縮，實乃腦筋之所使然也。又如人受驚恐，一時而面冷色白，此則血脈缺少，實乃面上腦筋因受驚縮，至令面之血管縮而不縱，是以血不能運行周至耳。

## 二四　證驗血管司於腦筋之據

且臉紅面白之勢，更可實證之於兔焉。欲令兔兒耳紅，可將其頭面腦筋割斷，該兔之耳立即發紅，耳邊之微絲血管皆形脹熨。考其故，蓋因該腦筋已斷，失其提縮之力，故耳邊血管之肌向能收縮者，至是而皆縱而不縮矣。再欲令其耳轉白，亦屬不難，衹將其割斷之腦筋激動，令其發力不已，則血管之肌肉必盡力收縮，血既不能入，則其耳必凍而色白矣。

## 二五　論腦筋之所管甚廣

且即此一端而可知，人身之爲腦筋管束者亦大矣。譬人受風寒則傷風，或肺炎，或瀉痢，甚或胃腸内之各血脈皆不洽協而疾病叢生者，莫不由各腦筋先病而起。蓋皮外受風寒，即可將管束各腑血脈之腦筋壓抑，而功用因之反常，是以常使臟腑（或胃或腸或肺不等）發紅發熨，卒至發炎（察閱十一章第十五節便知）。

## 二六 論心之動用亦司於腦筋

或問心體亦爲腦筋所管束乎？夫心之動，非人所能主，且其跳動，非止因乎一事，凡七情六欲皆能動之。試觀人遇極憂極喜之事，常有過情而至昏迷，甚或不能稍緩，以至心亦停絶。如時表之法條不走，餘皆停息，理亦同也。縱或不能至昏至死，而心跳不已，是其常見者也。安得謂心之動不爲腦筋所使哉？細考心體之内，有腦筋三條：一由腦結散出者，入於心肌之内；一由自和腦筋分至者；一由肺胃腦筋達入者。蓋心體之擁動有常、縮縱有準者，其力全在腦結之筋絲，其自和腦絲與肺胃腦絲皆不與焉。然若心跳過速，則是自和腦筋發力；且若心體暫停，又乃肺胃腦筋作用也。然此皆可於禽獸驗之。

## 二七 證驗心爲腦筋所司之據

試將一田蛙，壞其腦，撕其皮。雖至無知覺，而仍可生，血脈亦如常運行。即開其腹，見其心仍跳動不亂。倘以玻罇覆蓋之，勿使血乾，則心可生動至二日之久。

然若於蛙之肺胃腦筋施以電氣，則心脈立停，心體勿動，泛而無力；久之，電氣既逾，心可復動如初；再施以電，心又立停。細心察驗，雖至數次，而心仍可復動。可知心停脈息實乃肺胃腦筋作力之所使也。

## 二八　論血行證據

夫血之於人身，其運行雖有一定之路，而其證據則有二。一則應察其心與迴管内之門户囊袋皆布置得宜，斷不容流行返轉。試以水節由總迴管射入，即見其行入心右房，入肺，返心左房，入脈管、微絲管，卒返總迴管；必如是流行乃可，苟令其返流，勢必不能。二則應知人當生時血脈運行，由脈管遞入微絲血管，川流不息。苟將一脈管扎閉，則脈管之後路（即向心）必脹溢，而脈管之前路必空虛，且脈管所入之處亦皆色白，因微絲血管皆無血也。又如將一脈管割斷，則血必由後路噴出，而前邊則血流甚少。然苟迴血管扎閉，則其勢必與脈管相返，蓋脹溢之處不在向心一邊，而在對面。可知迴管乃運血由微絲管而返心房也。且此理不獨人身如是，及凡有血氣之禽獸亦莫不皆然。曾經驗之，見其血必由脈管運至微絲血管，由微絲血管返入迴管；且有生一日，則心體運動無少息焉。試以一蛤，撑其足膜，以顯微鏡窺之，自見其血流動於微絲管内，第十五、十六兩圖皆其形也。

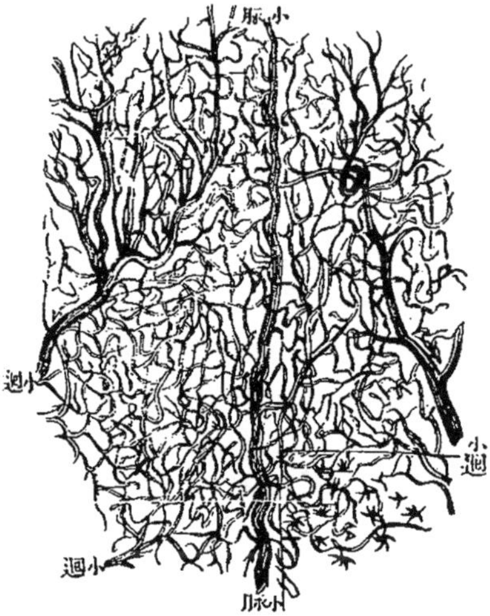


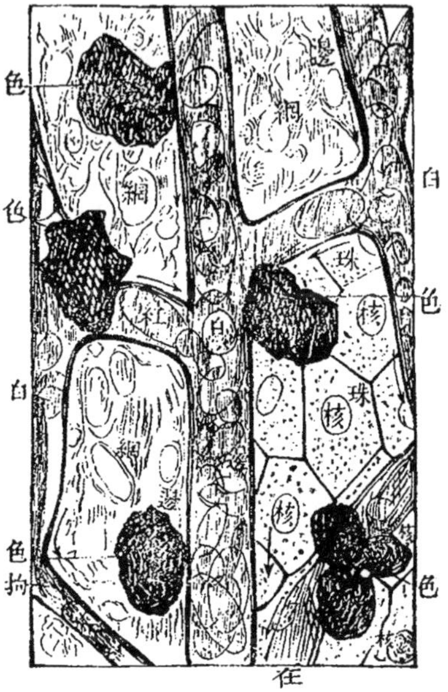


第十五圖 田蛙足内之微絲血管以顯微鏡映大之形

"小脈"字，小脈管；"小迴"字，小迴管。
圖上之箭，指血行之路趨向；其大脈管，卒亦散爲微絲血管。

第十六圖 即十五圖之一小份，另以加大顯微鏡映大者也

"邊"字，微血管邊；"網"字，隔乎微血管之連網；"珠"字，連網生珠；"核"字，連網生核；"色"字，色珠相聚之形；"紅"字，紅血輪；"狹"字，血輪狹行於微管内；"拘"字，血輪拘行於微管末角；"在"字，血輪在微管；"白"字，白輪。

# 卷二

## 第三章　論血液

### 一　論血内之質體

夫血爲何物？欲深明其質，固須細察之，仍須用顯微鏡映大三四百倍以察之，或另備一小手鏡，并厚薄玻璃數片，乃可從事於斯耳。夫驗血之法，莫善於以線扎勒左手指尖，至微脹色紫，隨以針刺破（些須損傷，未必致痛），即冒血珠，可將血滴在厚玻片上，以薄玻片徐徐壓下，令血散蔓寬薄。次滴另注一玻片上，用玻璃杯覆之，更以濕潤帋或布少許在内，意取其濕潤，勿令血乾。第三滴又另注一玻片上，先加鹽少許在血内，仍照次滴以玻璃杯覆之。

## 二　論血内紅輪

此時隨目觀之，則見初滴之血，色淡紅，形無所異。若以小手鏡映而窺之，則見其血有所異矣。蓋見有色黄之粒，稠結如沙似塵，相隨於流質之内。當血初出時，小粒分散尚匀，故形無甚顯，漸結聚成珠，浮於玻片之上，如起點起凸焉。究之此粒爲何？即所謂血輪是也。輪之相隨流溢者又何爲？即所謂明汁是也。

再察次滴，則血形不變，然試將玻片斜放，則凝而不流，以刀尖挑之，如軟肉一團，凝結未乾。更察第三滴，則血未凝結，而形狀與流出時無異。此因有鹽在故，血不凝也。祇如此察驗，即已知血内有水，另有血輪相隨，又知"其有明汁，而能凝聚成團"，"更以鹽放入，復可使其不凝"等事矣。

## 三　論血紅白輪不同

若不用小手鏡，而以顯微鏡映之，則見其血輪之狀尤屬不同。且分兩等，曰紅輪，曰白輪。紅者固較白者多，而綜黄鮮艷，白者又較紅者大，而青白無色。

血輪不同，尤有特要之處。蓋紅者（十七圖見），其形圓而扁，方停[1]八分之地，約有血輪千萬枚。輪面非平，邊厚凸而中略窩，兩邊皆然，一若叠相推逼，是以輪心略薄，輪邊微厚。以顯微鏡映之，愈見其心薄亮而邊厚暗焉，有時映見邊亮而中暗者，因布置不同之故。若將輪轉側面而窺其邊，則形細，蓋側面與正面不同，

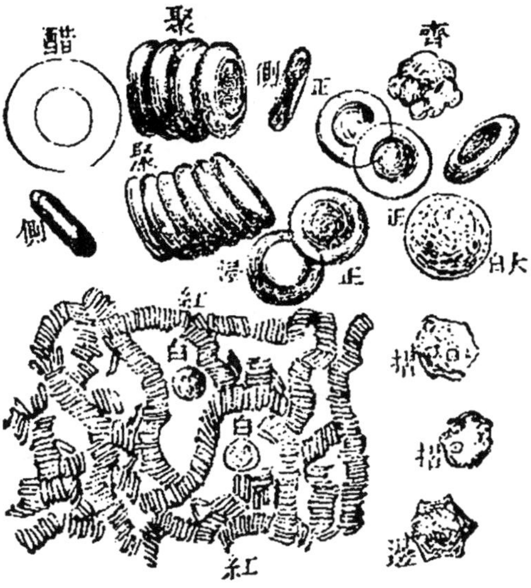


第十七圖　血内紅白輪

“紅”字，紅輪叠聚；“白”字，白輪散居；“正”字，紅輪正面；“側”字，紅輪側面；“聚”字，紅輪叠聚形；“浸”字，紅輪爲水所浸之形；“大白”字，白輪映大與“紅”字之紅輪同一鏡；“齊”字，白輪邊欄不齊之形；“醋”字，白輪爲醋强酸所浸之形；“摺”字，紅輪摺縐形；“邊”字，紅輪邊摺形。

〔1〕“方停”，cubic feet之音譯，今譯作“立方英尺”。

可比一餅。然形雖類餅，而質性[1]不同。按紅輪之性柔軟而質可舒縮，故雖脈管細於血輪，而輪亦能過之，以其性柔軟能縮也。既過之後，仍可伸縱如初（十六圖“齊”“摺”字可見）。輪外質體略硬，輪内輕稀，所含流質内有蛋白，餘皆紅液。且因其外較内稠，故其形似扁囊。且輪之或縮或脹，繫乎明汁之或稠或稀。倘以鹽類放入明汁，令其稠結，則明汁吸出輪内之水，立見扁縮，然若以水加入明汁，則能令輪脹溢甚或形圓，若明汁稀而復稠，則輪必始脹而後皺。非但此也，若見炭養酸氣則其輪亦能脹溢，見養氣又能皺縮也。

## 四　論血内白輪

白輪（第十七圖“白”“大白”“齊”與“醋”等字是）較紅輪大，直量八分，約有白輪二千五百枚，且其形狀參差不齊，與紅輪迥異。置之玻片，黐貼不離，而紅輪則浮游自若，尤有特奇於紅輪者，乃其隨時遷變之狀。蓋紅輪變遷，必因外物所使（或投以鹽，或壓以氣），而白輪則無所使，自能隨時改形易象。欲觀其變遷，須用一可映至大五六百倍之顯微鏡窺之，并於每一兩咪呢之久，

---

〔1〕“性”，原作“姓”，據文意改。

即將其形畫計，自可見其隨時不同之象。前人曾有爲之者，即第十八圖可見。圖上“一”字，乃初見白輪之形；“二”字，即後一咪呢所見之象；“三”字，第二咪呢所變；“四”字，第三咪呢；“五”字，第五咪呢。其所異如此，細心察之，則頃刻之間，全輪之形皆有所變。蓋本質既縮之，而別處復能縱之，故其形象所改爲最速也。

第十八圖　血内白輪隨時改變之形

“一”“二”“三”“四”各形不同，皆於一咪呢所變之形；由第四形變爲第五形，約二咪呢。故由第一形按次改變，致成第五形，則是五咪呢之久。

## 五　論血輪生長

夫以白輪之活潑如此，而欲得其一定之象，固必不能。然若以水盈於血内，或以醋强酸水置於血内，則輪即臌而脹溢焉，如此則真形現露。取而觀之，形如囊袋，脹溢衣薄，内載之水或清或濁，兼有微粒，名曰生核（第十七圖“醋”字是）。時或有色紅者，然亦甚少。統白輪與生核二者而論之，即謂之曰血内生珠，蓋見其在明汁之内活潑生動，而又能自縮也。映以顯微鏡，見上文所變各形，可比塘内止水能聚微細生物焉。

## 六 論紅輪亦爲白輪所生

或謂紅輪之所出，亦皆從白輪而來，此理亦屬不爽，惟欲察其次第所生，則無確據。尤有可信者，乃謂紅輪即係白輪之生核，不過稍大或叠聚而形扁耳，蓋原居白輪之内，至大則爆而流居於外焉，故紅輪亦曰生核也。至於白輪從何生，則尚無確據，大都爲身内質體之生珠消離之後涌入血内者。此無他，必係無管核之質（無管核，見第五章第廿七節）幼年大，漸長漸消，管無出路，必流於血内，潛消後，即變明汁，或明歸血内，或暗入血經，即白輪之所由來也。以下論各生物之血輪與人身者之同異：

一、凡禽獸之無脊骨者（如鳥魚之類），其血内祇白輪，及其腹内之子亦有白輪，而輪内亦有小粒，即生核。

一、凡禽獸之有脊及由蛋[1]拖出者，有血輪兩等，白輪與人身者相類，而紅輪則大而長圓，且輪内有一小

---

〔1〕“蛋”，原作“蛋”，據文意改。

粒，殊與人身之紅輪不同，蓋爲白輪長大變色者耳。

一、凡禽獸之有乳者，與人相等，有紅白二者，白者大，紅者小，紅者形扁，内無小粒，惟駱駝之白輪則長圓如蛋，及其白輪内之小粒亦長圓如蛋。

一、凡禽獸之有紅白二血輪者，白輪之形象大小與人身者無甚異，而紅輪則大小不同，如麝麞之紅輪最大，較諸人身者四分之一。而紅輪最大者，乃半陸半水如蛙蛤之類，十倍於人焉。

## 七　論紅白散聚各異

當血無生機之候，紅白輪每有遷變之形。白者已失其能縮之勢，既不與紅輪相連，亦不自相叠聚，若置之玻片[1]上，則黐於玻面。而紅輪則不然，始則浮游自若，或自串連，或相叠散；後一二咪呢，則凝稠，必互相黐連；久之，連叠衆多，形成一串數串，環繞相接不斷（第十七圖"紅"字是）；然串連不久，又必復散，若放以水，或加酸水鹽水，則立可拆散。上文所謂以小手鏡映之，見其起點起粒者，即紅輪串聚耳。紅輪復散，則點亦即消。按紅輪之在血内，本非串聚而散流者耳，然

〔1〕"片"，據文意補。

自受天氣或爲氣所逼，則衆相凝聚，形如桑子（第十七圖“搢”字是）。

## 八　論血珠

紅輪改變，更有特奇者，乃輪内之紅液，改結而爲珠（形如水晶）。按人身内之血原可結珠，形如三角，而禽獸者，形無甚異。人身之血珠難察，禽獸者易見（如牛、猪、犬、鼠、羊等類）。試以鼠血將其明汁洗去，加入伊打酒摇之，任其當風濾净，一二點鐘，即見墜底有物，以顯微鏡窺之，即成晶珠也。或謂加入伊打酒之後，另再加火酒少許，珠成尤易。

## 九　論血能凝結在於血内之肉絲

當血離身後約一刻之久，則明汁必由清而變濁，此時則有條細如絲之質，名曰肉絲，交付於血内，而爲分散各體之用者。在内則互相連合，并與血輪纏繫而成一略實之體焉。蓋惟有此肉絲，故血可凝結。上文次滴凝結者，即是理也。然血凝結之勢，必多取血以觀之，乃能考覈，衹以一滴驗之，未易識其底藴。

## 一〇　證驗血凝之象

試將一迴血管割破，以碗盛貯，觀之。初見血稀如水，後數咪呢，即凝結成團，黐於碗内，甚或傾覆，亦不離落。當凝結之初，衹見紅血一團，不久即有清黄水浮於團之上，漸多而溢至碗邊，及至紅團沉於清水之下，外色微黄，而質體則略稠。其清黄水爲何？即明汁是也。紅團爲何？即血輪結聚肉絲繫繞之形也。試取血少許，以顯微鏡窺之，即見其肉絲一片，繞於血團之上焉。由此觀之，紅團之内有血輪，并明汁内成肉絲之質；黄水之中，乃無肉絲之明汁，亦無紅輪也。

## 一一　論血内之黄白衣

按血輪比明汁略重，故血流在碗，血輪即漸墜底。是以血團上半，血較少，色亦微淡；下半重墜而色特紅。至於明汁之上所餘血輪，爲明汁之肉絲繫繞者亦少許而已。蓋血輪結聚衆多，沉墜異常速快，是以頃刻間衆輪齊墜；如羽毛叠聚，墜地固速，若散，則雖多亦輕飛難墜，其理然也。是以明汁之上，皆無紅輪，肉絲尚未繫繞，而衆輪已皆沉落，血輪之上，色亦淺淡，故有名此爲黄白衣者焉。嗣後結聚成團，肉絲逼繞之，即將團内之水逼出，血團亦即縮縐，血輪愈少之處，則縮縐愈小。是以黄白衣收縮血團，其形如杯如殼。且黄白衣質爲肉絲，本可離紅輪以自繫。試於血流出時，即以樹枝攪撥之，致稠結，則見肉絲纏繞於枝上，所餘皆紅液，紅液即明汁去却肉絲有紅白輪者也。

## 一二　論血凝結遲速之勢

夫血之凝結，有遲速暫緩之不同，而其勢之所以然，固不止因乎一事，當分而論之。

一、天時。

凡大熱之際，血凝甚速，而大冷之時，血聚甚緩。更有謂倘能令天氣隨時大冷至足度，則血永不凝結。

二、與物相結。

血遇死物，則凝結較速。如流於杯内，則近於杯邊者，必先稠結。又如以細線入迴血管，則有肉絲纏繞於線，縱血水仍流，而肉絲則先結於線。然若貼生物，則血凝甚緩，甚或罔有凝結者。如將一迴管兩頭扎閉，則血在管内，雖久亦無凝結。又如水魚之心可以取落數時尚能活動，而心内之血亦不凝結。然若將血由心取下，則頃刻可凝。即將水魚身上之血取下，令血貼近冷凍，少頃復放入魚心，則血仍可不凝。又如鮮肉絲可爲生物，苟將血貫入管内，而外以肉絲圍之，血亦可不結。

加鹽類、鏀礦養、鏀緑入血，則令血難凝，若再以水和之，則血可結。

## 一三　證驗血能凝結其勢因血輪精與似輪精牽合所致

夫血凝之勢，乃格化之功，故其凝與不凝不必在乎明汁與血液之生與不生。試觀以罇載明汁，放冰盆内，勿令其凝，另以一管載炭養酸，放入明汁罇内（意令炭養氣洩入明汁），則見墜底有色白如粉之物，更將白粉取出，加入淡鹽水，或鋏養水，或淡鏀養水少許，則該物必凝結而成一血絲團。夫當明汁墜底成粉之後，而尚謂其粉爲生物，固屬難信，然何以尚能凝結？蓋以此色白之物内仍有二質（一名輪精，一名似輪精，下文詳之），本與血液相離者，合則可令血凝結。試觀心外衣内或統膜内，常聚清水少許，本由血管洩出者，内雖無血輪，而有血内各原質，故此水似明汁，每可自凝或不凝，若加入青黄血水内蛋青液少許，則可立結成團。然究之此蛋青液之物爲何？且細察之，不獨青黄血水内有此，即各處連網與眼白殼，及周身之餘液内亦常有之。經化學覈之，爲血輪之精華，故名之曰輪精。輪精雖有凝結之力，而其力又可敗之。蓋不拘多加蛤蜊類或酸類，皆可敗其力焉。按血質之寓於紅輪者不一，而要以輪精爲最多，惟多受化力之後，則已失其能凝之勢，故心外衣與統膜之液皆無凝結者也。輪精在血内雖屬易變，而若焙乾，則可經數月而不變。是故以輪加入青黄水，即能令結如肉絲，因青黄水得此，則内可生長肉絲也。再細察之，明汁之内仍有一質，極與輪精相似者，名曰似輪精。以管載炭養酸入心外衣之液，即可得此質（與明汁遇炭養氣有色白之物同其理）。若復以此質加入淡蛤蜊水化後，再放入有輪精之水，使與輪精相合，即能令其水凝結而生長肉絲。不然，試將血水載在一罇，將心外衣之液另載一瓶（勿使其壞變），則二者皆無凝結，然使二者相混，則凝結立見。於以知血之所以凝結成團者，其勢亦因輪精與似輪精二者牽合所致耳。按輪精固可於血内得之，亦可於身内見之，而似輪精則衹由血液與精液所來耳。

## 一四　論血之重數與紅白輪之多寡

俗所謂血稠於水，此理固屬非虛，且不獨稠，而内有血輪甚多，故又較水尤重。量其數，水得一千，血得一千零五十五，約而言之，二十見方西寸之血可與二十一見方西寸之水相等。血内之輪固重於血内之明汁，而明汁又多於輪，且血輪之中，紅者固多，白者甚少，計其數，每千紅輪内，祇得白輪四枚而已。然亦按時不同，蓋飽食之候，白輪有所增，而饑餓之時，又有所減。血在人身熱度每在寒暑表一百度，乃爲得中。

## 一五　論化覈血内之氣

若以化學考覈，血乃蛤蜊味，内有水、有定質與氣。而各物之多寡，則分男婦老幼，以下略論之。

每血百份内含水七十九份，定質二十一份，其數與天地之養氣、淡氣相等。蓋四份之一屬定質，四份之三乃流質。而於二十一份定質之中，血輪已得十二份；其餘九份，蛋白居多，各物皆少許而已。然血絲雖少，而能凝結。壯者之血，千份中不過得血絲兩份至四份，即可凝結。至於血内之氣，則不及血之一半，蓋血一百份，而氣不及五十份。[1]

〔1〕本節框外有補充説明“□□居三分□□身内餘一”。

## 一六 論血内之氣

内分三等，曰炭養氣、曰養氣、曰淡氣，與天地間之氣相同；惟各氣之多寡，則與空中者有異。如空中所含者，淡氣得四份之三，養氣四份之一，炭養氣則極少；而血内所含者，炭養氣得三份之二，養氣不及三份之一，而淡氣且不及十份之一。雖然，血内所函之養氣較之熱水内（至一百度）所函者尤多。蓋血内之能收養氣，其力全在於血輪。若衹血水，則其受養氣之力如同清水。使紅輪合水而非合血水，亦可收養氣，然紅輪雖有收受養氣之力，而養氣又不難離開，若以水銀氣吸射之，即令養氣離焉。蓋紅輪之與養氣牽合，亦因其内有一質，名曰紅液，每與養氣牽合，故凡物有紅液者，必有養氣。再以化學察驗血輪與明汁不同之處，所函各別，血輪内函油、燐、鐵與鋏等質甚多，而明汁則函緑氣與鏀質最多。

## 一七 論血之多寡因乎人亦因乎食

按年長之人血内之定質恒多於年幼者，而男子又多於婦人。然於薄弱之人，則男婦亦無分多寡。肉食可增血之紅輪，而蔬菜又足減之。流血一事更足證其紅輪失之最多，餘質亦失少許而已。

## 一八　論血與身比較多寡

人身内所函之血，多寡隨時不同，故欲知其實數輕重，尚屬匪易。惟以大約計之，蓋亦身之十三份一耳（即如人身重一百三十斤，血得十斤）。

## 一九　論血能滋養肢體之勢

夫血之爲用也，乃所以供肢體之滋養，亦所以除身内之餘液，是血必周流全體，然後乃得生。蓋血内之質體，既可由血管而洩散於身，身内之餘液亦可由血管而潛入於血内。然此滋生消除之勢，皆賴血輪之功耳。以下詳驗之。試將生物一脚之血管全行扎閉，勿令血行往來，則該脚必將形死狀，色白冰凍，痛癢不知，舞動無力，卒且梗滯廢爛。雖然，苟於梗滯時，將線鬆解，則血仍可流入，而脚可立活，漸暖漸靈，動力漸長，不久即復原如初。然使不將本身之血放入，設將別物之血取出，以樹枝攪去其肉絲，留其血輪，復貫入空血管，則血勢充盈，可以如前。然若衹得血水，内無血輪者，則其勢不足。且不必拘定其血，必照如是貫入，乃能證驗，即遇人或犬，因流血而至將死，若立取别人或别犬之血，入病者迴管，亦可以復生。此醫家常用之法也。更不必拘其血定爲同種者乃可以用，即以馬之血而補騾，亦可以復生。然雖不必同種，亦必須大小相類，乃可有益而無害。倘血輪大小懸異，種類殊差，則常有害，甚或立死。

## 二〇　論精液

夫精液之在液管與血相同也，味屬蛤蜊，内含清水、液輪，亦能凝結，清水浮於上，輪與肉絲沉結於下。惟液輪之與血輪不同者，以其所有皆屬白輪，而内具之定質甚少（百分中僅得其五）。考其實，精液亦可作血觀。試將血去紅輪，而以水加入，致較血水略稀，自與液無異。蓋血水之定質百分得其八，故原比液略稠也。夫血之所以不絶於用者，蓋因血時有所出亦時有所入，故用不窮。蓋血洩散於肢體，已不復返於迴管或脈管，必賴吸管復噬而入迴管，餘更得自大小腸所吸之精液焉。

# 第四章　論呼吸

## 一　論血有所供於身亦有取於身

夫血也，其形性與氣質，上文已詳之。爲滋生最廣，非一肢偏受、一腑獨益，而乃全體均沾者也。顧其中更有形勢爲血内之血輪所致者焉。即以大概觀之，其勢亦多有變，因肢體各處不獨有所取於血，且有所助於血也。且夫血之於身，可比水之於河。水流之勢視乎其源，亦視乎魚鱉之游泳。非但此也，即其河底河邊與流之遠近，所到之處，或有所加，或有所減。其水勢固各有不同，而况於血乎？

## 二　論血在微血管由赤變紫

蓋血内有一至奇至要之理。而能使血改色易性者，不在於别處，即在肢體之微絲血管。蓋血至微絲管，其衣既薄，則血内之質得與身内之質互相遷换（察第十章第一節更詳）。故取血於脈管之内，其色赤，取血於迴管之内，其色紫。且除肺脈迴管之外，凡爲脈管皆載赤血，凡爲迴管皆載紫血，此千古不易者也。夫如是，則有由赤變紫一事寓乎人身，有生一日，匪息一時。苟將一臂一足管割斷，以節將赤血射入臂脈管内，不久轉至迴管，即成紫血。

## 三　考覈赤血與紫血之異

試以化學覈之，則見其内之定質流質、紫血與赤血微有所異而遷變無常。蓋赤者不過略多水與油而已；然若論血内之養氣炭氣，則赤與紫兩相懸殊。在紫血内養氣既少，炭氣殊多；赤血内養氣甚多，炭氣極少。且惟此養氣炭氣，乃足示其血色之不同焉。故苟以紫血而貫以養氣或露空中，血得養氣而去炭氣，即可改色易性而變爲赤；又以赤血而貫以炭氣，使得混入血，則血得炭氣，即失養氣，赤血又立變爲紫，惟其勢則不若由紫變赤之全耳（下文言其故）。再試將猪膀胱盈以紫血或赤血，隨以一瓶載以養氣或炭氣，將膀胱掛在瓶内，自見其色變，并有養氣或炭氣由膀洩入。

## 四　論養炭氣與血牽合洩散之勢

究其所以，炭養氣彼此遷逐、紫赤血互相改變之故，全在乎格化功夫，似未易會通其奥。然就吾人所知者而論，凡氣遇水，則該氣必有所洩，若以別氣近於水，則水之氣又必洩於該氣之内。然則氣與氣相遇，必互相遷合，况養氣與炭氣牽合更不止如上文所言而已。蓋養氣又復與血内紅輪相連合（第三章第十六節詳之），而炭氣又可與血内之鹽類相合。由是觀之，則血之在肺内由紫變赤，其功固不止一端，蓋半出於性理，亦半近乎化學。苟非深明格致之理，詎易知其底藴哉？顧血之由紫變赤，其理另詳於後。然今所論之由赤變紫，其勢亦略有同也。夫養氣既與紅輪連合，則血之於肢體，不獨由血管洩散於身，以换身内之炭氣，復入於血，抑且肢體内有能吃養氣之質，故養氣不堪其耗費，而炭氣又屬缺少，勢必將身内之炭氣吮噬之矣。審是則血之所以變紫，不獨盡因身内之炭氣多，抑且因血内已將紅輪内具之養氣分而爲肢體所食，而紅輪抑又虧缺也。故曰以赤血加入炭氣，則變紫之勢略難，以紫血加入養氣，則變赤之勢較易。蓋由赤變紫之所以難者，以其紅輪之内尚存養氣，人事不能去之，紅輪尚未虧缺也。然苟再加以食養氣之藥

(如鐵鹽之類),則血必立變紫黑。且考赤血與紫血不同之處,其因炭氣多寡不同之故,尚不及因紅輪之失,養氣有所虧缺,與急於得養氣之故也。

## 五　論赤紫血變遷之勢

且夫血之所以遷變,與遇炭氣則色紫,遇養氣則色赤,其勢固未易盡曉。然思其理,蓋紅輪遇養氣則必扁,遇炭氣則必脹。惟其扁也,故其色愈亮,而血必鮮豔尤加;惟其脹也,故其色愈晦,而血必黑暗益甚。雖然,祇此一說,亦未盡識其變化之全。即以血珠開化,其内雖無血輪,而加以養氣或炭氣,則色亦可變。考血珠原與養氣相連合(上文第三章第十六節已詳),今試以血珠開化,然後投以養氣,則色必赤,去其養氣,則血必紫。是以脈管之血,其珠内得養氣甚多,故其血赤;而迴管之血,其珠内不獨所得炭氣既多,而已失養氣亦甚,故其血紫。

## 六　論赤血變紫在於肢體之微血管,紫血變赤在於肺内之微血管

更進詳其理,則二者之所以易變,皆屬不爽。蓋一

則赤血與炭氣相隔者，衹一薄衣，而薄衣之外相接者，炭氣既多，兼有能食養氣之質。豈非炭氣愈熾，養氣益虧，則血焉有不變紫之理哉？二則紫血與養氣相隔者，亦衹一薄衣，而薄衣之養氣甚多，不勝其用，是血固無有不變赤者矣。再欲詳其由赤變紫之處，每在各處之微絲血管（微絲管之衣甚薄）。該處固多餘液，而餘液之中炭氣獨盛。蓋爲人身之真火焚燃殆盡者，故曰炭也。且此中更有能食養氣之質攝乎其間，故養氣被攝而出，炭氣乘間而入，則血紫矣。再欲詳紫血在迴管，何以能變赤而入脈？蓋始則見血在心右上房，過下房入肺脈管，其色皆紫；繼則見血在總脈管、心左下房，入上房與肺迴管，其色皆赤。然則血之由紫變赤正在肺内微絲血管矣，蓋惟此處乃肺脈管與肺迴管相接之處也。

## 七　論呼吸能令紫血變赤

更究其所以然之理，何以血至肺内微絲血管即變赤色？蓋此處之血管甚多，而管衣甚薄，衆管結疊如網，爲肺膜所包，此膜亦甚薄，相接於空中之氣，以知微絲血管之血衹與天氣相隔一薄衣而已，是故血與空中之氣，每於此處互相遷變也。而空中之氣，既失其養氣，得其炭氣；肺内紫血，自去其炭氣，得其養氣矣（第一章第二十三四節已詳）。此誠呼吸最要之端。已於第一章[1]第三節證其氣所呼與所吸之異，蓋呼氣微熱，内函水與炭養氣最多，養氣甚少。然苟用線將氣管緊扎，勿許呼吸出入，久之則心房左右肺脈迴管皆爲紫血，與迴管肺脈之血皆同也。而不知炭氣之出於血，與養氣之入於血，實賴乎呼吸之一經；而天氣與紫血相接之際，尤賴有肺内之一衣以爲之疏通焉，庶血乃得盡浄耳。然雖如是，而炭氣積聚極速，養氣需之極殷，非獨以此二者足盡其能，蓋必多工協助，乃克盡厥功也。可於以下推詳之。

## 八　論氣管

按自口而下，即喉嚨之中，有導氣之孔二（第四十圖可見）。一乃入鼻者，或通或塞皆本固有之質，無所使然也；一乃入口者，開閉每逢乎人之所使。試觀舌之後，有一竅，名曰聲口（第十九圖“會”字是）；另有韌骨一片，名曰會厭，可將聲口掩閉（聲口内有聲筋二，合攏亦可將聲口掩閉）。由聲口而入，即爲聲管，過聲管向前直下，即是總氣管也（第十九圖“氣”字）。在外摩之，其體堅硬（俗

〔1〕“章”，原作“首”，據文意改。

名喉卵)，蓋爲韌骨圍叠所致。韌骨之後，略有内皮肌肉相連，自是食管。

總氣管之下，即分左右大氣管二枝（第十九圖“枝”字是)，一入左肺，一入右肺。至在肺内，則愈分愈微，名曰微絲氣管，其體既薄；韌骨之在大氣管，本甚厚者，至是則愈分愈薄，及至微絲氣管，則韌骨全無，祇餘肌皮而已。故總氣管與左右大氣管有韌骨以鼓之，常覺通暢；而微絲氣管祇肌與皮，當自縮時，每將陷閉矣。按氣管之極微者，以大約計之，横割一寸，有四十條之多(第二十圖甲形可見)。每氣管尾起一泡，形如窩，名曰氣泡，又曰肺眼，中有薄膜一層（第二十圖乙形可見)，隔於氣泡，薄膜相連，即肺體也，内有肺脈管所派之微絲血管在焉（第二十圖丁形可見)。夫如是，則肺之微絲脈管自與兩邊之微絲氣管相接，而血與氣亦祇隔一膜與管衣而已。

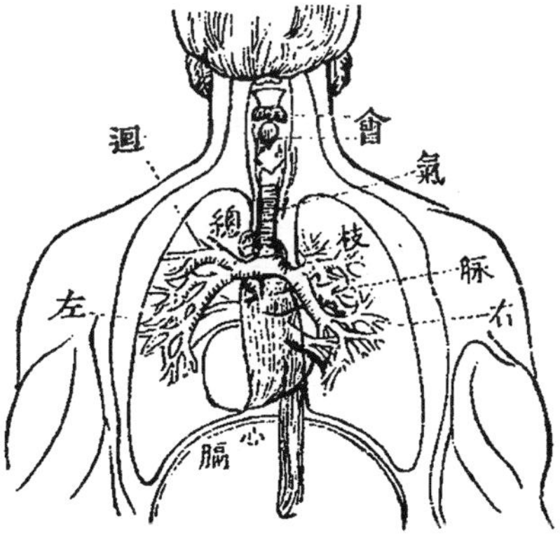


第十九圖　人身背面頸與喉

其脊骨與背肌皆割去。

“會”字，會厭在總氣管；“左”字，左肺；“右”字，右肺；“枝”字，小氣管；“脈”字，肺脈管；“總”字，總脈；“膈”字，膈膜；“心”字，心體；“下”字，下總迴管；“迴”字，肺迴管；“氣”字，總氣管。

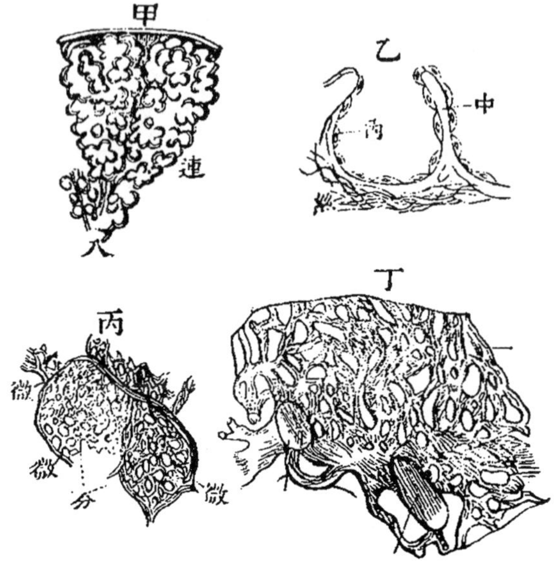


第二十圖　【肺之小份與其氣泡割露并映大之形】

甲形，氣泡，又曰氣珠。“連”字，微絲氣管相連氣泡之形；“入”字，微絲氣管入氣泡之形。

乙形，割露甲形之一小氣泡映大。“丙”字，丙膚；“中”字，隔乎二氣泡之中道；“絲”字，能鼓盪氣泡之肌絲。

丙形，肺之一小份映大。“分”字，微絲氣管分晝二氣泡之形；“微”字，肺内微脈管微迴管。

丁形，更映大之形。

## 九　論肺内之氣應時有遷换

若是，則血内之氣與氣泡之氣相换，莫有便於此者矣。故觀肺體一經，而知血之入肺者甚多，而得與天氣相接者亦少許耳。苟非時時還換，則肺内之養氣頃刻耗盡，而炭氣頻盈矣。

## 一〇　論呼吸

試於一人静坐時，而觀其呼吸，一咪呢之間，約十三次至十五次，不緩不急，循乎次序。初則一吸，即繼以一呼，然後暫爲一停，頗與心房之縮息相應。蓋心上房一縮，下房繼之，然後暫爲一息，即與肺内之呼吸後繼以一停相同也。壯者一吸，可將廿四見方寸之天氣吸入肺，一呼亦可將廿四見方寸之氣由肺呼出；雖有不足此數者，然亦微少而已（因呼出之氣略熱，故散開不多）。

## 一一　論呼吸之氣

顧氣之呼出與吸入者，其不同之處有數端。以下逐一詳之。

一、不拘天時之寒暑而氣由内呼出者，每與身内之血同熱，即在寒暑表九十八度或一百度。

一、不論天氣之乾燥，而氣之由内呼出者，每與大汁水相若。

一、凡尋常天氣，每萬分之中内函養氣二千一百分、淡氣七千九百分，炭養氣衹得三分而已。而由口呼出之氣，每萬分内具炭養氣四百七十分、養氣一千五六百分之間，而淡氣則原數如初，無多無少。以大約計之，氣之由外皮吸入、過肺復出者，所失之養氣一百分之五，所加之炭養氣亦一百分之五，且其中更函有各等生物多寡不等，皆易腐變之質也。

一、再將呼氣細分覈之，始則見失去養氣，每較復得炭養氣略少。至於淡氣，則多寡不一，時則微多，時亦略少，時又二者照常，不多不寡。

## 一二　論每日呼吸氣之多寡

凡人於二十四點鐘（即一晝夜），有氣方停三十一二丈出入於肺，其中炭養與養氣出入照百分得五分之數計之，所入者約十四五尺（方停），所出者亦十四五尺（方停）。試以一人困在一屋，方停五六尺大者，將窗門關閉。凡一晝夜，該屋所有之氣，盡出入於此人之肺内，且養氣必減去四份之一而化爲炭養氣。蓋一晝夜所出之炭，可有六兩四錢之多；而由肺所出之水，一晝夜間均得七兩貳錢，亦有不及此數者，亦有多至兩三倍者。

## 一三　論助呼吸之力

夫呼吸之動用，乃所以除雜質於外，而付養氣於内也。而推其功，一則在肺體之舒縮，二則在胸脅内肺體之肌膜。按胸膛之内可比一風箱，其口向上[1]，脊骨爲箱之背，胸骨箱之前，脅骨箱之左右，膈膜箱底，而頸喉即箱頂也（第十九圖可見）。全肺連左右葉皆藏於箱内，爲肺膜二層左右包之，肺與心外衣相若，所不同者，衹以肺膜大半皆緊貼於脅肌與膈膜（第九圖可見），而心外衣大半皆泛而不黐。且肺膜則内繫乎肺體，外付於胸膛，胸前之肌固向裏，而左右肺膜又皆貼於胸肌，故鼓動皆相與起落也。苟將貼胸脅肺膜穿一孔，則肺體縮小，二膜相離；另以管插入肺氣管，吹氣入内，可令肺脹如前，二膜亦不相離；若停住不吹，少頃肺内之氣出盡，肺仍縮少。因肺與氣泡恒有舒縮不息之力，膜穿天氣入，易助肺體之收縮，若非氣管吹氣能勝穿入之天氣（約以方寸之大，須氣十五磅，乃能勝天氣），不能復脹。人死後，胸背四圍無傷損，天氣由口入，肺體脹滿，若在外將膜穿一孔，天氣由此入，與口入者相等，肺仍縮小，則因氣泡

〔1〕“上”，原作“土”，形近致訛。

内尚有收縮之力故也。凡人不拘生死，肺體氣泡若無舒縮之力，則穿膜處與口入之天氣相等，而肺體與膜亦相等，是不可不知也。

## 一四　論肺體

夫肺乃一輕鬆而能縮縱之體也，不拘生時死後，其體常形空洞。而當生時，則内盈以氣，時爲氣管之肌以鼓盪之。即試於殺斃不久之獸，以水貫入肺内，充盈其氣管，震以電氣，而氣管亦尚能縮逼，將水涌出。且當生時，氣管内尤有極細筋絲繫於内皮之上者，可以翕動向前，將管内之雜質（即涎痰）掃除之，而擁送於總氣管，以便呼出。

## 一五　論脅骨[1]

夫脅骨者，後繫脊骨，而前能上下者也。故當静時，則見其圍鼓於前，略垂於下。兩脅之裏，更有肌肉二層，名曰脅肌，間隔於脅縫之中者也。其一層間於脅縫之外

〔1〕“骨”，原作“骨骨”，據目録及下文改。

者，名曰外脅肌（廿一圖“外”字是），由脅骨之上，斜而向前圍之，以至脅骨之下；其二層名曰內脅肌，亦由脅骨之上，斜而向後圍之，以至脅骨之下。二肌形如交叉，故始觀之，似難明其動用，然逐一分詳，自可於其收縮之際悟會其理。圖見廿二各形：甲形“平平”二字，可爲兩平肌倚於“直”字之直骨，而能上能下者（直骨可比脊骨）；自“前上”字下至“前下”字，則爲由上向前斜圍於下之肌；自“後上”字下至“後下”字，乃由上向後斜圍於下之肌。

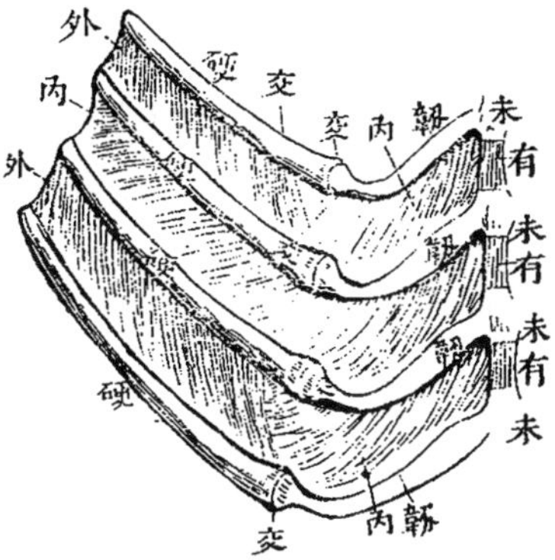


第廿一圖　割驗狗之脅骨四條，連脅肌相附

“硬”字，脅硬骨；“韌”字，脅韌骨；“交”字，硬韌交界；“未”字，未骨之處；“有”字，有骨之處；“外”字，外脅骨；“內”字，內脅骨，惟中間一條，乃將外脅肌割去以露內脅肌者也。

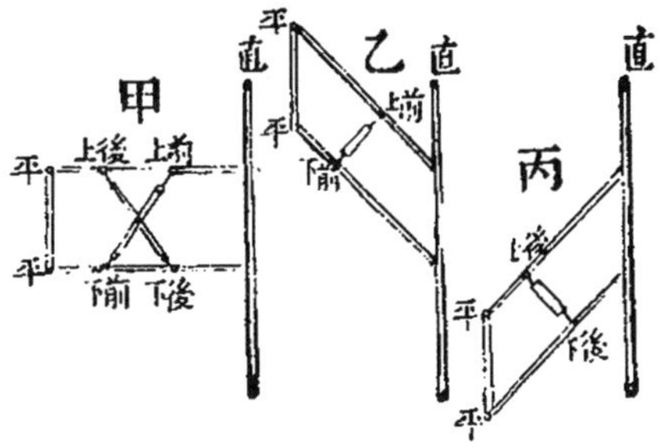


第廿二圖　內外脅肌當呼吸時起落之象

甲形，呼吸停時。乙形，吸時脅肌上升。丙形，呼時下降。“平平”字，平肌；“直”字，直骨；“前上”“前下”，由上向前斜下之肌；“後上”“後下”，由上向後斜下之肌。

再進觀其肌之收縮，更可了然。二肌一縮一縱，相間有準。形上“前上”與“前下”字處，乃一肌緊縮之形；“後上”與“後下”字，是第二肌緊縮之形。二者之功分詳於乙丙二形。乙形所詳，乃“前上”與“前下”二字，即圍而向前之肌也，此肌收縮，即將脅骨往上提起（即吸氣之時）；丙形乃“後上”與“後下”字，即圍而向後之肌也，此肌收縮，即將脅骨往下垂落（即呼氣之時）。

## 一六　論膈膜

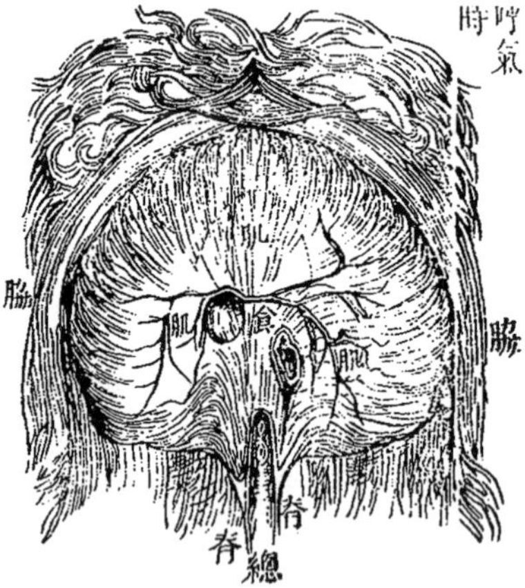


第廿三圖　割驗狗腹

“下”字，下總迴管；“食”字，食管；“總”字，總脈；“肌”字，肌絲由腹分入“脅”字，至脊骨之前“脊”字處止。

膈膜者，間隔胸腹之膜也。上則拱貼心肺，下則曲蓋胃腸（第一圖“膈”字已詳）。膈膜之頂，正中處乃筋膜，而兩旁圍於脅下者乃肌膜。肌膜分連脊骨左右，形如兩柱（第二十三圖可見）。當膈膜發力，即見胸膛空大，而腹下亦鼓起（第二十四圖甲形可見）。

## 一七　論膈膜能呼吸

論呼吸之動用，上文雖已言之，然未及乎膈膜，其功有未盡也。今使膈膜亦縮縱有準，則呼吸將又何如乎？則見其縮也，即與肺同墜於下，擴其胸膛，而氣管即納入天[1]氣以充盈之，是一吸之得助於膈膜也。於其縱息也，祇見其自還本位耳，維時則肺體發力，在外之天氣亦從而逼之，内脅肌又從而助之，即將其内之氣逐出焉，是其助一呼也。然苟無膈膜收縮之力，則外脅肌祇能鼓盪胸之前後耳，不能擴墜胸肺使往下脹也。

## 一八　論膈膜與脅肌相較功力孰勝

由是觀之，祇有脅肌一體，可以爲呼吸，則祇有膈膜一體，亦未嘗不可理呼吸，而二者相助，乃爲固有之良能也。然論其常，亦當思其變。蓋時或一有所損，而呼吸尚不至絶用者，此亦天功之預補缺陷也。且不獨此二者爲助呼吸之體，更有數肌，而可爲呼吸之用者。如

〔1〕“天”，原作“夫”，據文意改。

脊脅相連之肌與肩脅相連各肌，皆於吸氣時助動者，可謂之曰助吸之肌；又如胸脅與腹兩旁之肌，皆於呼氣之時動用者，可謂之曰助呼之肌。且胸腹之助呼氣，其力有二：一可直將脅骨拉下，一暗將膈膜由腹而上逼其肺。是故長呼則腹扁，其背曲，身亦微彎；深吸則腹旁脹溢，逼其膈膜，故其背伸頭仰肩亦迎，凡所以便各肌之發力，以提其脅也。

## 一九　論氣機流動之常變

猶有奇者，助理呼吸，各處用力，男婦微有不同。男子則膈膜費力最多，脅肌用力較少，婦女則反是，蓋脅肌爲最吃力焉。

嘆氣者，吸氣之深而長者也；而聞氣則速而短，且口閉而氣過於鼻。

咳嗽者，呼氣之重者也。必先吸氣深長，聲口合閉，氣在内爲助呼各肌逼而出之，膈膜縱泛，氣由口噴，此即咳嗽也。

更有所謂嚏噴者，實乃喉嚨爲腭簾與舌底厭閉，而逼其氣由鼻出之故耳。

## 二〇　論氣之出入可比一風箱

統胸膛、肺與總氣管，可比一西國之風箱。胸膛與肺作箱身，總氣管即風管。而呼吸出入、氣過總氣管，即是風箱鼓送、風過風管也；惟於呼氣一端，則與風箱有不同。蓋風箱一擠，可將其内之氣盡行逼出，而胸内則逼抑至極，内仍積脹（第二十四圖乙形可見），故縱盡力呼之，亦不能將内載之氣盡行呼出，必尚留多氣積蓄於内焉。按此積而不出之氣，名之曰積貯之氣，隨時可有七十五至一百見方寸之多。而呼後所得者，亦有七十五至一百見方寸之氣，此則名之曰供補之氣。尋常呼吸，每次約有二三十見方寸之氣，此爲往返之氣。是以統而計之，每一吸候，肺内祇有氣二百三十見方寸。若盡力深吸，更可得氣至一百見方寸之多，此則名之曰盈足之氣。

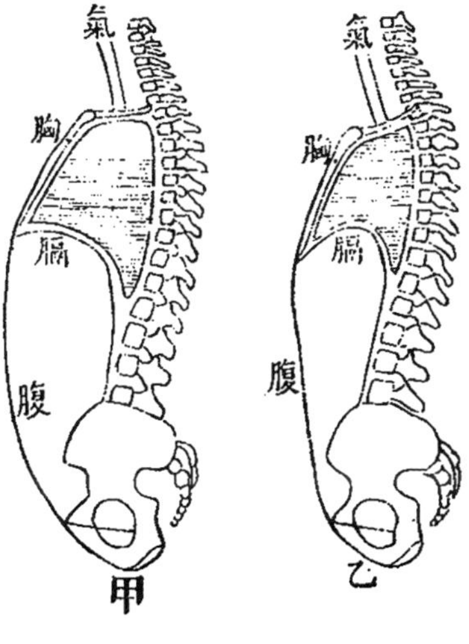


第廿四圖　人身膂腹部

甲形，吸氣時之象。
乙形，呼氣時之形。
“氣”字，總氣管；“胸”字，胸膛；“膈”字，膈膜；“腹”字，腹部。

## 二一　論緩停之氣爲養炭氣遷變之處

由是觀之，肺内吸後，固時存二百三十見方寸之氣，呼則去其七八份之一，吸又復還其數矣。然深究其勢，凡氣吸入之時，既過其喉與總氣管、大氣管矣。若使肺體係形如一袋，相連於大氣管者，則吸氣不能深入肺内，衹在大氣管之上而已。而不知肺體更有無數微絲氣管散布於内，吸氣雖不能深入氣泡，亦可至微絲氣管之上者，故凡上文所謂"積貯"與"供補"二者之氣，皆緩停於内，而於微氣管之内上下之而已，非遽離肺而外出者也。獨是上文所謂往返之氣，則係隨時出入於肺者也。然而呼吸之功力，又正爲肺内緩停之氣以轉移者。蓋緩停之氣居於中，而天氣在其上，紫血在其下，是炭氣之與養氣互相遷變，皆在此處也。試觀天氣與緩停之氣相混合，而血即赤。可知養炭氣之遷變，亦照二氣相遇互遷之例無疑矣。

## 二二　論緩停之氣居肺氣之中

蓋緩停之氣轉至氣泡，即將養氣付入血内，并由血内將炭氣移出於外。此雖於變化之道未盡其全，然亦得其大概矣。夫如是，則氣泡内收入炭養氣必多，失去養氣較少；雖少去幾何尚未知實，但炭養氣必多些。然頃刻間（約兩習根之久），而天氣又可與緩停之氣相遇矣。若是，則呼氣之初出，在氣泡上者内函炭養氣必少；後呼出者，在氣之下截炭養必多。若呼吸急逼，則炭養氣所出亦甚多。譬如每咪呢呼吸照尋常之數，加十五或三十次，則初出之炭養氣尚比尋常所出之炭養氣不止雙倍。可知呼吸有加，則炭養氣所出亦甚重矣。

## 二三　論呼吸爲腦筋所主

夫協理呼吸，各體必有動用也。而其致動之理，惟肺體一經可以舒縮自如，以肺能縮縱，質如象皮也。外此則各體皆受制於腦筋，而且動静時有所異焉。如鼻孔不能自閉氣，固可時由喉内而出，而聲口與氣喉皆有腦筋以轄制，苟内皮有所激抑，則該腦筋有所不暢，即令腦脊根頭，亦有所不舒（腦脊根頭詳第十一章十六節）。若是，則激動必異乎尋常，每足使肌肉發力，而將聲口壓閉，由是而司理呼氣。各肌亦發力以逼聲口，至發作咳嗽一聲，此即咳嗽之所由來也（第十九節已詳）。其餘微氣管之本體，皆胸膛内之肌肉所連合者，亦皆有腦筋絲以管束，若該腦筋絲有所激抑，則由肺、胃、腦筋至腦脊根頭，亦皆受困焉。可知協助呼吸各體動用，又必賴腦筋以主使之也。

## 二四　論心肺爲運血氣之源

觀上文所言，則知血之運行與氣之出入固有同然者矣。蓋二者各具一鼓抽之器（指心與肺），一載以氣，一載以血，由是而分大管，復散於微絲管（一分於微絲血管，一散於微絲氣管），而微絲管合俱位置，較之大管尤闊（上文已言）。且而知鼓抽之器爲氣血流動之源，雖各管之肌亦可舒縮擁送，而推其源，莫不自心與肺始也。然而心之鼓動有準，又必賴心體内之腦筋以主之；肺之縮縱得宜，亦必賴腦脊根散入之腦筋以驅之也。

## 二五　論呼吸循環

夫繼夫心體擁動者，既有各路運行，則繼夫肺體之舒縮者，亦豈無所爲乎？蓋一則呼吸有聲，一則衛助心體擁送血行也。

## 二六　【論呼吸之聲】

試附耳於胸前以聽之，呼吸之聲了然可辨。一呼之後，繼以一吸，嚅嚅然，與半閉口唇、氣過之聲相若，且而知在左右大氣管之聲最高。蓋呼吸之所以有聲者，亦因氣之急行於氣管内所致耳。

## 二七　論吸氣可助心脈發力

夫肺既爲能縮能縱之體，故必須費力，乃能縱之也；且縱之愈大，則其勢極猛。如象皮之搐愈長，縮勢愈大，扯短則縮勢亦小。是以人於吸氣時，其肺即爲天氣所縱，而心體與大血管爲天氣所壓，必較其餘之血管略輕。因肺内所受之氣與在外之天氣，其力相等，是以得肺體鼓勵以迎之，天氣不能逼至心與大血管也。然則吸氣之可衛助心體以運血也明矣。

## 二八　論呼氣可助心脈發力

至於呼氣，亦能助血脈流行，其功可與吸氣相等。試將一獸生時割露其頭，見其腦漿爲血管擁動，每與呼氣齊相起落焉，可知呼氣可使血管擁動也。

## 二九　論閉氣可使心停

至是而知，衆氣管於呼吸時必皆鼓動不息。故當肺縱之時，將口與鼻掩閉，則氣不能出，必極力以逼之，常使心體停絶。又當肺縮之時，亦將口與鼻掩閉，則氣不能入，必極力以作呼，亦足使心體停動。

## 三〇　論呼吸有變易

夫呼吸常有所因而變也。如天寒可增呼吸之氣，何也？蓋寒則多收天氣，炭養氣亦多出也，行動與飲食亦然。再以身體而論，則幼年最爲氣壯，老者氣衰。按日夜，則日間所出炭養氣最多，至晚則少，夜深時則極少。

而養氣一晝夜統計出入相等，然亦於日間所出者多於所入；至夜間，養氣所入又較多於所出之炭養氣；惟午後至傍晚，則養氣漸漸收少，故人每於昏時精神稍倦者，即此故歟。雖然，日夜不同之處亦非拘乎一定之勢，且應視其飲食之早晚，且食肉與疏食又不同。

## 三一　論氣絶之故

人當自縊或溺水，與凡令氣不能出之時，其人必面黑筋脹，人事不醒，時或肌抽筋扯，不久即斃。究其所以氣絶之故，每有二端：一則以外絶養氣不能入，二則内積炭養氣不能出，故留於血内，則血色必黑。蓋養氣不續，炭養氣毒勝，有一於此，允足斃命，而况二者損益相形，安有不死者哉？欲知“養氣不續，可以斃命”，其理可於鳥獸證之。試將一鳥以吸氣管，將肺内之氣盡行吸出，然後衹將淡氣或輕氣復貫入肺。如此，則肺内既無炭養氣，亦無養氣，該鳥不久必斃。又試將一鳥密困之，用法將炭養氣取出，并不容養氣入内，則炭養氣雖無，而養氣日少，迨至減去十分之一，則該鳥亦危矣。

至欲證炭養氣毒勝以損生之理，更易得其實效。蓋炭養氣不妨多存於肺，苟於其時，養氣亦能相形以加，則雖多亦無立斃之險。唯恐炭養氣將養氣應居之處充盈之，致使養氣無所歸，則危矣。然此則炭養氣之毒不獨在炭養氣之勝，抑在養氣之缺也，故曰“二者有一，即可令其氣絶”。考其勢始令肺脈管塞閉，繼則周身之迴管亦皆停絶，肺内與心右房皆爲血積溢，心左房與各路脈管既無迴路以供給，亦漸至於空虚，心體已全失其力，既因右房脹溢不行，亦因血無遷换，色形黑紫，漸至周身各腑，亦皆因之而停動矣。

## 三二　論氣之毒

夫輕磺養乃一味臭而有毒之物也。考其所以惡毒之故，以其輕氣能將血内之養氣牽食，致使養氣絶生耳。考炭養氣爲毒更甚者，以其能將血内之養氣逐出，而自居於血珠之内也。且若炭養氣入血，殊難復出，故遇多受者，誠非易救也。

## 三三　論養炭氣出入反常人即受鬱

故氣絶一事，不必定須自縊或溺水，始足令其氣停絶，蓋正有别事足與縊溺相等者焉。夫二氣互相逐散，每視其各數之多寡以定其遲速。然則若使上文所謂往返之氣深入於肺内積貯之氣，則炭養氣難出，養氣亦難入，如此則氣泡之内，既多炭養氣，而少養氣。若至炭養氣愈多，養氣愈少，則肺内之氣欠缺，其力不足以將肺脈管内之炭養氣移出，更不足以將養氣付入血内。如此，則血迴心房、出總脈、散派於肢體者皆屬紫血矣，於是則有見昏迷不醒，肌筋失力等狀者，卒至紫血行遍腦内與各處肌膚，即有氣絶之危也。

## 三四　論人當常受空中之清氣

更察往返之氣内炭養氣百份多十，養氣百份少十，即足以致上文氣絶各狀。且不拘因乎何事，其勢亦皆相同。不論所居無養氣以吸之，或養氣少而吸噬人多，或爲火烟拘斃，或縊或溺，皆可至絶。且當養氣少，炭養氣多之時，早已見其毒害之狀，如頭額暈痛、心神局鬱等皆其兆也。殆至其勢愈熾，呼吸終無遷换，則損其精神，而危病叢生矣。由是觀之，則人於居處，固須通風，不可局困；日所呼吸，固宜潔静，勿近穢濁；房屋不可過密，聚集不可過稠；屋内高闊，不可過小，方停六七尺；四面窗門，不可全行關閉，務使得見青天，庶不至受抑至死。人雖不能善養浩然，亦當於居恒出處趨吉避凶，以盡守身之一道也。

# 第五章　論血脈消長之源

## 一　論血脈分散以養身

夫血既如前言，由紫變赤之後，即由肺迴管運至心左上房，上房逼入下房，發於總脈。總脈出胸膛之上，即分數大枝，所以分其血入頭入臂與腹外兩旁者也。總脈過膈膜之下（見二十三圖），旁發數小枝，所以運血入腹内各腑者也。直下過腹，則分二路而入兩腿焉。血脈分派均匀之後，即達微絲血管。此時肢體之餘液皆潛混於血内，而血輪皆爲其所污，苟任其積留於内，必將生病矣，勢必隔而除之，而血乃浄耳。

## 二　論消導

今夫隔除餘液之腑共計有三，其功用凡所以導溺、導水與炭養氣也。三者爲何？即肺經、外皮與内腎是也（第一章二十三節已詳）。蓋三者爲人身疏通之府，皆有管竅達於外，故曰消導之經也。當血過微絲管之候，即將其内之雜質餘液散於身外矣。除餘液外，仍有洩導於外之一質，曰熱氣，或由外皮而洩，或由肺經而導。其由外皮洩者，每自蒸騰而出；其由肺經導者，則與汽并散焉。

## 三　論肝肺經之消長

再推血至肝内亦有所失，然此則暫失而已。蓋血於肝内變化爲糖爲膽汁之後，復入於血，故所失亦暫，而非終失也。至於肺，則一呼雖有失，而所失誠有益於身，且一吸復得養氣，而人身之真火得此養氣以助之，不獨能蒸導餘液由肺逐出，即周身外皮導液之力，亦賴此養氣協助真火以升逐也。然而人身消導之後，又必賴吸液管與無管核以爲之補焉，庶有消復有長耳。

## 四　論隔時之消長

按上文所言，乃人身消長之機無刻不如是，有生一日，即有此消長，至於血脈，則有爲别故所使，以至消長有定候者。如導液各核齊相發力，將血内餘液摧之殆盡，則必俟久之衆核得息之後，乃復有液以消導；又如人當用力之候，常使血内變化餘液異常之多，又必俟久之飲食入吸管之後，乃復有血以滋長，此則消長之隔乎時者也。再論外皮，雖屬消導之經，然時亦有得焉。

## 五　論消長之源

以下按部分詳血脈消長之源：

○ 所消之質

肺經消炭養酸、水，内腎消溺底水、鹽，外皮消水、炭養酸，肝經消膽汁、糖，肢體消養骨肉之汁

消熱氣（即外皮及肺導出之汽）

○ 所長之質

肺經長養氣，肝經長糖，吸液管長血輪、明汁，肢體長餘液，脾與無管核長血液，血内與肢體長熱氣

血脈按時消長：

○ 所消之質

導液核消餘液

○ 所長之質

肌肉長餘液，胃大小腸長精液及膽汁，外皮間或長流汁

## 六　論内腎膀胱

夫肺能導血内之炭養酸與水，復能吸養氣付入於血，上文已詳之矣，兹更論能消導外出，而不能引吸復入之一經，曰内腎。内腎分左右兩枚，相對而居，在大小腸夾膜之後，分於腰骨兩邊，較之羊腎略大而形狀相同；窩面向裏，背面向外（二十五圖可見），窩面之中各有細管一條，名曰左右溺管（“左”“右”字是），下而連於膀胱（“膀”字）。膀胱居小腹，形長圓如袋，肌紋摺皺，内包以皮，外括以衣；仍有統膜一層，由胃腸而下，繫於膀胱；故外膜雙層與肺包衣之繫於膈膜相若。左右溺管兩邊相并而下，至膀胱之下，由後面而入膀胱（二十五圖“入”[1]字是）。二溺管口之前，即總溺管（二十五圖“溺”字是），乃發溺於外之總路也。左右溺管斜入膀胱，是以溺至膀胱，不能復反二溺管。然溺由二溺管入膀胱，出總溺管，皆不能隨出隨入，必有所拘制者。蓋圍於總溺

[1] “入”，原作“入入”，據圖釋改。

口有肌肉一圈，名曰環肌，此肌縮時，膀胱各肌皆縱；此肌縱時，各肌皆縮。惟必隔時甚久乃得一縱，而縱則溺得出總溺管發於外矣。雖然，溺之出總溺管者，乃逾時而發，而溺之入膀胱者，源源而來、無少間斷，一俟積至膀胱脹溢不舒，復思發洩於外耳（小便雖隔數時一次，而溺之入膀胱則無時不有）。

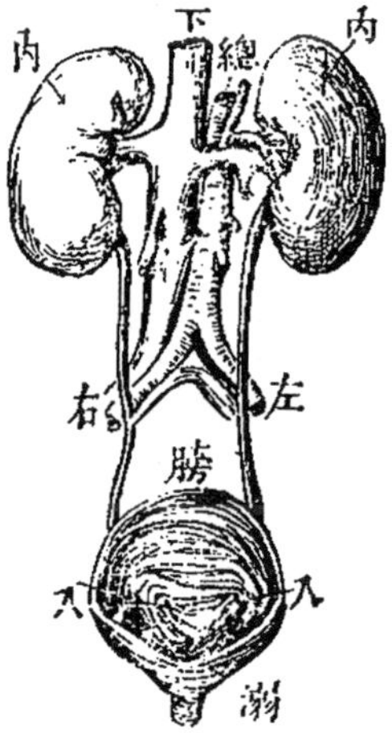


第廿五圖　【內腎與膀胱割開之形】

“內”字，內腎；“左”“右”字，左右大溺管；“總”字，總脈；“下”字，下總迴管，并腎脈迴管；“膀”字，膀胱，在上割開以露左右大溺管；“入”字，入內之形；“溺”字，總溺管達溺於外者也。

## 七　論　溺

按平常溺味屬酸，內含溺底最多，溺酸少許，兼些須有色、有鹽與有氣之各雜質，鎔化於水之內，即成爲溺。溺之多寡與其質性之不同，每視乎地氣之燥濕、天時之寒暑，更視乎饑飽之或異、飲食之美惡，非可一概而言也。按溺底、溺酸二者内含皆有養輕、淡氣與炭質；惟溺底者，則易爲水所化，故恒多於溺酸。以無病之人而計，每日有溺約五十安士[1]（即四十兩重），内有水二萬四千厘（西厘），有溺底五百厘，而溺酸衹得十厘至十二厘而已，其餘各雜質與鹽類共計約得溺底三份一之多（即大約一百六十四厘）。而鹽類則有生鹽、鋏燐養、鏀燐養、石燐養、鎂燐養。至於溺内之氣，與血内者同，即養、淡與炭養氣也；惟其數較之血内不足三份一而已，且其中炭養氣較多，養氣甚少。溺之重數與血所異不多，蓋在一零二十之數（即以一杯滿載以水，重一千厘；滿載以溺，重一千零二十厘）。

## 八　論内腎與肺功用之同異

按由腎所出之淡氣雜質與炭養氣，可與由肺所出之炭養氣與水相等。惟氣泡之内所具之炭養氣與水，則時時由肺呼出，而内腎則逾時甚久乃發一次，與肺經有異。且肺經更能復吸養氣入内，而内腎則衹有所出而無所入。是肺與内腎消導則同，而功用則異也。

---

〔1〕“安士”，ounce 之音譯，今譯作“盎司”。

## 九　論内腎之質體

今夫溺内之雜質皆出於血内，蓋血液之無血輪、肉絲與蛋白者，即爲溺，故苟以血將其三者隔出，則所剩皆溺之質也。然此隔濾之功果在於何處？即内腎是也（以下詳之）。今試將内腎直割（二十六圖可見），見其溺管之上"大"字由此而入，即有一穴，名曰腎穴；再入於内，更有尖角十餘枚（"内"字是），每角之尖有小管無數，小管叠聚而居，迴環以附，是以腎體豐圓而厚也。假使衆管非曲迴而向外疏通以達大溺管者，則其管必排連直串矣。而不知衆管至角之後，復向腎邊排連散開，至極邊則叠散不齊。是以腎心與腎邊形狀不同，腎邊則血脈管多，腎心則少。故圖上所見，色深而體實者，即其邊也。微溺管至管尾每起一結，形如核，名曰腎管核（二十八圖可見），每核之上，連接一小脈管（二十八九圖"脈"字是），此脈管（二十六圖"脈"字亦見）入腎核，即分散微絲血管於核内（二十八圖"末"字是），凡血由脈管入核内，即由一"迴"字之迴管而出；惟血至迴管之時，又不能立達别處之大迴管焉。夫微絲血管網結（二十九圖可見）而圍於衆溺管者，欲使血能周流於溺管之旁也。按微絲溺管每有内衣一層以圍護之（二十八圖"溺"字與三十圖“微”字均見)，此衣連於腎穴，環繞於衆微溺管，其體之厚，頗足以包裹溺管；惟至腎核與腎脈管，則衣體極薄矣（二十八圖“內”“外”字可見)。

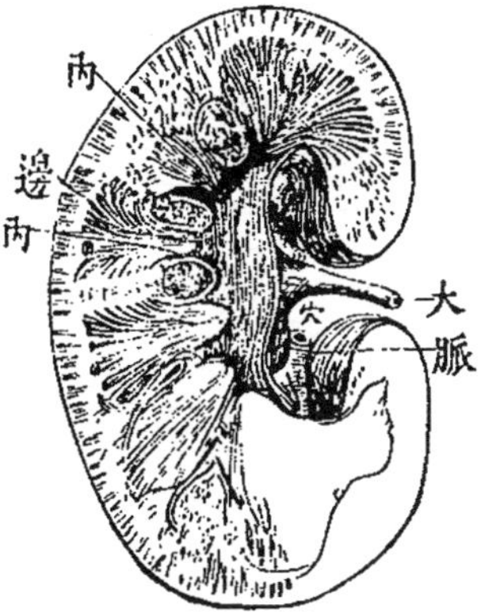


第廿六圖　直割內腎之形

“邊”字，腎邊質體；“內”字，腎內角（形如乳頭)；“穴”字，腎穴；“大”字，大溺管；“脈”字，腎脈管。

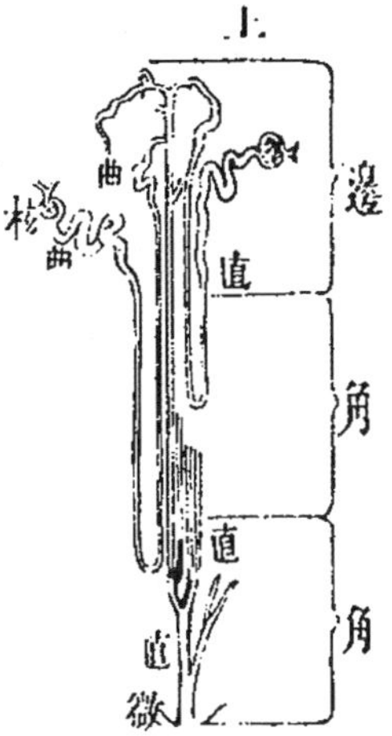


第廿七圖　腎內微溺管行溺之路

“邊”字，腎邊；“上”字，內腎上面；“角”字，內腎角；“微”字，微絲溺管通入腎尖；“直”字，微絲溺管直形；“曲”字，微絲溺管曲迴之形；“核”字，腎核。

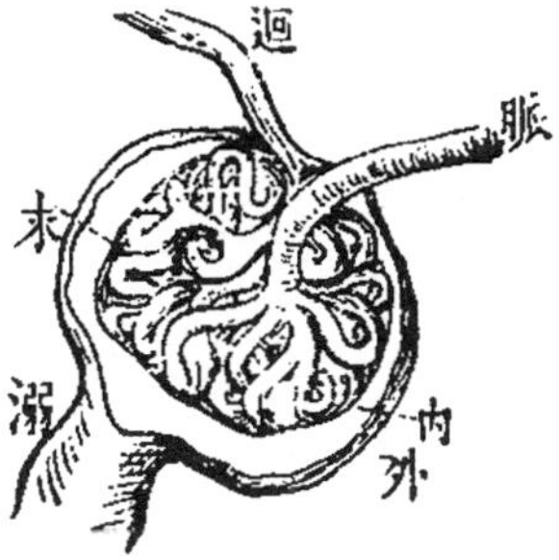


第廿八圖　腎核映大之形

“脈”字，小脈管入腎核，散於核內；“末”字，脈管之末與迴管相接；“迴”字，腎迴管；“溺”字，微溺管；　“內”字，腎核內膚；“外”字，外膚。

第廿九圖 【内腎之血脈】

内腎血脈散入“核”字之腎核，然後分而爲微絲血管，圍於微絲溺管，卒入“微迴”字之微絲迴管，轉入“迴”字之腎迴管。“無”字，腎内無溺管處之微絲血管。

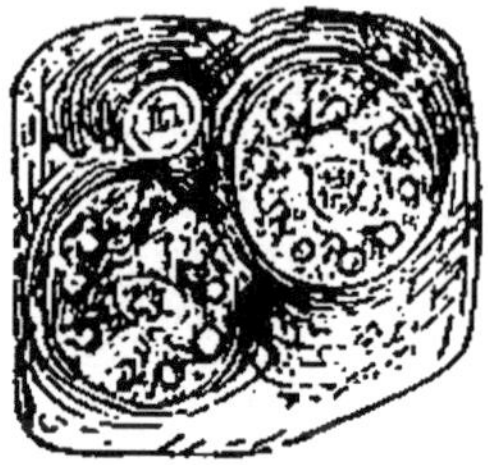

第三十圖 微絲溺管橫割之形

“微”字，微絲溺管爲内膚圍繞者；“血”字，血管割斷之形。

## 一〇 論腎核濾血爲溺之功

由是觀之，腎脈之血之能傳於外者，固由此腎管核而達之也。蓋血管之衣既薄，時有血洩於腎核之内。是則腎管核可爲一漏，血管之衣可爲隔濾之紗，血即由此洩漏也。

## 一一　論血入內腎變化

且夫血入內腎，乃由下總脈分於腎脈管者，其路甚近，而血亦離心未久耳。凡無病之人，腎脈管與腎迴管皆縱泛而無縮塞之勢，是以血脈往來甚易；惟管內之肌肉發力，每有些須雜質付入血內而已。然溺由腎內血管隔濾而出，其中所含養氣固較血內者少，炭養酸每比血內者多。蓋一經隔濾成溺，則炭養酸必多也。雖然如此，苟內腎之功用無傷，而血經濾後，由腎迴管運往別處者，其血鮮艷，可與腎脈管者同。甚而言之，尚可比身內最淨之血。蓋經覈驗，與心左房之血所差不遠，惟內含之溺底與水微多而已。然此則爲勢所必然，蓋既經於腎之內，則必有溺底也。按腎迴管直達下總迴管（二十五圖可見），故其血之在下總迴管上節者必較在下節者淨，而色亦略赤。

## 一二　論腎腦筋司溺之功

若值腎脈管之腦筋受激抑而覺內腎不舒，則立見小便短少，而腎迴管之血必紫黑。蓋腦筋受抑，脈管之功用反常，即不能將炭養酸與雜質隔於溺，積留於血內，故其色紫黑也。

## 一三　論外皮

所謂外皮亦爲消導之經，其據可歷驗之。苟將人之一臂以樹醪皮袋密套之，内載滿氣，久之，則袋内之氣必改色易性，與由肺呼出之氣相類（即缺養氣而增炭氣也），且亦有大汗水蒸騰於袋内。苟連以一管，則見有水滴出。蓋尋常觀之，外皮似無水氣，而不知人身無時不有汗，特出之少，人亦不覺，惟經費力或天時炎熱，則出之多，始覺其汗耳。

## 一四　論　汗

故以一日之汗而計之，統覺與不覺者，其勢多有不同。不獨應視天時之寒暑始見其異，即視其血脈腦筋之勢，亦有所不同。惟照呼汽之數比較之，大約雙倍於汽；惟其中之炭養酸較諸汽内者，衹得三十份之一或四十份之一而已。至於溺底，則本無之，惟遇病時或有；無病之人，汗内無溺底。考尋常外皮之汗，内有酸味與油，兼些須外膚與之俱出。

## 一五　論外皮導汗之功

再即外皮導汗之功，細加分覈。始則應知皮部本屬甚厚，勿論其内寓有核與否。而皮之裏爲酷熱之血，皮之外即天氣。縱在熱地潮濕，而天氣内之水氣亦有所不足。人身之汗，每可暗散於天氣之内。試以一猪膀胱，内載滿水，將口扎閉，勿許氣得入内，久之，水氣外洩，可以殆盡。兹即以血而比之，則外皮即係猪膀胱内載熱

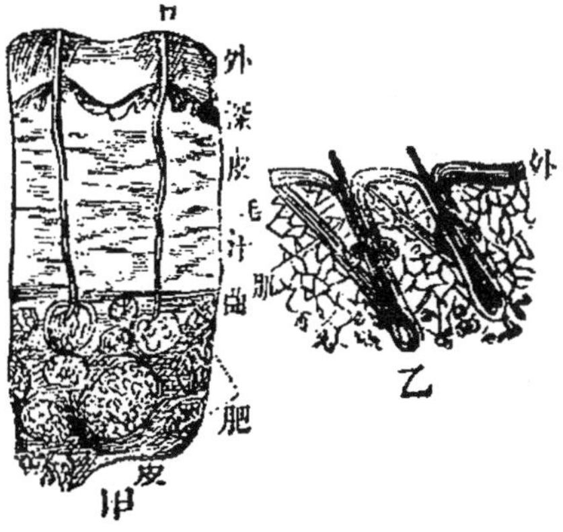


第卅一圖　【汗核與周圍組織割露之形】

甲形，外皮割開以露汗核。
“外”字，外膚；“深”字，外膚深層；“皮”字，外皮；“肥”字，肥網生珠；“曲”字，汗核曲迴之處；“汗”字，汗管；“口”字，汗管口。
乙形，“外”字，外皮割開以露毛管與油核。
“肌”字，肌肉；“毛”字，毛。

水耳，然汗雖由外洩導，而從此以出者，其數之多寡尚未確知。且汗水尤有其匯流之源，所當考而知之者，即所謂汗核是也。

## 一六　論汗核

人身外皮無處不有汗核，接連汗管，管口每闊一寸之8：3[1] 百分之一，凸於外膚之上。每管長約二分，寓於外膚之内，每管之外包以一衣相連外膚（第三十二圖可見）。時有一管分散數枝者，然不拘或數或獨，而管尾每曲迴自居，形如一結；於此結内，則有微絲血管以網連之（第三十一圖甲形與三十三圖均可見）。是以血在微絲管，衹與汗核相離一管與一衣，汗與血相離亦衹一管一衣而已。統二管與衣而計，亦不過甚薄耳。故其布置與内腎之導溺雖不能盡皆相同，而亦大概相似。蓋在内腎，則

---

〔1〕 英文爲 each continuing the direction of a minute tube, usually about $\frac{1}{300}$th of an inch in diameter。因 1 英尺 = 12 英寸 = 12×0.762 寸，即 9.144 寸，然彼時在英存和寸之間，尚未采用完全精準的換算率，僅預估換算率約在 7—8 之間，故定爲 1 英尺 = 8 寸。英文底本爲 1 英尺的 $\frac{1}{300}$，譯本即寫作 $1\times\frac{8}{3}\times\frac{1}{100}$寸。類似情況可見於下文（本章第 20 節）“每珠闊一寸之 1：8 千分之一”。

腎核結於腎脈管，終連以一溺管；而於此處，則汗核自相結球，外以微絲血管網連之。其功用則二者相同，不外導血於寬闊之地，洩其餘液，引而外出者耳。今夫汗核之在人身，有各處多寡之異，頸背二處最少，每方停八分約有四百枚；手脚掌者最多，方停八分不下二三千枚；以通身而計，共有汗核二百二十五萬至二百五十萬之多。是則導汗之力亦甚大，而汗出之數亦誠多矣。

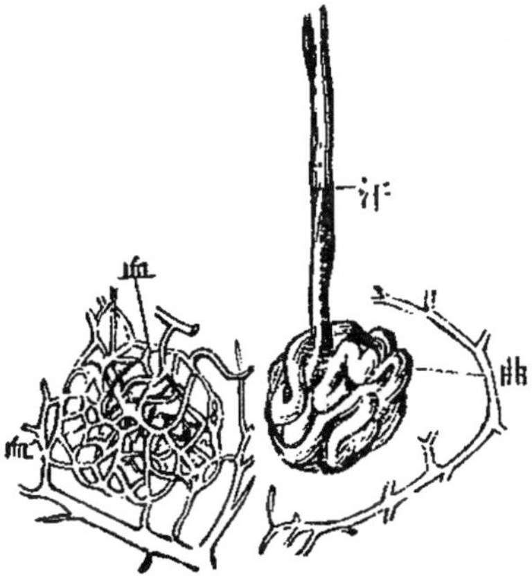


第卅二圖　外皮即卅一圖更加映大之形

“硬”字，外膚硬層；“軟”字，外膚軟層；“下”字，外膚下層割開；“汗”字，汗管生珠相接於外膚者；“摺”字，汗管摺處，管之右；“脈”字，即小脈管卒轉入“迴”字之迴管。

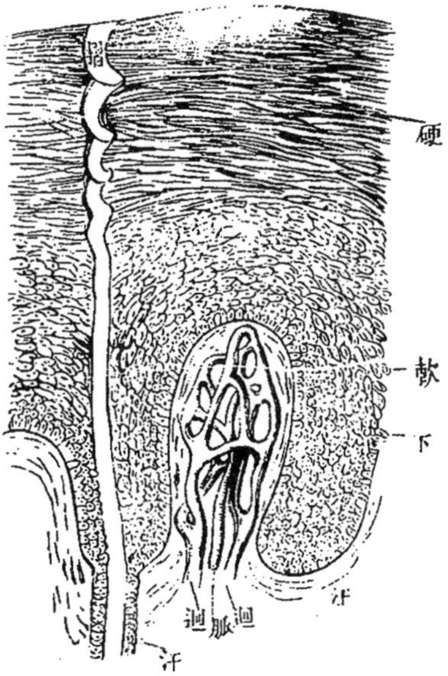


第卅三圖　汗核曲迴之形

即卅一圖“曲”字處，惟外膚已割去。

“曲”字，曲迴之處；“汗”字，汗管；“血”字，微絲血管圍於管核之外。

## 一七　論汗核亦爲腦筋所司

然而汗核之爲力又必司於腦筋，其據不獨於用力見汗時覺之，忽遇驚恐或悲傷之事，亦令其汗出如瀋，是有關於腦筋之據。有牲蓄平時汗多者，試觀馬常多汗，然苟將其頸内之自和腦筋或左或右割斷，受割之半邊頭面汗多者，由積血熱盛之故也。再將該腦筋之割口激抑，必令該邊太陽脈管收縮，如此則脈内之血又必退散，而汗亦因之而收矣。

## 一八　論汗内雜質

人身雜質與汗俱出者不少，苟值酷熱，苦工一點鐘之間汗流不止，可消身體二三磅。蓋身内雜質由血洩散，與汗俱加，汗流不止，質體亦洩散不停。可知身體之由汗消耗者，亦誠多矣。是故血之由外皮而入與由外皮而出，其變化之勢，觀其皮外之汗與雜質，自可知之；惟外皮之赤血，則無復變紫之理也。

## 一九　較證肺、腎與外皮三者消導之功

且夫肺經、内腎與外皮三者，上文皆分詳之矣，兹統而論之，則其功之詳細更可互證矣。按三者每有内衣一層，隔於血與天氣之中者，而血内之水、炭養酸與各雜質，皆可由此衣而洩導於外，所謂消導之經也。且三者所導各液皆相形多寡，然三者皆以水爲最多，内腎多雜質，肺經多氣，至於外皮，則兼肺腎二者之功；蓋吸養氣、導炭養酸與水功用固與肺同，而導雜質與鹽類，又與内腎無異。然究之外皮之於内腎，猶比於肺互相關應；故外皮之功用有礙，則餘液可由内腎而出，内腎受病，外皮猶可代之。如酷熱之時，汗出既多，小便則少；而嚴寒之際，小便清長，汗必希少。雖然，若是代理亦不過輕小或暫時而已。若内腎功用全失，則人必死，縱外皮得力，亦無所用；若又以膝膠外皮，汗不能出，身無煖氣，則雖肺與内腎皆有力，人亦不活。此一定之理也。

## 二〇　論肝經

夫血脈所經於肝，有所失亦有所得。蓋隔爲膽汁而

流入少陽者，爲所失之一路，而變化糖質寓於肝體内者，雖亦暫失，不久則復變，或不變仍入於血，故雖失而仍得也。况血内血輪，每謂得自肝經，則又爲得之一路矣。

人身臟腑，肝爲最大，計其重數，有四十兩或四十八兩；體寬棕紅，位居於右，上連膈膜，下接大小腸與右腎，外爲統膜以包之；肝體扁圓，上彎而滑，透洽膈膜，下鋭披離（三十四圖可見），後體豐厚而前薄。由下觀上（如三十四圖），可見下總迴管（圖上“總”字是）由腹而上，過肝體，上入胸膛；圖上“四”字，即四合迴管散入肝内；“肝脈”字，肝脈管由總脈入肝，分散微管於肝内；“膽”字，則爲肝管由肝左右運載膽汁而入膽囊（圖上“囊”字，形如袋者是）。肝管細於肝脈管，脈管又細於四合迴管。統肝脈管、四合迴管與肝管三者入肝内，則互相連合，相齊并入，分散微絲管於内，卒之四合迴管與肝脈管（三十七圖“四迴”字是）散至極微，即曲結如網，爲肝體内極微之紋焉。横直八分之地，有肝管一球，每球之中圍以大迴一管（此即肝迴管也），所以便衆微血管可由小迴管匯而入此迴管者也（三十七圖“迴”字可見）。是以四合迴管之血與肝脈管之血，由微絲管散至肝管之球内，即與肝微管相混，隨由“迴”字之迴管運付而漸達大迴管，卒入下總迴管，復於肝之外見之。

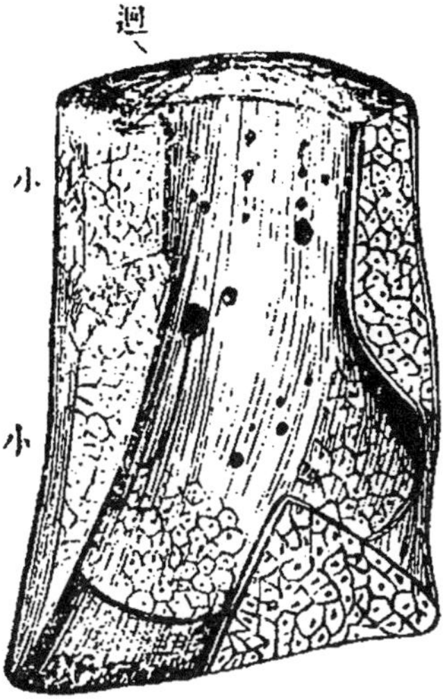


第卅四圖　肝體翻上，由下觀之形

“總”字，總迴管；“四”字，四合迴管；“膽”字，膽管；“肝脈”字，肝脈管；“囊”字，膽囊。惟肝迴管不能見，爲總迴管所蓋。

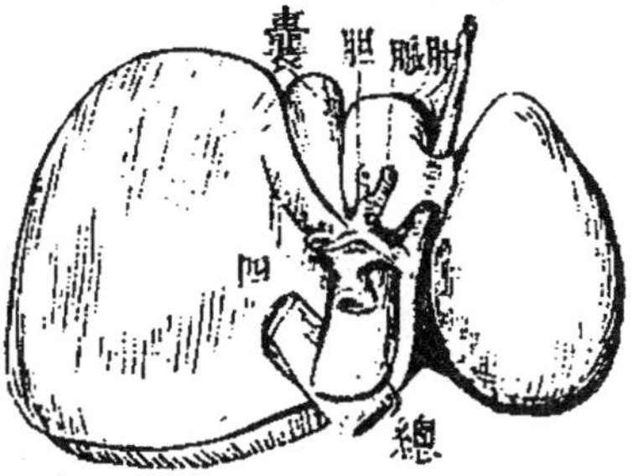


第卅五圖　【肝之小份　映大之形】

肝之一小份特設，以示肝迴管（“迴”字是）與小肝管（“小”字是），并見其與迴管相接。

由是觀之，則血之供給肝内既有赤血，亦有紫血。蓋赤血則由總脈遞於肝脈，紫血則由胃腸、甜肉與脾之微血管會於四合迴管而流入肝。惟至肝内如何歸源，向無實據，兹查知似與微絲膽管相接（三十七圖乙形可見），然不拘是否，而膽汁既由血濾出，勢必尋其路以入膽管也。夫微絲血管所寓之處，乃在肝體之生珠。生珠極細如點，每珠闊一寸之 8：1 千分一；珠内仍有一小核，核體内多肥質，小點分排於内者也（三十七圖“珠”字可見）；且惟肝内有此生珠，而肝乃能發功用焉。

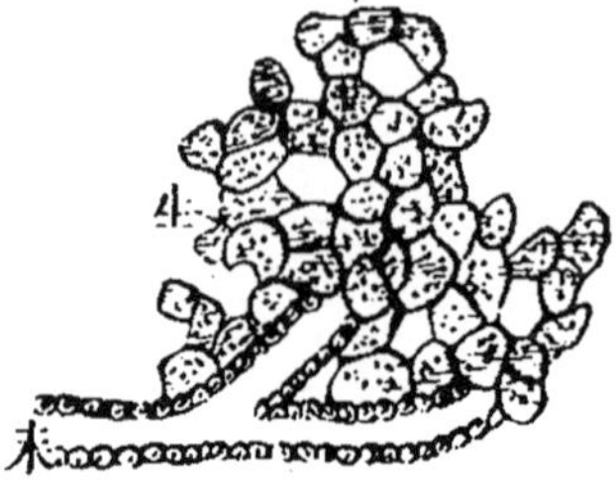


第卅六圖 【肝管末結與肝生珠】

“末”字，肝管末結；“生”字，肝生珠。

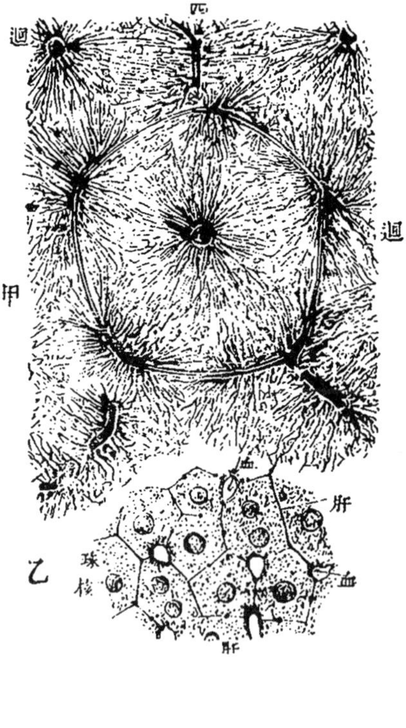


第卅七圖 【肝轡及其映大之形】

甲形，肝之一轡，其白線一圈，乃畫分肝轡之形。

“四”字，四合迴管，散而爲微絲血管，并會於“迴”字之肝迴管；肝生珠圍於肝體，形如網。

乙形，肝轡。

“珠”字，肝生珠；“核”字，肝生核；“血”字，微絲血管割斷之形；“肝”字，肝微管，夾乎生珠之中，色黄者是。

## 二一　論肝經發力變化膽汁

然而肝之功用，其用惟何？亦曰“運血入内，變化膽汁”耳。顧欲知血生膽汁在肝之故，必須先覈其膽汁，次察其血之入肝與由肝而出者何以不同。二者既明，則其功用不難悉矣。

## 二二　論膽汁

查膽汁之所出，計一晝夜不下二三磅之多。其色金黄，味鹹極苦；内含水多，百份之中，衹有雜質八份至十七份而已，雜質内有鏀質，與二酸類混和而成一物，名曰㖼嗹。二酸之中，一屬糖酸，内有炭質與養輕淡氣，一爲苦酸，内有炭質、養輕淡氣之外，并些須硫磺。除以上糖苦二酸與鏀質之外，另有些少結珠之質，形似油而實非油者，西名高哩司顛。另有與血内之希嗎砙相似、亦有些少鹽類之質也。

查膽汁内之水與高哩司顛，及各鹽類等質，皆可於血内見之。故上文所謂“血之入肝”與“由肝而出”，其不同之處正在此耳。但欲查確其血内各質隔去多少，尚屬未得其詳。且肝迴管之血内含之水，又少於四合迴管者焉。

## 二三　論膽汁出於肝内

况膽汁之中更有數質，爲入肝脈管之血内所無者，如有酸與有色之物是也。此又必出自肝本體，或在於肝血内之物，而非可於入肝之脈見之者也。則其血之未入與既出，不更顯然不同乎？

## 二四　論養氣得於肺

今夫血之失於肝内，上文已言之矣，兹論其所得之源，則當首思雜質之所獲原自何部始也。夫肺與外皮，二者皆爲消水與氣之踪〔1〕，然亦爲引獲養氣入血以養吾身之路。蓋經言之，養氣之由肺入血，恒多於炭氣之由血出肺。計肺吸入之養氣，每日有一萬西厘之多（第六章第二節已詳）。至於外皮能吸多寡，尚無確據。至於蛤利〔2〕類，則養氣由外皮入内者也。

---

〔1〕“踪”，原作“棕”，據文意改。
〔2〕“蛤蜊”和“蛤利”不是一個詞的兩種寫法。

## 二五　論肝内生糖質

夫血之由肝入肝迴管，内函之水與肌絲皆少，血輪最多。輪之中，白輪尤盛。又況肝内之糖汁載在此管者，尤較在四合迴管與肝脈者多。究其所以血之由肝而出，内函之水少輪多，血之入肝時，水多輪少，其故蓋緣膽汁在肝内變化，既去其水與肉絲，而獨不去其輪也。再推血由肝出時，内函肉絲何以少於入肝時者，其故似未易盡知。然試思何以血出肝時，内函糖質加增，而血於入肝時，則不聞有糖，不拘肝脈管或四合迴管，内皆無糖，而獨於肝迴管則有之，故必設法細心詳覈，則知其變化之妙也。

## 二六　論糖質在肝内變化之源

一、凡獸類衹食以肉，肝迴管不見有糖，胃腸各液管亦無吸受糖質，即脈管亦不覺有糖也。然實則肝迴管與總迴管之上至入心上房，皆有糖在焉。

二、凡獸類衹食以肉，隨後將其肝割露，以冷水貫入四合迴管，隨由肝迴管與血共流而出，不久見所流之血無色，并無糖味。然若將肝體放於煖處，内則積糖略多。

三、如上文以冷水灌洗之後，將肝體用法可取出一似漿之物，以化學覈之，内含炭輕養氣，且輕養二氣與水多寡相同。然究之此似漿之質爲何質？即二十節所謂肝之糖質是也。此質焙乾，可以經久不變。且此似漿之物實生於肝體之内，原非寓於四合迴管，亦非出自肝脈。蓋得自肝内，用法即可令其變化爲糖也。

四、細查肝體，本有此變化之功，故知其由漿變糖，係在本體内所爲者也。統以上各情節而觀之，則肝迴管與總迴管之血内所以有糖者，蓋原肝之血内，先有糖質運入肝内，變化之後，即流出肝迴管與總迴管，此其大概情形也。雖其確據，仍須於下辨之。

查肝體能將血内所函之質變化爲似漿之物，而其血内亦有能發如膠水之汁，故能變化似漿之物，以變爲糖。變成後，即化而入肝迴管，由迴管以歸於總迴管。然當人死之後，雖可由肝内取出糖質不少，而於生時，糖之寓於内者亦誠幾希耳。且人當壯時，肝内糖質不盡變化爲糖，并亦變化爲别質。然肝内時有糖付入肝迴管，雖每次所付亦屬極少，而以一晝夜統而計之，則甚夥也。況肝内之能生糖，不關食物之有糖或有漿與否，惟必内有養輕炭氣，則允可爲糖矣（第六章另詳）。然若所食之物係屬有漿或有糖者，則尤易變化，此固然之理也。

## 二七　論血得於吸液管

今夫吸液管，上文已言之，乃運載精液以供給血脈者也。雖精液乃隔時而來，然吸管常增新液。蓋衆吸核能更其液或加以液輪，然後乃付入各吸管也。更有所謂無管核者，其功用不甚詳明，固與有管之核異，且形狀亦各有不同。一則居於胸前聲管之下；一則居於心底，幼年甚大，長時漸小；一則居於腎之上，皆爲無管之核，惟形狀大小各有所不同也。

## 二八　論脾經

更有脾經，亦一無管核耳，功用非甚詳，位居身左，貼於胃脘之下（三十八圖可見）。體長色赤，内布血管甚夥，爲一大脈管連入，行遍脾體，即會而歸於脾迴管，達於四合迴管，隨即入肝。

試將脾體割巒，則見其紫棕一片，上有極細白點，乃脾内之白輪爲刀割破者。白輪乃脾本體所生，與血内之白輪相彷彿，爲微絲血管所圍繞者也。再觀其紫棕之體，内除爲白輪所寓外，并有肌肉與能縮伸之質，皆爲

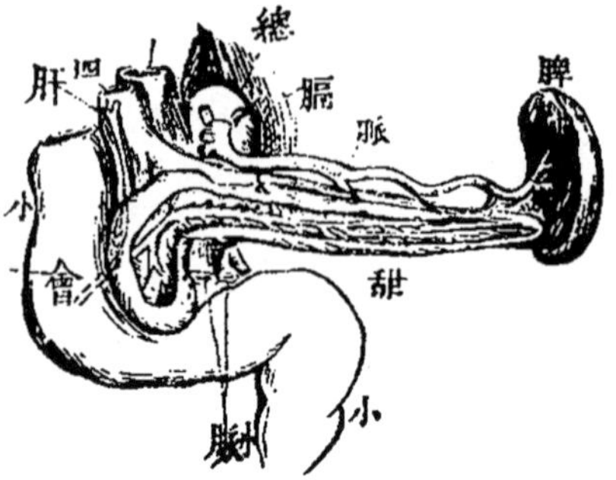


第卅八圖　　【脾胃與脈管割露之形】

“脾”字，脾經；“脈”字，脾脈管；“四”字，四合迴管；“總”字，總脈；“膈”字，膈膜；“甜”字，甜肉；“小”字，小腸上迴；“肝”字，肝管，與甜肉管相會於“會”字而入小腸；“小脈”字，小腸脈管。

微血管以網結之。且以脾内有此縮伸之質，始知其體能大能小。况其伸縮之勢，亦與腹内胃腸相應。蓋食後六點鐘之内，皆爲脹溢之時，六七點鐘之後，苟不再食，則漸消矣。按脾迴管之血内具紅輪較少，白輪與肉絲皆多，而脾脈管則反是。或謂脾部一經乃爲生長白輪之府，凡血内白輪皆得自脾經，此亦有因之事也。

## 二九　論人身内熱

人身之熱，常由外皮與肺氣管而出，身内雜質皆爲熱之引導，是則雜質固與内熱俱出也。夫外皮之受風寒固較内腑尤易，然人身之熱（指無病者而言）每自平和，朝與夕無甚異，肢與體不相殊，皆在寒暑表九十九度之間，高低不能過一兩度。考其所以然之故，約有三端：一則熱之在周身時時出陳入新，以補回缺少之數；二則熱之散布於身無時不有，無少停歇；三則熱之加減亦必時時調匀。雖然，熱之所生實不外因遇養氣之故耳，是故人身内之各雜質（或有淡氣之物，或油或漿）若與養氣相遇（如第六章第四節所言），則必變化爲溺底、炭養酸與水，此時熱即與之俱生。况此表洩雜質之功，爲人身各處所皆有，并與養生之各功用同施其力。故凡有血氣者，其微絲血管與管外各處皆是真火燃化之所在，熱與雜質即由此而成，且必循乎養生之各功用，以同施其變化也。

## 三〇　論身熱原於血熱

獨是養生之功用各處每有不同，不能全體皆發其力，及在此處之熱易於散開，在彼略難散開者。故苟非内熱散布調匀，則人身必有冷暖不同之異，更或此時與彼刻不同，而不知養氣與真火不必遇於何處，亦必使該處之血先熱，而血由此即可流遍周身，以故周身之熱皆相若也。然當血行於外皮，則其熱既已爲升騰所減，是未行至内腑之先，而血已減其熱矣。然而在内腑[1]，則血脈更相叠近，養氣正相逼燃，故其熱尤甚於外也。夫如是血脈之在人身，可比於水之在衆水管，用壓水機筩使水

〔1〕“腑”，原作“府”，據文意改。

由衆管周流，惟衆水管之下，雖各置燈火以蒸之，然各管有曲有直、有長有短，火勢亦各處有多有少，但其水流通和洽，則熱氣自無此不調匀也。

## 三一 論熱氣之表裏有寒暑之異

再若各水管皆不能通流於外，衹可在内運行者，則照上法燂熱，更不難令水熱多熱少。然苟在管之外以濕布包之，則水汽又可減其内之熱，但水布包得長些，内熱散出亦多（外濕布包内熱，水汽散開，自可引管内之熱外洩也）。

然則人身之煖，其所以能調匀者，其理亦不外是耳。蓋血管雖運行而終無通流於外，皆爲外皮與肺内皮包之，是則外皮與肺内皮，即可比於濕布矣（蓋天氣常接引於外皮與肺内皮之濕出内出外，而熱亦與之俱出）。如是，乃足以令人身之煖調匀，尤有巧於生成者。外皮與肺内皮之生發多寡，既不事求於人力，亦不獨藉夫天氣。蓋當衆血管放鬆之候，由外皮及肺内皮、絲血管洩散於外皮管衣，故皮與衣常濕也。[1] 獨是血管或縱或縮，又必賴腦氣筋

[1] 原書注："絲血管"三字，係衍文；"外"字下有"之水汽必多"五字；"皮"至"也"十字，衍文。整理者按：也即"由外皮及肺内皮洩散於外之水汽必多"。

以主使之。苟受風寒，或以冷水激其腦筋，則必令血管收縮；若以温熱以煖之，又可令血管縱溢。是故天寒則血行於外皮較少，熱氣之由外皮洩導亦無多；天熱則血行於外皮既多，汗汽之洩於外更甚，血内之熱氣既因此而減，身亦因之而凉。此寒暑之異，人人皆得而悟之也。

## 三二　論各有管核

獨是血之所以洩於外者，每自各核以導之。而核之形如結如袋，核體不外内皮爲之，皆藏於内外膚之内。如單合核皆寓小腸之内，每核以内皮拘成囊袋，狹如小管，向外曲迴不通，向内口開接於腸内（三十九圖“一”形是）。汗核上文經見者，形如小管，寓於外皮，而結球甚夥。其餘脂囊核與毛囊相連，囊管略短，核囊之内分布窄管，曲迴口閉（三十九圖“五”形是），核之上有長管一條，形如頸，其口開而向上，衆核管曲迴成球，終達於核頸；每核頸之下常分數小管，衆小管曲迴分布之後，復合而爲一大囊，貫於一大頸管（三十九圖“六”形是），其形頗似菩提子一球，故有名之曰菩球核者。其餘涎潺諸核與甜肉核皆與此同其類。

然凡核之動用，每因腦部而施。蓋腦有所感觸，即合各核有所措施，或令核之血管發力，或核體與血管俱爲其遷動焉，如目視耳聞嘗味皆有涎液發於口内，蓋緣腦部忽爲氣味所觸，至令各核生發涎液也。試即獸類而驗之，若將司理涎核與核内脈管之腦筋觸抑，即可令該核生發涎液。按諸核所發之涎内函堅質甚少，水爲最多。至於外皮之汗核，固爲失液之路，而腸内之吸核，又爲得液之津也。

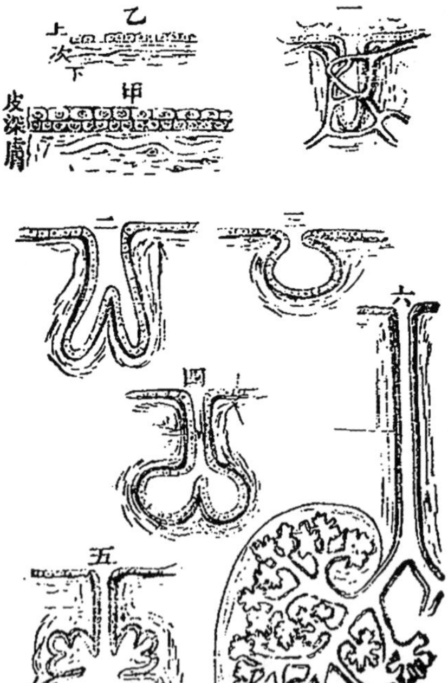


第卅九圖　各等有管核

甲形，管核内皮之形。
“皮”字，内皮；“深”字，内膚深層；“膚”字，内膚；“血”字，血管；“連”字，連網。
乙形。
“上”字，内皮上層；“次”字，内皮次層；“下”字，下層。
“一”，有管核；“二”，曲底之有管核（其血管皆剥去）；“三”，囊管核；“四”，分二囊核；“五”，分數囊核；“六”，長管核。

## 三三　論雜質得自肌肉

再論血内雜質之來源，又每得自肌肉。蓋當肌肉發力之際，即有雜質付入於血，且其中以炭養酸爲最多。然何以知此？蓋一則凡血由動用肢體而出者，其色常紫，而血由不動之肌肉而出者，其色常鮮；二則凡人用力之後，其呼出之氣亦多炭養酸，可知其血内亦多炭養酸無疑矣。

# 卷三

## 第六章　論消化之功用

### 一　論養生之源

夫血脈得長之源，除肺經與外皮之外，惟飲食各腑爲養生之路。顧統其事而論之，則曰消化之功用。然必先及功效之大概略論之，然後乃分詳其微妙耳。

### 二　論人每日受用飲食多寡

夫人日必飲食也，或肉或蔬，或米麪或湯茶，由口而入胃入腸。顧苟其身之輕重朝與夕無甚異，則乾堅之質得入於身者（如食物之類）已得八千厘（西厘）之多，連由肺所吸入血之養氣計之，不下一萬八千厘（約二斤一兩），肺可日吸養氣一萬厘。此人身一日所得乾質與養氣之數也。

## 三　論人每日消導多寡

然以人身每日由大腸遞出之乾堅質而計之，則不及所入者十份之一（約八百厘）。且堅體未鎔者，獨大腸一路消除爲能見耳；其餘一萬厘之養氣與七千二百厘之乾質，必當由肺經、外皮與内腎三路而出，或變爲氣，或化爲水，各按消導之宜耳。今夫人身之質體，時無所異也，然則飲食之入於身，其質體即與人身固有之質體相同乎？抑或過養身各腑之後，食物已消化，身之質體乃有受用乎？不然，則必俟飲食化後，半歸乎人身之餘液而復棄之，半同乎人身質體而受用之矣。

## 四　論食物之質性

凡物之用以作飲食者，内含之氣質不外四大端，一有淡氣之物，二脂膏，三漿類，四地脈所出各物。

何爲有淡氣之物？凡有炭質與養輕淡氣四原質皆備者是，如麫膠、蛋白、血絲、肉絲，與連網及韌骨内之質，皆其類也。

脂膏則祇有炭質與養輕氣耳，獨無淡氣。且脂膏之輕養二氣，若以之合化爲水，則輕氣有餘。凡禽獸與植物之各脂膏皆同其類。

漿之類亦衹有炭質與輕養氣耳，淡氣無之。惟其輕養二氣，若以之合化爲水，則無多無寡。凡漿糖、爹士提連、樹膠等皆其類也，以上三大端皆可於生物得之，如禽獸與植物等，故名之曰生物食料。

至於地脈所出食料，則可得自生物，更可得自覆載之間，如水、鹽與土及五金等類是也。然此必當加入養氣，乃可爲食物；不然，則不能由口入胃腸，即不得謂之曰食料也。

## 五　分覈食物之質與人身之質體相符

今試以化學分覈，凡生物食料，内具或三原質或四原質，即養輕淡氣與炭質也。而地脈所出食料，不外水與鹽耳。然將人身之質體化覈之，亦不外此四原質與水，并食物中之鹽類而已。非但此也，凡食物可以養身者，其中必須有淡氣之質，否則不能作食料，即不能變化養生。惟心内函有淡氣之質，不拘化成蛋白、肉絲，及乳餅等類，始足以養生。蓋人身日需淡氣之物不少，造物特備此以供人之用。是知各物内函之質性，固與人身之質體有甚相合而不可少者。更知其中亦必含有地脈物料，亦爲人身所需。惟或兼脂膏，或兼漿類，皆足以長養肢體之所虧，補益人身之不足，務使有消有長，無所乖戾，庶見造物養人之恩深也。

## 六　論淡氣之物爲人所必需

今夫淡氣之質所以爲人身所最需者，其故緣以尿底一物内函淡氣最多，爲人時所必洩，不拘飲食與否，尿底時所不息，而淡氣之能入於身，衹此飲食一路，除食物之有淡氣外，别無他物可化爲淡氣雜質。且既有此淡氣之物，則别物所需皆非甚殷，衹加地脈所出各料，則足矣。蓋有淡氣之物，内已有炭質與輕氣甚多，允足變化爲炭養酸與水矣。

## 七　論淡氣之物爲食物之最要

觀於此，則知凡獸類，不拘食草或食肉，苟衹以漿類或脂膏以食之，而絶其淡氣之物，則該獸必餓死，是爲死於缺淡氣也。且當該獸未死之先，其臟腑必自相殘噬（狀見日瘦一日）。蓋絶淡氣之物，則無以化爲淡氣之雜質（指尿底），勢必將本體有淡氣之質殘化之；若各食物皆絶，則凡雜質餘液莫不以本體之質殘化也。如此，則曾見一羊可以由是而斃，一獅亦未嘗不可從此而亡。人又何以異哉？（比如羊慣喫草，衹以漿類喂之；獅慣喫肉，衹用脂膏養之。久則日瘦而不能活者，是無淡氣之食物也。）

## 八　論獨食淡氣之物而不兼别物則無益

獨是有淡氣之物，雖爲食料之最要，且能補足人身，然專喫淡氣之物實屬不便，而糜費多。如蛋白乃一有淡氣之物也，然每蛋白百份，内有炭質五十三份，淡氣衹得一十五份而已。故食蛋白者，每得炭質三份半，始有淡氣一份。更經於壯者驗之，於飯後用力至極時，有四千厘炭質洩於外，而淡氣與之俱出者衹三百厘，不過炭質之十三份一耳。然若欲於蛋白内得此四千厘炭質，則需食蛋白至七千五百四十七厘之多；而於此七千五百四十七厘蛋白之内，已有一千一百三十二厘淡氣。然則四倍蛋白，即有一倍淡氣也。又若欲於瘦肉内得此四千西厘炭質，則須食肉至四磅之多，而每磅瘦肉約有淡氣三百西厘。夫人身所需淡氣，日有三百西厘已足其用矣，則其餘不皆費乎？况人衹食有淡氣之物而不兼以别物，則受用過多，不獨咀嚼榨化，費力傷神，抑且令内腎盡費功力，乃克將淡氣雜質（即尿底）隔出。與其徒費精力而歸無用，孰若食至當可而有益乎？夫人身之惜功用，猶國家之節財帑也。財用不節，則國立窮；功用不惜，則身立瘦。況人常食有淡氣之物而不兼以別物，則可致死，何也？以各臟皆盡其力，以隔有淡氣之雜質，不暇及於別務，而所得又不能償其所費，未有不致力盡者也。

## 九　論兼食以養身

推斯義也，天下之人類雖不齊，萬國之飲食雖不一，要亦必以有淡氣之物而兼以油或漿或二者皆兼，庶克爲養身之用。此上主造物所以體無不備、用無不周之意也。

按脂膏每百兩内有炭質八十兩，漿每百兩内有炭質四十兩，凡人每日約得瘦肉一磅，其中淡氣已足需用，炭質亦有一千西厘，所欠不過炭質三千西厘而已，再加脂膏半磅許或漿一磅，已足其數。且脂膏若調和均勻，或漿若烹調合宜，則殊易消化，不須費力，自能養身。

## 一〇　論擇物以食

然食物之中每多一物而兼數質者。如牛肉，百斤内有油三十至五十斤；麪包，既有膠水亦有漿糖，及油亦些少有之。然以牛肉與麪包，雖已有淡氣及各質，然若獨食一物（或牛肉或麪包），猶未見其足。蓋必得麪包約二十四磅、牛肉約九兩兼而食之，庶得飲食之正耳。

## 一一　論身熱之源

夫食物内函之實質，入身變化後，出乎人身之時，皆化而爲炭養酸、爲水、爲尿底。凡由身而發洩於外之各雜質多於由食物入於身之養氣者，何也？蓋因由肺吸入血之養氣與之同出故也。蓋凡食物在内與養氣相遇，即有熱氣蒸騰，足徵人身内，時有煖氣也。

## 一二　論食物有生熱生肌之用

是故食物之入於身，有用以爲蒸騰熱氣者，有用以爲生長質體者。其漿油之類，則用以生熱；其淡氣之質，則用以生肌。一切臟腑筋骨，莫不賴此有淡氣之質以長，且此亦能生熱。蓋在身内能化爲漿，而漿固爲生熱之體也（詳第五章二十五六節）。故即養身各物料而甄別之，則以有淡氣之物爲最貴重之品，蓋惟此爲能養生，其餘漿油等類雖亦在必須，然所需正非若是甚殷也。

## 一三　論飲食消化之大略；論口與食管

顧凡食料，不論有淡氣與漿油，及地脈所出者，或獨自成物，或混合數質，皆繫乎各腑消化之功。由至粗至硬咀嚼榨化，以致至細至精，以便易入胃腸，得入各微絲吸管與血管。故食物至口，牙齒咀嚼之，與口津混合，即吞入胃，爲胃津榨化，遞入腸，則腸内各核并肝經甜肉齊相化之，務將食物之精液吸榨殆盡；所餘渣滓，隔而出之，是爲糞。此飲食消化之大略也。

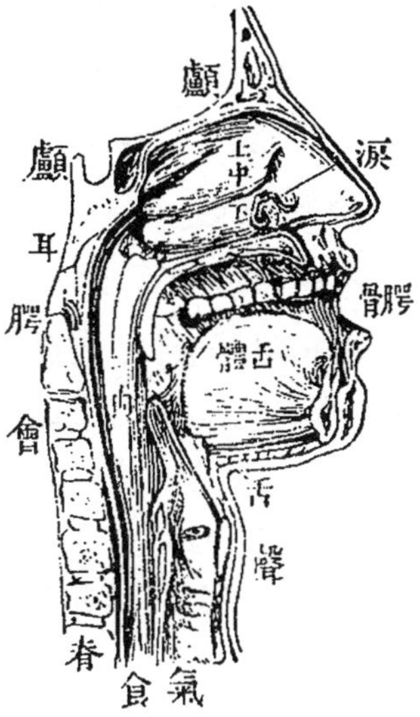


第四十圖　口鼻側面略在左割開

“脊”字，脊骨；“食”字，食管；“氣”字，氣管；“聲”字，聲管；“牌”字，牌韌骨；“會”字，會厭；“腭”字，腭簾下肌；“耳”字，耳氣管；“淚”字，淚管；“舌”字，舌骨；“體”字，舌體；“骨”字，腭管；“顱”字；頭顱底；“上中下”字，上中下水泡骨；“内”字，食管内。

按口之形狀如房，上爲腭盤（四十圖“腭”字是），下能開閉者爲下牙牀，舌居上下牀之中（圖上“舌”字是）；圍貼上下牀，有牙三十二枚，上下各十六；牙齒之外有二頰，圍合兩便；牙齒之前，有唇皮以固其門户。當口閉時，舌根即與上下腭相貼，此處即腭盤之底。而連於口與喉之中，仍有一性軟如簾之肌，名曰腭簾；簾之中，伸而落之爲其小舌，兩旁即其喉門，有肌柱二條，名曰腭前柱、腭後柱；二柱之中，有杏仁核二，左右各一；腭簾與小舌相狹於舌根，之下則有一軟韌骨形如盒蓋者，名曰會厭（圖上“會”字是）。過此會厭之後，即其食管頭，形如槳口袋，管頭乃肌肉爲之，上口連於頭骨，兩旁接乎兩頰，下口連於下腭。由食管頭窄而下之，即“食管”也（圖上“食”字），食管體屬肌肉，乃導食物入胃之徑也。除食管頭之外，尚有六孔竅皆在管頭之前者，四孔分對齊入，二孔單行：如兩鼻後孔、兩耳氣管（“耳”字可見）皆分對而入者；其二孔居正單行者，一爲會厭，一爲氣管口。

## 一四　論各津液核

按口與食管頭内皮之裏，藏匿微絲液核不少，而其最大與生發津液最多者，則有三對，即耳下核、頦下核、舌下核是也，一切口耳諸涎皆由各核生發（核見四十一圖）。每一耳下核起自耳門之下，接一核管，管達口内，約在上牀第二對大牙正對，即耳下核管口也。其餘頦下與舌下核皆在下牙牀，惟頦下所居仍在舌下之後，核管口皆居下爬。舌尖之下，各核所發津液與口内皮衆小核之津混合，即爲口津。口津雖輕淡如水，其中每函一微生物，西名啼阿連，此物具有格外功能，蓋遇有淡氣與有油之物，皆無所爲，獨遇有漿之物，則與之相混；久之，熱氣蒸化，即將漿類變而爲糖類。然何以漿必須化糖？其故以漿不能爲水所化，是以不能養生，故必先化爲糖，而糖則水能化之，且亦易與養氣混合也。然則啼阿連之所以有用者，以其能化漿爲糖也。

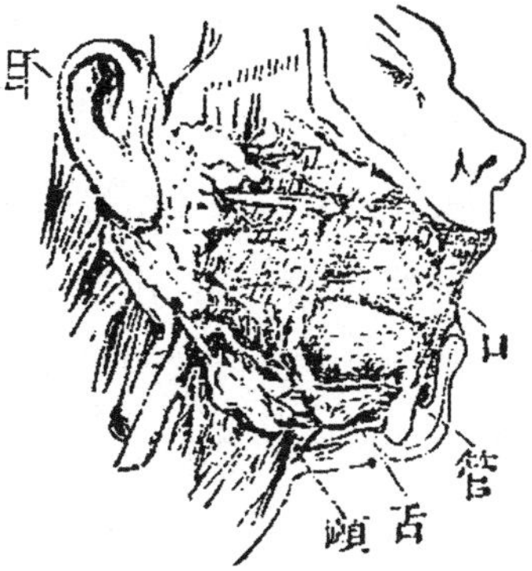


第四十一圖　割露面右邊之形

"舌"字，舌下核；"頦"字，頦[1]下核及核管，在舌邊"管"字與"舌"字之核管相連而入口；"耳"字，耳下核及核管，口至面前"口"字。

## 一五　論牙齒

按三十二牙各有牙頂凸於齒之外，更有牙脚或一或二三不等插入齦之裏。左牙八枚，與右者形狀相同；惟上與下，則雖同其類而微異其功。其在正面二枚略寬而

〔1〕"頦"，原作"頤"，據第14節正文改。

薄利者，名曰門牙，又曰切牙（以其薄利能切食物）；次於此，則有一牙，更屬尖利，爲撕�食物者，名尖牙，又曰眼牙（以其二牙相對如眼）；又次於此，則有二牙，體寬而裏外各有一小牙阜者，名曰小阜牙，又曰假磨牙。以上各牙皆屬一脚者，惟小阜牙則或有二脚，外此皆爲大牙，均有二三脚者也，凡食物入口皆賴此以咀嚼之，故其名曰大牙，又曰磨牙。

按大牙之在上牀者，每有牙尖四峰分立四隅，斜而連爲二峰。大牙之在下牀者，有二牙阜，五牙峰，裏面二峰，外面三峰，皆環而立者也。至於牙齒之肌肉，上文已言之，乃能開閉者也。故下關一落，則口張而牙放；下關一起，則口閉而牙合；時或斜而嚼之，又能令尖牙與磨牙相錯，然此費力尤重，且二牙皆難施其力耳。凡嚼硬物，則牙外殼受力最大，蓋牙外殼爲人身質體中之最硬者，其質性可比於鋼。雖然牙爲質體之最硬，而至耄期則亦損離，即中年食物太粗者，亦常磨損。

## 一六　論咀嚼與吞咽

凡食物入口，牙齒咀嚼之，物即磨碎，由牙而落於口，復爲頬唇之肌攝合之。其落於牙後者，又爲舌驅卷之，務使糜爛殆盡而後已。且當咀嚼之際，諸涎核即有津液流出，而口津與食物混合，自然往下吞落，蓋不獨口津之帶物下吞，且有天氣相爲逼落也。食物於糜爛候，則混聚成團，爲口津包之，滚至舌背，即送入食管頭。至此，則腭簾提起，腭前後皆相貼合，而舌即底〔1〕於上腭，逼食物入内，并令會厭肌起，而厭覆其氣管口，以便食物得入食管，而無漏入氣管。且腭簾提起，又能將鼻後孔厭蓋，是亦無食物入鼻之弊，惟導其由食管頭一路而下耳。至於食管頭，則物已爲其所拘納，此時食管頭肌發力，送而入於食管，食管肌復擁動之，送至胃内。此食物入胃之徑也。

## 一七　論所飲

至於所飲，亦同是路，但其所至，均有肌力以擁送之，故雖傾倒，亦不能復出。試觀牛馬飲水皆低頭傾咽，然水亦能由下而上入於腹，其理正可悟也。由是咀嚼吞咽之後，則食物將何以變化乎？見其始則糜爛混合成一軟團，繼則見食物之已化而包於口津之内者仍自變化，終且有由漿而變爲糖者焉。

〔1〕“底”，通“抵”。

## 一八　論胃與胃津

夫胃者，圍也，與食管同其質，形如管，亦如袋，體屬肌肉，内滑潤而貼附有内皮一層。惟其形勢之異於食管者有數端：一則其體大於食管甚多，且其左便臟大，甚至與心體相貼，名之曰胃脘（四十二圖“大”字是），由食管接於胃上口，曰賁門，胃之中，連接胃脘之下，其一便斜圍而彎者，曰胃小端，一便包裹甚圓者，曰胃大端。胃脘之右略窄者，是其下口，與小腸相接，名之曰幽門，該門有環肌一圈（四十二圖“下”字是）。夫胃内皮質性柔嫩，内寓微核甚多，有獨一而居者，有連串成球者（四十三圖可見）；其功用能發津液以化食物，且惟此連串成球之核能發津液最多，故名之曰胃津核。當空腹之際，胃内皮色白微濕而已，蓋腹空則腹内衆血管皆收縮，内貯之血無多；及

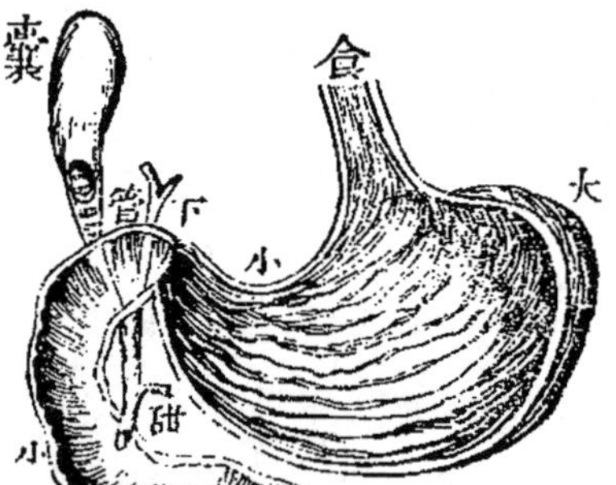


第四十二圖　胃後面割開之形

“食”字，食管；“大”字，胃大端；“小”字，胃小端；“下”字，胃下口；“管”字，膽管；“囊”字，膽囊；“甜”字，甜肉管與膽管會合而入“小”字之小腸；“小上”字，小腸上迴。

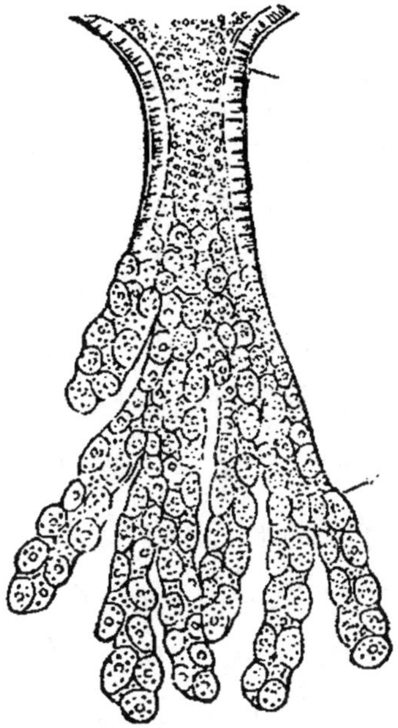

第四十三圖　胃津核爲顯微鏡映至三百五十倍大者

夫食物入胃之時，則胃之腦筋發力，隨令衆血管脹溢，内貯之血增多，内皮色赤，衆液核之口皆貌津液，且流而爲化物之津，其理與頸之自和腦筋有所感而面赤出汗相同。考胃内津液，凈者内函水之外，兼有鎔化之鹽類少許，并有酸味，以其内有輕緑酸也，又兼些須特要之液，西名把彼先，與十四節所論之“啼阿蓮”有所不同（把彼先另詳下文）。於是凡食物入胃，則胃體擁動之，將各物與胃津混和，務至極匀，自見其消化之功。

## 一九　試驗消化之功

今試即其功而驗之，將胃内皮之有微液核者，放入略酸之水内，加以肉片或熟蛋白，或別有淡氣之物，和至極匀，然後以火烹熱至寒暑表約一百度。如是者數點鐘之久，則見蛋白必化（若過多則不能盡化，非太過則必化之)，及其肉亦化，所餘祇些須肉絲、連綱與脂膏等而已。然此亦屬身外以人事消化之功耳，然推其理，則與人身胃内之功無異，凡有淡氣之物爲胃内“把彼先”消化者，不拘原物係屬何品，或飯或麥，或肉或蛋白，一經受“把彼先”消化後，則形狀皆混無甚異。且此經“把彼先”消化之物與未爲“把彼先”所化者，其不同之處有二：蓋一則受化者極易爲水所鎔，二且極易洩過薄皮。其未爲“把彼先”所化者，則水不能鎔之。如肉絲原爲水所不能化者，又如蛋白似能爲水所化，然實不能化盡，苟以火烹之，復可令其凝結。惟此爲“把彼先”所化之物則不然，蓋盡鎔之，而不復爲熱所能凝者也。

再試將蛋白放入一猪膀胱内，將口扎閉，隨放該膀胱在水盤内，則膀胱内之蛋白不能洩入水内，然若將别有淡氣之物，經“把彼先”化後者放入膀胱内，則立見該物由膀胱洩入水内甚多，此則謂之曰洩散之功，在人身内殊爲要務。蓋所以使有淡氣之物爲“把彼先”消化後，即可由胃腸内皮洩入血管，以盡其化物入血之功也。

又如有漿之物，雖烹熟亦不能爲水化盡，即不能洩入胃腸内皮，而糖則屬易洩過。是以凡爲漿者又必須先變爲糖，然後乃可入血也。今使以淡酸强水，已足化有淡氣之物，然必化之甚遲，須數日乃克化盡，苟加以“把彼先”以助之，則化之速耳。若夫脂膏乃胃津所不克化之質也，故凡肉食或菜蔬内函有油者，入胃之後，即將包裹油類之連網化去，油質仍然未化，必俟別液之能化油者以化之。又如漿類，亦爲胃津所不克化者，然此則大半已爲口津改化爲糖，所餘者入胃不能化之（以胃内有酸汁，故不化），須俟過胃之後，乃克盡化也。

## 二〇　論食物變化入血

今夫食物既經各路差磨之後，隨加以胃津混合，則其形狀已化而如乳如汁矣。當此時也，半已由胃下口落入小腸上迴，餘則盡入胃内之微絲血管，過胃迴管之後，即會而流入總迴管。

## 二一　論大小腸

夫小腸者，受盛傳導之官也。内皮摺叠，體屬肌肉，與胃同其質，并同爲統膜所包。分大腸小腸者，以大腸粗而小腸細也。統小腸而計，則分上中下三迴，然亦無實指何處爲某迴，惟接乎胃下口者則爲上迴，其形乃曲叠而居，爲統膜所包，貼於腹背，四十二圖所見之小腸一迴，即三十八圖盤接甜肉之一迴也。小腸下迴（四十五圖“小下”字是）與上中兩迴寬窄無異，是故由小腸入大腸（四十五圖“上”字），乃由狹窄忽至寬闊之地也。當食物由小腸下迴轉入大腸之際，則有唇袋一層，以便食物至此不能返回小腸而易從大腸順遞者也；此唇乃內皮爲之，形如門户一重（四十五圖“袋”字是）。其脹密而垂於此唇之下一節，爲大腸頭，於此處另生一小横腸，名曰闌尾（四十五圖“尾”字是也）。大腸頭在腹胯之右，由此而上爲大腸上迴，至肝之下，忽轉而横過於左，是爲横迴。由横迴復轉而下至左胯，是其下迴，從此轉至正中，則爲直腸，即肛門也。

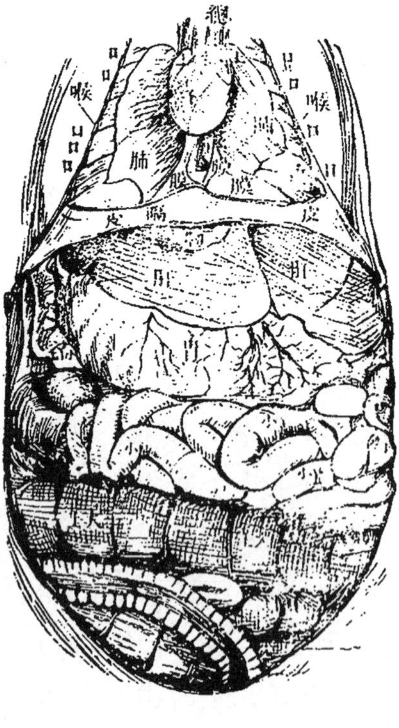

第四十四圖　割驗兔子胸腹之形

“喉”字，喉嚨，兩邊連於肺膜；“下”字，心下房；“上”字，上房；“脈”字，肺脈管；“總”字，總脈；“肺”字，肺體割後氣已破而附於背者也；“膜”字，兩邊肺膜；“膈”字，膈膜；“韌”字，韌骨至胸前；“皮”字，胸腹交界之外皮未割去者；“口”字，剪去脅骨之割口；“肝”字，肝體，此處所見略偏於左，人身者偏右；“胃”字，胃；“小上”字，小腸上迴；“小”字，小腸；“大”字，大腸；“大上”字，大腸上迴。

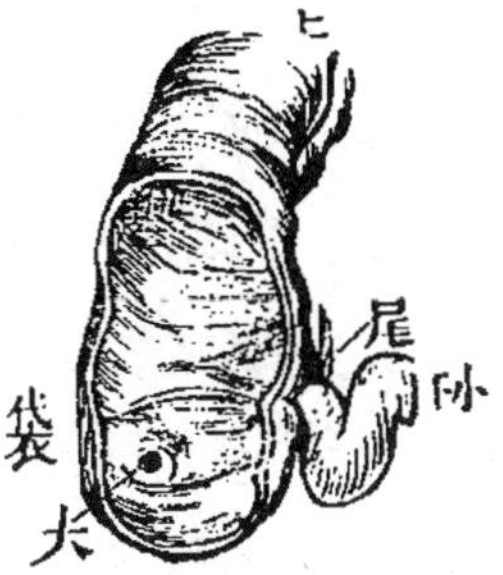


第四十五圖　大腸上迴

“小下”字，小腸下迴與“大”字大腸交界；“袋”字，大腸内之囊袋；“尾”字，闌尾。

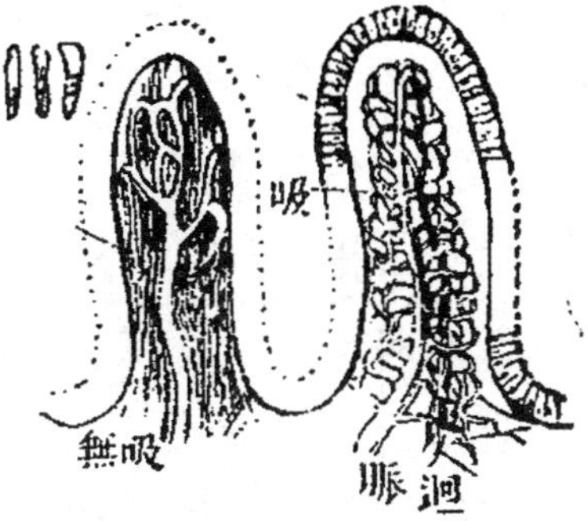


第四十六圖　小腸内吸液管

“吸”字，吸管本體；“脈”字，脈管；“迴”字，迴管，相連微絲血管；“吸無”字，吸管無血管所蓋之形。

## 二二　論腸内質體

通腸内皮，皆有微核寓内以生發津液，名曰腸液核，其爲用不甚詳。雖有謂其能化漿類以爲糖，化淡氣之物如“把彼先”者，然亦無確據。而小腸上迴内皮之核，更無有知其爲何用者，故其名亦無庸特志。惟其中有特要者，乃小腸内皮之摺紋，上有細小如線之口端，排連甚密，每爲腸内膚包之，此即吸液管之口端也（第二章第六節已詳）。於此吸管與腸内膚之中，有微絲血管甚密，并其由心入腹之脈管，與由腹迴心之迴管，皆寓於此焉。

按腹脈管之血乃由總脈直達於腹，而迴管〔之血〕[1]乃運行腸内而達總迴管者也。考腸内之肌肉（在内皮與統膜之中），乃雙層環叠者，一爲直紋，一爲横紋。横紋環繞其腸之裏，體略厚；直紋包裹横紋之外，體略薄。横紋之肌，不拘某節，一發力，則在下者必接繼之，如上節發力既止，下節續連，如蚓蟲行路擁送而前，是以食物得以按節榨化，如迴擁送，必由上遞及於下也。至於大腸，則直肌自分三條，形如三角。按腸肌本無腸體之長，是以腸體爲其局皺如袱如袋，卒至直腸之末，則其肌結如環，名肛門環肌，縮閉甚緊，除大便自泛之外，時能自閉其門。

## 二三　論膽汁與甜肉汁

夫腸内精液，除各液核生發之外，惟有肝與甜肉二經有汁付入，名曰膽汁、甜肉汁。其管之接入腸者，乃在小腸上迴斜行而入，不容小腸之物返入此管，衹導膽汁、甜肉汁付入小腸（觀三十六、三十八與四十二圖均可見）。按甜肉汁味屬蛤蜊（略鹹），與口津大概相同，所異者，惟其内多有淡氣之質耳。至於膽汁，已於上文“論肝經”

〔1〕“之血”，據文意補。

詳之矣。

當食物受胃津榨化之後，漸入小腸，其中有已化，有未盡化者。當斯時也，甜肉一經即有所爲矣，則見其血管脹溢赤紅，本體生發汁液運流於管，達入小腸，故曰甜肉一經，爲助腸消化之府也。再論膽汁，則時有所出，非比甜肉之臨期而發者。蓋膽汁則有膽囊爲之藏貯以待用，故當食物至小腸上迴之際，則膽汁即由膽囊而下，會於甜肉總管，二汁於此管内混合，齊入小腸；此時，小腸内之食物尚形如漿如餅者，爲此二汁化之，即變而爲養汁矣。

## 二四　論養汁

夫養汁之於漿餅何以異？蓋一則爲膽汁之蛤蜊味，已破其漿餅之酸味，二則惟此膽汁、甜肉汁乃能化漿餅内之油質。且一經將油質化後，則漿餅立鎔油質，亦散爲極細小點，漿餅既去其油膩小點，則化而成汁液，形如水，而此極細油質亦皆離水而自聚矣。按油質之在養汁内，原能與水混合而不散，如油之在蛋白内，與鮮牛乳内之油，皆勻和，而非如油在水浮面者也；且養汁之形狀，亦頗與牛乳相似，而混合之微細油點則返光甚明。至於由漿變糖一端，於胃内未能消化者，至是亦得盡化。

蓋有甜肉汁與腸液，則功力允足盡克矣。

近且有查悉甜肉一汁，能化食物之有淡氣，可與胃內“把彼先”略同功力者。又有謂克化之功，不獨膽汁與甜肉汁能析油質爲細點，又如蛤蜊與油相合，又能變爲礆。則其物與物相克，質與質相化，其精微妙奥，正非於化學格物三折肱焉，未易盡明也。然統其大略而言，要不外在口則化有漿之物，在胃則化有淡氣之物，而在腸内則統漿、油、淡氣三者皆研鎔細切，以備入血養身焉。今夫養汁由小腸擁送而下，則其化净者皆爲吸管噬入，即其油質之尚形細末小點者亦得送入腸内膚，而達於吸管口端矣。獨是油質何以能入？其理尚費思疑。蓋各物之入吸管固爲腸肌擁送逼入，豈腸肌亦可將油質逼入，如水銀末之可入象皮乎？然或者謂此質非衹逼力可以盡付者，蓋更有别力以助之乎？

又况吸管之外，每密布微絲血管甚多，則養汁之得入血管者不更多於入吸管乎？抑或更分孰則專入吸管、孰則專入血管者乎？雖然吾輩不能親見養汁之入血管者爲何質，養汁之入吸管者爲何物，然惟一端之可信者，乃油質之細末獨不入血管而入吸管，周行於吸管之後，至脊前之精液總管，由是乃流入血（第二章第五、六節已詳）。

## 二五　論大腸傳導渣滓

當食物周行於小腸之際，則凡有漿油與有淡氣之爲“把彼先”消化者，皆漸次而去其精華，所餘渣滓付入大腸頭，此時則另需一味酸之腸液，以爲染飭色味而轉爲糞，渣滓愈往下行，則色味愈形其爲糞。是以有謂食物之在大腸上迴，猶有消化之力寓乎其間也。

# 第七章　論運動

## 一　論養生功用

夫以人身之所入化而爲其所出，其功其用，上文已盡詳之矣。且日見其受用鮮食料，或屬生物所烹，或爲地脈所產，供給不遑。此無他，凡以爲變化宿液驅而外之，或爲炭養酸，或爲溺爲水，洩流不絕耳。按所受之生物原出自生植物之類，而所失之宿液仍歸地脈之産（凡水與尿内之鹽皆地脈所産）。是則人身之消受可比一溪水，所來有二路（指生物與地脈二者），所去衹一路矣（獨指地脈）。又可比一活水溪河，時無深淺之異而川流不息，無一物能少停於内。然而人身之内特有所異於溪河者。蓋所入之物，其形質較之所出者紛雜不一，不必譬諸他事，即以飲食而論，凡物之入於身，乃合衆原質爲一大團，既入則散而爲細末，分行各腑之後，乃隔而出之耳。然使物之能研末分行，其功力爲何？即養生之功力也。

## 二　證運動爲養生之機

且此養生之功力，可於運動時證之，或一處，或全身不等。然質體之能令吾身運動者有三：一爲生珠活潑，二爲微毛伸捲，三爲肌肉舒縮。夫血内白輪，其活潑之象，上文已言之矣（詳第三章第六節）。而類乎此者，更可於身内各處生珠驗之，雖每珠之活動固不甚顯然，然獨不思若是之活潑，誠爲人身最關緊要之機，常可實證其獲益之效耶？

## 三　論微毛運動

至論微毛，其形甚細，起自生珠，藏於膚内（第十二節〔1〕另詳）。各處多寡不同，有一珠内藏三十之多者，有一珠生數條者。其在蟲類，則有一珠衹生一毛者。人生一日，捲動不息，其動之之象先則一毛自捲（形如鐮刀），然後緩緩而伸，一捲一伸，相繼甚勤，約每習根可至十次。捲伸之力固屬相反，蓋一捲將所沾之物牽帶，一伸

〔1〕“節”，原作“首”，據文意改。

復將其物牽回。緣其捲之甚速，伸之甚緩，故其牽動之力，用於捲時者多，用於伸時者寡。縱當皮膚生珠浮離之際，而微毛仍可捲動，甚至膚已離落，而毛尚活動不已，至數時乃息者，以其動非關身内之所使，即腦筋亦不能拘制，毛體若自有縮縱之質。是以自動之象，一若首縮而尾縱、首縱而尾縮，舒捲自若，雖連串甚多，而趨向不亂。所居有涎涕之處，即能將涎涕推掃外出，故内膚之有此毛者，則以鼻孔與總氣管内居多，以其能將痰涕推掃於外也。除氣管之外，則腦房及各孔竅亦皆有之。獨是其舒捲之象，在人身較之在各獸者，其功用微晦。蓋在蟲類，則每以此爲運動臟腑之特要者，惟在人身，則其妙用似非顯然耳。

## 四　論肌肉運動

至論肌肉（第一章第三節已言），爲肌絲結叠而成，絲形不一，有起紋者，有無紋者。衆絲爲連網與血管連結，成形各異，有長短厚薄之異、大小曲直之分。每絲自有收縮之力，一絲縮之，衆絲與之俱縮，故衆絲連合，絶無分歧之象。當衆絲緊縮之際，是爲肌肉發力，每發力時，該肌之首尾皆遷縮，及凡與之相連者，亦爲之遷動。惟其勢每主於腦筋絲，蓋腦筋絲連乎肌絲，名爲運動之宰，肌肉之能縮動，實爲筋絲所發焉（詳第十[1]章第六節）。夫肌肉乃一能鬆能緊之體也，内含之水可比血内所函之多，故於生時，其色清光不晦。試以鮮肉，用法取浄其血，將肉内所餘之汁液揸出，不久自凝。是以人死之後，肌肉或遲或早必自凝實，始則色轉灰白，向能縮縱者至是而堅硬不活，蓋至停動，則凝實之象已現矣。試觀人死，四肢停動，身亦硬直者，無非肌肉堅硬不活之象耳。卒至硬直[2]之勢既泯，則肌肉腫軟（即在肌肉凝結之汁液漸變爲水，肌肉初見腐爛之象焉），且也硬直[3]之象，見之愈早，則腐壞愈速，見之稍遲，化之亦慢。凡因精力耗絶，未死而力先盡者，硬直[4]之象，見之必速。況夫凝實之勢，肌與血兩相彷彿，蓋其肌絲與血絲質性無異。細考肌肉内含"先度年"最多（"先度年"，西名，見第六章第四節[5]），試以淡酸水化肌肉，自可隔出此質。肌肉内含有淡氣之質亦屬不少，至於脂膏則多寡不定，其餘鹽類、燐質與鋏質等皆與血紅輪内所含者同，仍兼微細雜質甚夥，統而觀之，不外生植物之乾質，其中有淡氣者，有無淡氣者。而於有淡氣之中，則以晶珠爲最要

---

〔1〕"十"，原作"十一"，據文意改。
〔2〕"直"，原作"制"，據文意改。
〔3〕同上。
〔4〕同上。
〔5〕本書第六章第四節并無"先度年"一詞。

(取出以化學覈之，能結珠如水晶)，此即淡氣雜質之由肌肉而隔化爲溺底者也；其無淡氣者，則以乳酸爲最要，此則每可於肌肉發力或硬直[1]時見之。蓋肌肉當縱時，其味常屬蛤蜊類；而於發力之後，或硬直[2]將死時，則味常酸。至論肌肉之色，每形深赤，除有血管之處爲血映赤外，其無血管者亦微紅，較之血内紅輪微淡而已。細考其本色之所以微紅者，其故蓋因肌内每有紅液少許，而紅液之内固有紅輪甚多，故其色亦紅也。再論肌肉之形狀，統而觀之，不外兩等，即其首尾之所貼附自可分焉，一爲不與骨體相附者，一爲黐於骨體者。

## 五　論空洞之肌

其不與骨體相附者，名之曰空洞之肌，蓋所生乃包於一管或圍於一竅者。縮時，則管竅爲其所拘；縱時，管竅爲其所放。如心體、血脈管、吸管、食管、膀胱及各核管、眼簾等，皆空洞之肌也。按眼簾肌形如簾，中有一孔，肌之質體甚柔而無紋，每自分爲二，其一爲散大其孔而縮窄其簾者，其二乃伸闊其簾而縮小其孔者。

---

〔1〕“直”，原作“制”，據文意改。
〔2〕同上。

故此肌發力，則將其孔合閉；而彼肌發力，又將其孔撑開。此眼簾肌之作用也。

至於食管肌，亦屬無紋，而分兩層，一爲直絲，一爲橫絲。直絲連畢腸腑，橫絲環於直絲之外，且經於上文言之，其發力必按節而動，接續擁送，由上而遞於下，以便食物可由食管漸榨漸送，以達胃腸也。其餘各核管之肌，則質體亦同，惟其發力則較諸心體略遲而緩耳。

## 六　論貼骨之肌

肌肉之黐於骨骼者最多，各骨質性詳第十章十一節。凡爲肌肉所黐者，則骨形如杆（第四十七圖[1]可見），體堅而厚，中有一孔（“筒”字是），内藏骨髓（骨髓與脊髓不同，乃肌肉和油質而成者也），頭尾略粗，内質微鬆，名曰骨端，外仍有骨衣包之，每骨端有韌骨一層，性滑而易與别骨相合者，名曰骨節，可以伸屈轉動者也。四肢之能伸屈轉動，莫不賴此節以驅使焉，試觀四十八圖肘臂一節，自可悟矣。其雙頭肌由臂而下至於肘骨，名曰轉肘節，觀圖上“肘”字，更見轉肘動用之機也。

且夫骨杆之爲用不一，而其形狀各别，故欲悉其體

[1]“圖”，原作“篇”，據文意改。

第四十七圖　腿骨破邊形

“端”字，骨端，即腿骨上節；“筒”字，骨筒；“外”字，骨外邊硬處；“膝”字〔1〕，膝骨節，即腿骨下交節。

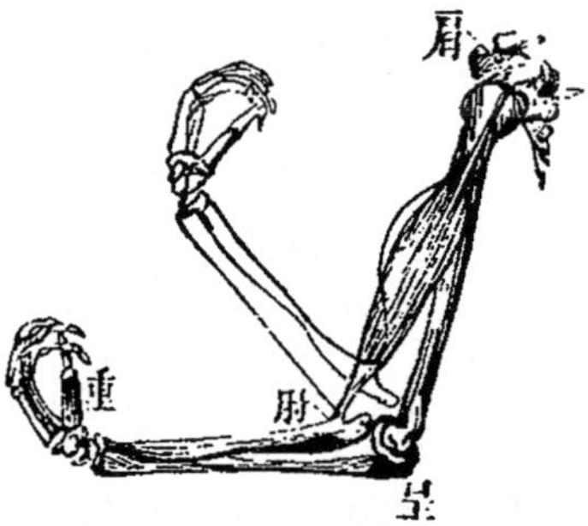


第四十八圖　手臂骨與雙頭肌

其筋之黐於肩胛骨者，可於“肩”字見之；“肘”字，黐於肘骨之筋，此即其用力之處也；“呈”字，呈墊之所爲運動臂肘者；“重”字，即重墜之所也。

用，必須知其位置并與何骨相連，乃克悉其功也。夫所以謂之曰骨杆者，以其形如一杆（意同稱杆、天秤杆等類），一頭黐緊，一頭能動。顧其致動之故，有因爲力所使者，有爲重所壓者，有爲人力所牽者。凡物之用如杆者，約有三等，其動勢各按所棲墊之處而別：譬以杆一條，杆

〔1〕“‘膝’字”，據圖中文字補。

中有棲墊，杆頭墜物，杆尾以人力壓之，其動乃因棲墊而起，如四十九圖“一形”是也；若棲墊在杆頭，杆中爲物墜，杆尾以力壓之，其動乃因爲重所墜，如“二形”是也；又若棲墊在杆尾，杆頭爲物墜，杆中以人力起之，其動又爲人力所致，如“三形”是也。

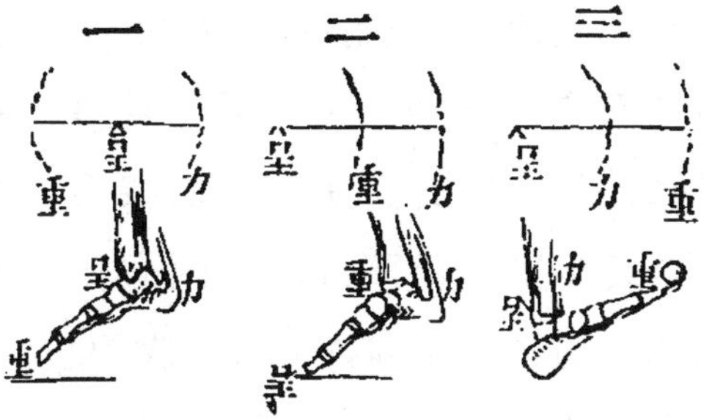


第四十九圖　三“形”分指骨幹提墜之形如稱幹“重”字，是重處；“呈”字，呈墊之所；“力”字，即其力也。

## 七　論第一形骨杆

人身内之骨杆，其如第一刑[1]者有數處，皆可歷論之：

一、頭顱活動，在於脊骨首節，則脊首節乃頭顱之棲墊也。

---

〔1〕“刑”，通“形”。

二、骨盤能動，在於大腿骨之頭，以其頭乃骨盤棲墊之所也。

三、脚與大趾能提落，在於脚腕，則脚腕又爲脚與趾之棲墊也。

以上皆言棲墊之位置耳，而其重與力均未及言，蓋二者每屬相反。譬人低頭，則面前若爲人力，腦後似有重墜，而仰面則前若有重，後若有力；又如骨盤，則腰腹或鞠或立，皆腿較使然，而力與重之比於腰腹，較面前腦後尤爲顯然；至於脚趾，當落地時，則力在脚跟、重在脚背，而提起時，則又力在脚背、重在脚跟也。然考其實，皆賴在内之肌肉發力耳。

## 八　論第二形骨杆

骨杆之如第二形者，亦有三處：

一、大腿骨當舞跳時，上縮於腹，其棲墊之所固在大腿節，其力發於膝較而重在腿背焉。

二、脅骨當呼時，爲腹直肌所抑，則棲墊之處在於脊骨，力則在於胸前，而重則在胸脅之中（即脅部也）。

三、凡人當企立或提脚邁步時，脚趾即爲棲墊之所（四十九圖“二形”可見），其力則在脚根之肌，而重（指人身而言）則在脚背（即趾與脚根之中也）。

## 九　論第三形骨杆

更有三處爲第三形骨杆者，即脊頭與骨盤是也：

一、骨盤繫於大腿節，此即其棲墊之所（第二圖可見）。其重在於大腿之上，與骨節甚遠，而力在大腿之伸屈肌，與骨節相近（第二圖與第四十九圖“二形”均可見）。

二、臂之屈也，雙頭肌爲之重墜於手，棲墊在其肘節，而力則在肘節之雙頭肌筋（四十八圖可見）。

三、脚之伸也，在於膝節，則膝節爲棲墊之所，重墜則在膝頭與脚踝一路之間膝前之肌（第二圖可見），此肌乃過膝前筋，繫於膝節者也。

## 一〇　推論骨杆之妙用

且欲識骨杆之微妙，仍當知一杆可作“三形”之用者。如一脚（四十九圖已詳）可爲第一形，更可爲第二形，若衹動其脚背以起落之，則第三形亦可爲焉。蓋此則棲墊之處在於脚腕，重墜於脚趾，而力則在脚背也（第二圖可見）。脚背之所以爲力者，以在重與棲墊之中也（四十九圖“三形”可見)。

## 一一 論骨節有靈有不靈

猶有當知者，人身之骨杆，在動多力猛之處，位置倍牢，雖動亦不令其有脱離之患；至極處，則有環較相接，此即所謂骨節也。獨是骨節之中，有靈有不靈之勢。

所謂不靈者，非謂其生長不足，乃言其動用未足以盡骨節之功，蓋其節筍合既堅，不能展轉反側，且有韌骨筋線以絆之，衹準其節自動，不準其逾節而施也。此骨爲何？即脊骨節是也。按脊骨每節有韌骨以墊之，而動衹能按節以發力，其勢不能展轉靈活，衹可鞠躬俯背而已。又如骨盤一節亦然（第六圖可見），蓋交骨既合於前，胯骨又合於後，所餘地位無幾，韌骨緊湊，故愈覺少活動之用也。

所謂骨節之靈者，則二骨相合，每有韌骨以連之。中惟一孔，四圍包裹，貼附如壁，另有衣一層，名曰節衣，乃生發脂液以潤澤之，使伸屈無窒礙者也。

## 一二 論骨節形狀不一

按二骨相合之處（所謂“骨罅”是也），其形狀有彎有圓有如輪者，更有如球如杯者，種種不一，此凸彼凹，天然湊合，然又有二骨不急相黐，中間另有一韌以相隔者，此名之曰相間骨節，而其韌又必合乎兩端焉。

夫骨節既筍合盡善，更有節衣以潤澤之矣，則其動用將何如乎？然正非無所限制也，蓋既爲其位置所拘，更有筋線以絆之，由此以繫於彼，使無脱陷逾環之弊也。

## 一三　論骨球骨杯

細觀骨節筍合之象，其凸者形如一球，其凹者狀若一杯。凸骨雖可轆動不已，然必拘於杯内，不能逾乎杯外。且骨杯處屬淺者，如肩骨一節，肋臂可以上下四面運動無阻，髀骨節則杯屬深者，故運動不能如肘臂之四面活潑焉。

## 一四　論骨環

更有所謂骨較節者，有雙有單，單者直骨盡處嵌入彼骨窠之内，然祇能於骨較節上向裏一邊屈伸耳。骨節之類乎此者，莫如兩肘，惟兩肘之舞動尤有所限，蓋正肘之頭起於臂骨之後，是以肘節不能屈後，祇可屈前或直伸而已（五十一圖可見）。膝節與腕節亦屬單較節者，而其動勢仍有未全。若夫雙骨較節，則二骨相合之處，必一骨凹如馬鞍，一骨凹交横嵌之，恍如騎馬之狀，可以四面擺動無阻，此惟大指與手腕之斜長方骨係屬此類耳。

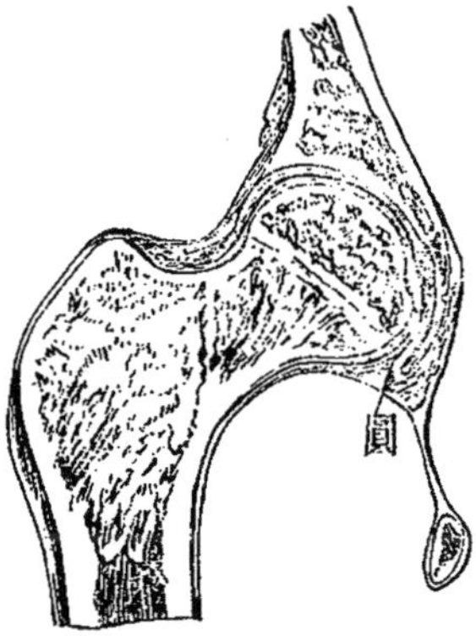


第五十圖 【大腿骨較之端部與頸部】

大腿骨較由骨盆内之骨杯取出，以見其端與頸者也。
其“圓”字乃圓筋，其點畫處爲骨縫韌骨，其中間之黑痕乃指骨衣，由骨頸而延於韌骨之外。

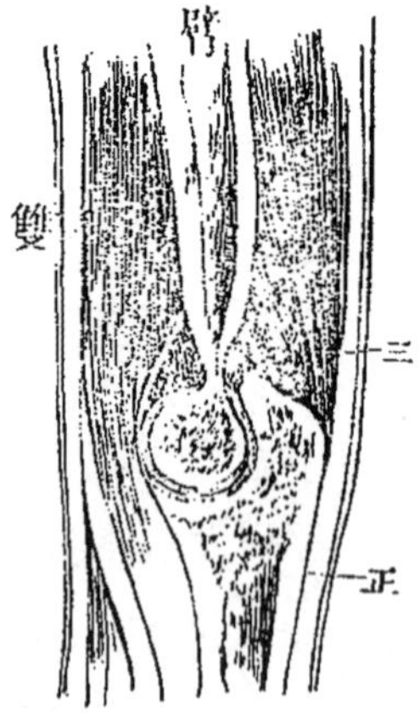


第五十一圖 肘節側面直割之形

“臂”字，臂骨； “正”字，正肘骨；“三”字，三頭肌爲伸臂之用者；“雙”字，雙頭肌爲屈臂之用者。

## 一五　論樞紐

又有所謂樞紐節者，乃一骨出具一筍，以爲彼骨銜接之用，如頸骨首次節是也（第五十二圖可見）。試觀頸次節，凸肖如釘者，名之曰骨紐（圖上“縫”字）。至骨紐之底，兩邊出具二筍（圖上“端”字），而首節則形如圈環，兩邊各有深窩，圈環之中是爲紐尖銜接之處，而兩邊乃紐底嵌合之處也。况於兩邊之後，更有筋帶緊縛，使二節無脱離之弊（五十二圖甲形可見）。如此，則頸首節可以轉顧靈活，庶無虞陷耳，不然，動傷脊髓，則將有性命之憂矣。今夫首節兩邊之所以嵌合次節者，其用乃以便頭之俯仰低昂也（五十二圖甲形“端”字可見）。而左右盼顧，則又何處爲之？人每謂頭顱驅動頸首節也，而不知非也，乃頸首節驅動頸次節耳。

仍有一節亦如樞紐者，即手臂是也。今將肘臂至腕放於棹上，肘臂屈緊，而腕節頗能轉動，或掌或背，反轉自然，五十三圖甲形所見即掌面，乙形乃背面也。按肘内有骨二枚，一名正肘骨，一名轉肘骨。正肘與臂骨相接，此節上文已言之，衹能屈前伸直而不能反轉轆動者，故當臂放棹上時，此骨已不能動矣。惟轉肘骨則上凹如杯，其邊甚厚，故與臂骨相合時，則杯邊包於正肘骨，而下節至手腕，轉肘亦居正肘骨旁，亦自凹而與正肘旁凸處筍合，是以輔骨可以反轉靈活也。故現其掌也，則轉肘與正肘相平而居（五十三圖甲形可見），而反其掌也，則上節之樞紐略轉，而下已叠附正肘，相與交錯也（五十三圖乙形可見）。

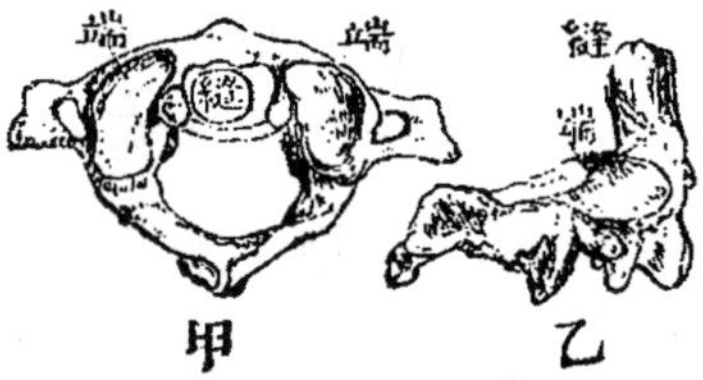


第五十二圖　【脊骨節各側形態】

甲形，脊首節由上觀下之形。
“端”字，兩邊骨端爲銜合頭骨者也；“縫”字，中間骨縫爲筍合次節者也。
乙形，脊次節側面。
“端”字，兩邊骨端；“縫”字，兩邊骨縫爲筍合首節。

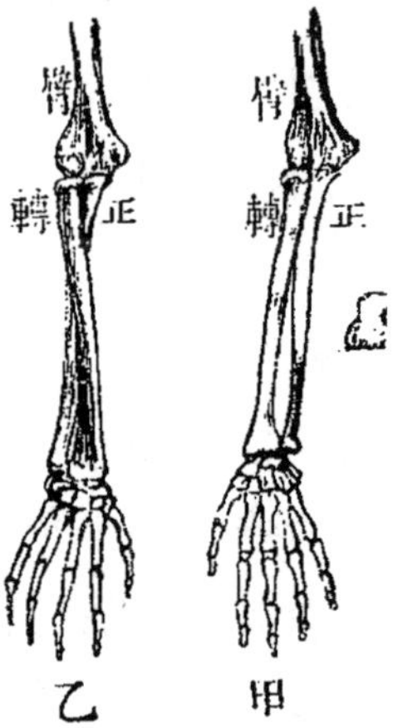


第五十三圖　肘骨

甲乙乃正轉肘骨。“臂”字，臂骨；“轉”字，轉肘骨；“正”字，正肘骨。

## 一六　論繫骨筋線

至論繫連骨節之筋線，凡繫於球杯節者，皆屬堅韌裏筋，均纏於四面者也，而在骨較者，則衹縛其兩邊耳。又有繫於骨節之内者，如膝節是，然此則筋在大腿骨，與小腿骨横斜交叉，故其名曰叉筋；又如大腿圓筋，亦是從骨盆之底，繫於大腿之頭者（五十圖可見）。仍有二筋，緣由頸次節骨紐尖繫於大孔之旁者（大孔在腦後頸首節之正中，内藏脊髓，即腦脊交界之區也），此筋之功，能限制頸骨動曳，不使有傷脊髓，故名曰制筋（五十四圖“次筋”字可見）。骨節之纏縛最緊者，莫如大腿節，由無名骨臼（五十圖可見）繫於大腿之頭，其筋爲裏筋，纏於四面者，緊貼異常，其故未嘗不因天氣逼壓所致。蓋有將無名骨臼底刺破一孔，使天氣得入，而腿骨頭與圓裏筋并離（鬆少許者），可知天氣在外有逼壓之力，能令腿骨頭貼緊骨臼耳。

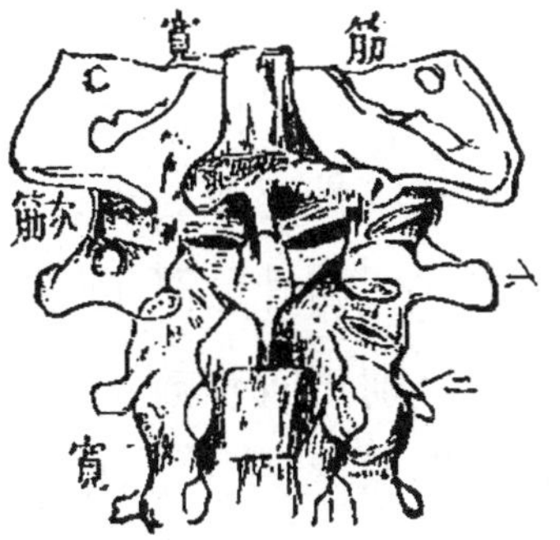


第五十四圖　割露枕骨以見脊節

“次筋”字，脊次節之筋線；“寬”字，寬筋，由枕邊之前包於脊後，此筋已割斷，將割口翻起；“筋”字，筋線之絆於枕前孔者；“一”字，首節；“二”字，次節。

## 一七　論骨節之動用

夫骨節之運動不一也，約其形狀則有六，即一屈一伸、一輾一轉、一循一環是也。所謂屈者，乃一肢彎屈也，伸者，一臂直伸也；輾即由中而輾於外，轉係由外而轉於中；循環即是轆動也。獨是循環之勢，有不能如輪之運動者，以其骨有血管、腦筋與肌肉絆連緊繫也。

## 一八　論骨之動爲肌所使

凡二骨連節之處，每有可動之機，而動之趨向，至少有二，如骨環節（肘膝之類）則趨向惟二，即一屈一伸也，餘則趨向有數，運動恒非一焉。細考骨環伸屈，實繫乎二肌之力，二肌皆能縮縱，由骨之上端連於下端，一肌發力，即可將骨遷合操縱，或屈或伸，隨乎骨節之趨使焉。所謂二肌者何？其一在臂前，名雙頭肌，由肩而下，連於肘節，黐於轉肘骨（四十八與五十一圖均可見），此肌發力，肘即屈之；其二在臂後者，名三頭肌（五十一圖“三”字是），此肌發力，肘即伸焉，此所謂司理伸屈之肌是也。他如骨節之如球如杯者，則運動不一，而肌肉之發力亦有多寡與趨向之不同，一則連於有杯之骨，一則繫於有球之骨；各肌偶爾發力，則謂之循，轆動不已，則謂之環，此又循環骨肌之功用也。

## 一九　論肌絲之本末

且夫骨杆之爲肌肉黏貼者，上文已言之。一頭附於坐實之骨處者，名之曰肌之本；一頭附於活動之骨處者，名之曰肌之末。有兩頭係筋而中間係肌肉者（即四十八圖之雙頭肌是也），亦有兩頭係肌肉而非筋者。但骨節處之筋常自離而起結如囊，内有脂液，或另生節衣一層包裹肌筋，如肺膜之外更有胞膜，兩層頗相似焉。

按肌肉運動，其趨向本隨乎肌絲本末之紋，惟眼圈之上斜肌則爲筋環繞如輪，故其肌紋未至肌絲之末，即轉其趨向矣（第九章另詳）。更有一等肌肉，首尾皆肉而中爲筋者，此則名之曰雙腹肌，如下牀肌是也；其筋之在中間者，連於舌骨，肌肉由頭顱而下至舌骨，然後復上而至下牀（第五十五圖可見）。

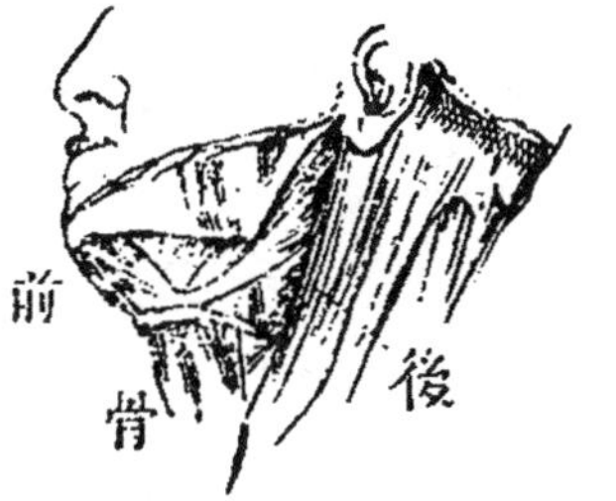


第五十五圖　舌雙腹

“後”字，後腹；“前”字，前腹；二腹之中爲筋線，與“骨”字之舌骨相連。

## 二〇　論行路肌骨之動用

至是，則可由一肌一骨之運動推而至於各處，亦皆然也。顧譬以人當立而將行也，始自右脚先步，身即曳前，右脚提起，右腿前行約一步之遠，將脚放定，斯時左後跟始起，各趾尚未離地，必俟右趾貼地，左趾乃起，斷未左右趾皆離地之理。是時其身比之二脚并立時略矮，左脚雖尚未移，而脚肚之肌已發力，提其左後跟，并使其脚動，曳其身於前向左矣，此時身亦微起，頗有兩脚并立之高。至左脚邁定之後，則身復微落，隨值右脚又將邁也。夫當左脚離地，則一身全爲右脚承之，允足令左脚前進，不須另發肌力，自知邁往而逾其右，以盡一步之功焉。步步相隔而邁，是以行者不覺其勞，蓋行路費力亦甚少耳。且脚起擺行，其狀如墜如鉈，長者擺之微慢，短者擺之略速，故腿長之人邁步較之腿短者微慢，殆即是理歟。

然當跑時，則難免有二脚齊相離地之勢，蓋脚步爲肌力以逼之，骨杆之動用既速且猛，故跑之速者，則二脚齊動，跳躍之象亦見矣。蓋跑跳者，其力出於腿，故猛速；慢行者，其力在於脚，故遲緩也。

## 二一　論獨動之肌

人身又有所謂獨動之肌者，如司理聲音之聲管是也。顧以聲之所發而論，一則在於聲筋；二則在聲筋之翼，苟無其翼以擺之，則聲無由出；三更在聲筋之緊結，苟非若是緊結，則筋擺不速，亦不能作聲；四仍歸功於天氣，由口而過擺動其筋之翼，庶克有聲焉耳。

## 二二　論聲管

夫聲管乃一短氣袋也，上口貫於食管之底，下口接乎氣管之頂，而氣之出入也，爲韌骨所鼓盪。而韌骨相連，既有内皮，亦有肌肉，是故横於聲管之中，則有横膈一層，乃内皮摺（合而爲之，即聲筋也），中開一罅，名曰聲口，聲口兩邊，形非圓亦非扁，乃滑潤光鮮，可開可闔，本體兼有肌絲之韌力以束固之焉。帶〔1〕二條，此即聲筋也。

聲管乃一氣管竅也，上口貫於食管之底，下口接乎

〔1〕“帶”前，疑有脱文。

第五十六圖　聲管各韌

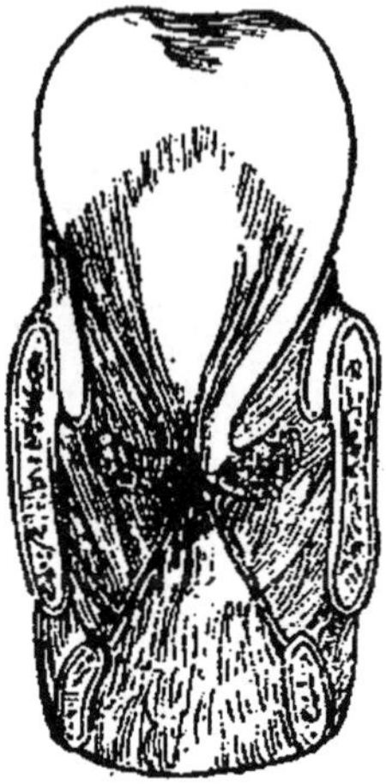

第五十七圖　聲管各韌

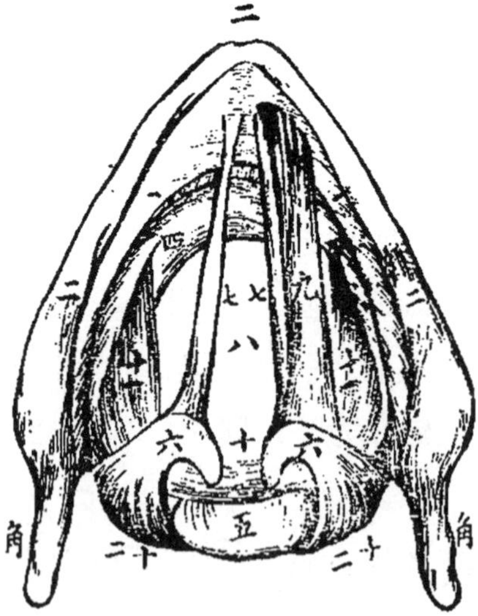


第五十八圖　從上看下之聲口

兩“一”字係牌韌骨裏便，兩“二”字係牌韌骨上便；“三”字，牌韌骨之前；兩“四”字，環韌骨裏便；“五”字，環韌骨後便；兩“六”字，瓢韌骨；兩“七”字，左右聲筋；“八”字，聲口罅；“九”字，牌瓢肌；兩“十二”字，瓢韌後肌；兩“角”字，牌韌骨角。

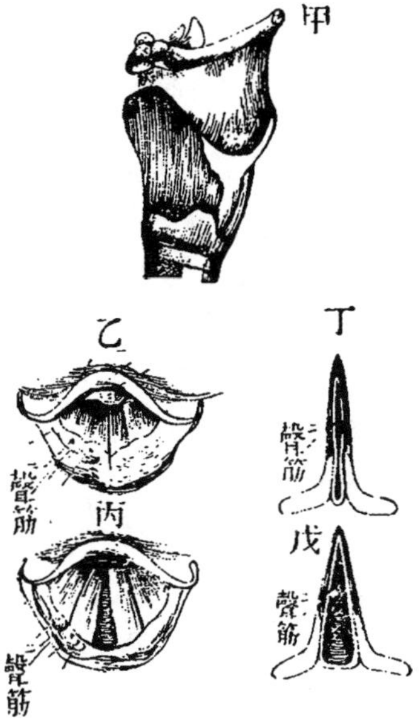


第五十九圖 【聲筋之形】

甲乙丙丁戊各圖
乙圖 "一"字會厭,"二"字聲筋。
丙圖 "二"字聲筋。
丁圖 乃人發聲時聲筋收攏之形。
戊圖 乃人靜默時聲筋展放之形。

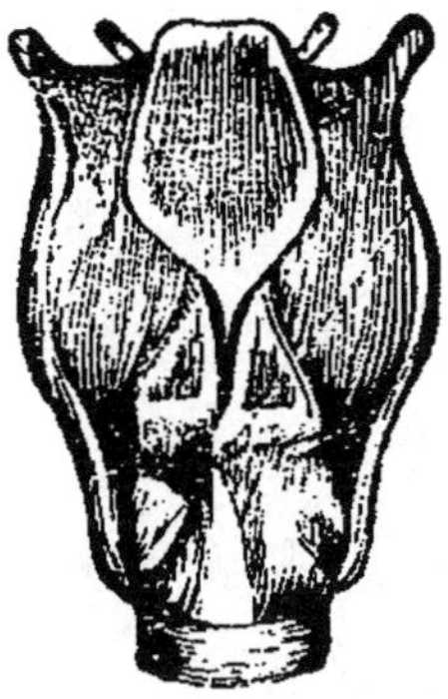

第六十圖 【韌骨之形】

"一""二""三"字,脾韌骨,包括環韌之形;"四""四""五"字,兩瓢韌與瓢韌肌相貼處;"七""七"字,聲筋;"十一"字,環筋線。

氣管之頂,爲五韌骨合而成之,曰脾韌、曰環韌、曰雙瓢韌、曰會厭,更有筋線以束縛之,肌肉以舞動之。

## 二三 論聲管各韌

牌韌骨分兩份,形三角如"V"字,上有筋膜接於舌骨，下面延長爲筋帶所絆，而與環軔骨相叩。

環軔骨形如圓環，前窄而後寬，上與牌軔相連，下與氣管首節相附，五十八圖乃聲管從上看下之形也。“一”字，牌軔骨裏便；“二”字，牌軔骨上便；“三”字，牌軔骨之前；“四”字，環軔骨裏便；“五”字，環軔骨後便；“六”字，瓢軔骨；“七”字，左右聲筋；“八”字，聲罅；“九”字，右牌瓢肌；“十”字，瓢肌；“十一”字，環瓢肌；“十二”字，瓢軔後肌；“角”字，瓢軔骨角。

所謂兩瓢軔者，乃在環軔之後，爲聲筋所繫，與牌軔相連者也。

其會厭乃一肌質之柔軔也，形如蓋，覆於聲口之上，爲舌骨所繫，相連於牌軔骨。當呼吸時，則會厭一開一閉，吞咽時，則厭覆聲口，以免食物落入氣管也。更有聲筋二條，乃筋絲之類，質可縮縱者，相對而居，爲内皮包括，寬約分半，後與兩瓢軔之後角相銜，而前則與牌軔之前角相接。按聲管之筋線共有四條，二繫於上，二縛於下，其在下者，乃聲筋也。二筋之中即其聲口，故二筋形若聲口之唇，其在上二筋與下二筋之中者，爲聲房。六十圖“一”“二”“三”字即牌軔骨，包括環軔之形也，“四”“四”“五”字乃兩瓢軔之與瓢軔肌相貼處也，“七”“七”字係其二聲筋也，兩“十一”字即環瓢筋線也。

肌肉之在各靭者，自具功力以縮縱聲管，而令其聲口或小或大，更令其聲筋或緊或鬆，如此則聲音之洪暗，莫不由此而發焉。

## 二四　論聲音

或謂聲音之高低，在乎聲筋之鬆緊，而筋之鬆緊，又在乎環牌肌與瓢牌肌所使不同。苟瓢牌肌盡發其力，牌靭骨盡力以扯之，則聲筋必甚鬆；然若環牌肌盡發其力，牌靭骨盡力以壓之，則聲筋必甚緊。然則聲音之所以異者，異在聲筋之鬆緊，亦異在牌靭骨之驅制耳。夫謳歌者，聲音揚抑得乎其宜，無他，亦其瓢牌肌與環牌肌發力得宜，以令聲筋搖曳有準耳。

今夫聲音之洪暗禀賦各自不齊，其勢在於聲管之體度與聲筋之短長、力之大小，及聲出喉[1]亦有地方寬窄之異焉。譬以男子之聲固大於婦人赤子，以其聲管既粗，聲筋亦長，雖發力亦無所異，而擺曳自不同矣。

---

〔1〕“喉”，原作“候”，據文意改。

## 二五　論言語

然而言語爲聲音之所調和也，更賴喉與唇舌以助之，故不必有言，亦可有聲。然不必有聲，常可有言，如附耳低言，則聲筋之摇曳有限，即以口唇之肌舒捲吞吐，自覺嚅嚅有聲也。

# 第八章　論知覺與智府

## 一　論運動司於腦

夫各腑運動（除微毛自動者外），其功皆肌肉爲之，上文已盡言之矣。今夫人身之肌肉，其所以能發力者，實司動腦筋藏於肉内者以驅使之。而司動腦筋之力又出於統轄腦筋之腦部，卒之腦部之發力，又必因知覺腦筋有所感觸而作焉。蓋知覺腦筋既應於腦部，亦達乎外皮或五官之内皮，其功其用，每因外體有所激抑，而後内筋乃有所觸也。

## 二　論運動司於腦

是故人身凡一動一作，莫不因激抑此腦筋而起。或明觸或暗犯，該處之筋絲即傳信達於腦部，腦部既覺之，即遣其力於該處之司動腦筋（此亦由腦部散於該處肌肉者也）；至司動腦筋絲，自可達知肌絲，肌絲聞信起舞，各皆縮動焉。

## 三 論感動

此動也，何動也？乃所謂有所感而動也。且其有感斯應，捷如影響，一若腦筋與肌肉兩相應焉。然若是之感動也，在人身亦常行於不自知，雖百次亦不覺其動用，惟時或遇事有所觸於知覺腦筋，則常使吾人有所知有所覺耳。即如動心立意與思慮營謀等，皆人之靈性也。然何爲靈性？吾人亦莫從而知。且緣何人之靈性乃因腦筋受抑感觸而來？此理之奇絶微渺，誠令人未易盡明而推原於造化之深功耳。

## 四 論知覺

今夫人之知覺不一也。有起自本身而不自知者，其如何而起、從何以至，皆虛渺無籍，令人不解。即如欠安、發暈、困倦及睡不眠等事，吾人均莫知其起自身之何處。此蓋爲周身之知覺腦筋不安，或爲血脈所使，或體質所累歟？然而知覺之如何真切，莫之聞也。及其如何能令吾喜、令吾憂也，亦於外務無所詰焉。蓋其跡既緲而無着無形，莫知起止耳。

## 五　論運動之知覺發於肌

又有所謂運動之知覺者，此雖不若上文之虛渺，然亦不能預指其在何處，惟遇事之足以令其身或一二處動用者，即發作焉。然其勢較摩按與壓抑有所區別，譬以一手置之棹上，輕按其指，則所覺爲摩按而已；然若壓以重物，則所覺不止於摩，而爲壓抑；卒之若將手提起，則所覺又有不同，蓋爲以力勝物也。若是之知覺，實因肌肉發力以提爾手而致也，故號曰肌肉之知覺。凡人欲遷移重物，則必知有是知覺焉。然若問其知覺從何而有也，則亦茫茫然耳。惟其靈敏之性，常使吾人能知輕重，試觀市井之輩每能以手作秤，所差不遠者，此無他，亦肌肉知覺有此權量耳。

## 六　論摩嘗之知覺；論視聽之知覺

至第三等知覺，固與以上二者不同，此則限於身之一處，每因該處有所激抑而發，惟物與勢之能激抑乎此者，非止一端。此爲摩嘗之知覺也，所居每限於外皮與內府官竅之內皮，如嘗氣味，其智豈非限於口鼻之內皮者乎？故凡具此知覺者，謂之曰人身之智府。

至於第四等知覺，即視與聽也。凡物之能醒乎視與聽之知覺者，惟光與聲而已。然外皮之居乎光聲與視聽腦筋之中，并爲光聲與視聽互相關應者，則惟眼耳之内皮。故曰眼耳接光聲，職司視聽，其府亦云智矣。

## 七　統論智府發知覺之原

顧凡於此智府之内，每有此知覺之腦筋，所當明其筋絲可與外物相接，且必有數質體居於此筋與外物之中，以爲互相關應而後始能發其知覺者。然於以上各知覺之中，有於發作時該府即現有特異之狀者，亦有由腦部發信傳於該府之知覺腦筋而後發作者。

## 八　伸明摩嘗之知覺

惟即摩嘗之知覺而論之。其所居乃在身之外皮或口鼻之内皮，然不拘何處，凡有此知覺者，該處必有皮一層，皮體爲肌絲合成，密布微絲血管與知覺腦筋絲，皮之上另有衣一層，名曰内膚或外膚，惟此膚内無血管，亦無腦絲。顧凡知覺之所在，其性頗屬敏捷，而外物之所乘，不僅此皮一層，足爲内外表裏之機也，蓋必於皮之上另起小刺甚多，乃足徵其表裏之妙用耳（小刺見第三十二圖）。故在外皮，則外膚不能順乎小刺而過，惟必落於其間，復超乎其上，乃可包蓋之，若是則小刺之接於外物固較皮尤近也。且此小刺既爲微絲血管網羅之處，亦爲散布外皮之腦筋絲歸結之區，雖其如何網結尚未盡悉，有謂筋絲之入於小刺，足令其刺脹溢，形圓如輪，名之曰筋絲輪者。且凡此輪所在之處，知覺必甚敏捷，如指尖與舌尖等處是也。

## 九　論外膚能抵禦外侮

由是觀之，則凡所摩或所嘗之物，尚不能與腦筋緊相交接，中仍有内膚或外膚以隔之。然若將此膚剥去，如以弔膏打去，則與物相接，必覺疼痛，是非所謂摩嘗之知覺也。於以知惟此内外膚居乎腦筋與外物之中，爲能抵禦外侮，故所摩所嘗，必由膚而漸透小刺，以達筋絲之末也。

## 一〇　論摩嘗有各處不同

惟摩嘗之中，每有彼此懸殊之勢。常見知覺之在此處有大不及於彼處者，如摩物以指，嘗味以舌，其智固非他處所能及者。嘗以物試焉，在舌尖指尖，則近亦知其爲二；在頰或背，須離二寸方覺其爲二者。此其智之所限，不懸有異乎？

## 一一　論外皮知冷熱

夫人之知冷知熱，亦必因感於外皮之腦筋，然知覺之所發，仍由外膚傳遞而入。苟使無外膚，則冷熱與腦筋相接，亦必覺疼痛，是爲作痛之知覺，非辨冷熱之知覺也。雖辨冷熱之知覺仍非有自決之智，而有相因之勢焉。試即以水三盆，其一極凍如冰，一熱至僅可下手，一則冷熱相參。苟先以手試其熱者之後，即試以冷熱相參者，則所覺必涼；而以手先試極凍者之後，復試冷熱相參者，則所覺甚煖。且亦有此處與彼處之不同，與摩嘗相似，如兩頰畏熱甚於唇，手掌受熱易於手背。故天寒用爐，每以手掌向火，以其易受熱也。

## 一二　論舌能辨味

今夫嘗味之智府爲何？即舌内皮是也，而於舌面與腭底者爲最靈。舌内亦有刺，與外皮同，且此處之刺既大而散，每刺另有一膚以包之，其在舌尖與舌前半者爲小刺，舌中微大者爲中刺，舌根更有大刺，排連如“人”字。中刺與大刺皆口寬圓而底尖窄者也，大刺之形可於第六十一圖“大中”字見之。大刺之中仍生小刺居其上，刺内既多血管，且有腦筋絲由兩路而來，一即第九對食管頭腦筋，二即别味腦筋（此乃第五對之一枝），别味腦筋居舌面，食管頭腦筋居舌根與腭底。蓋惟此别味腦筋具此嘗物之知覺而已，然論嘗味知覺，其智不僅嘗試已也，凡“摩”與“聞”二者皆寓乎其間。試將鼻捏閉之，使不得聞，則其味殊覺難辨；再若雙目亦冥，則嘗有以葱作蒜者也。

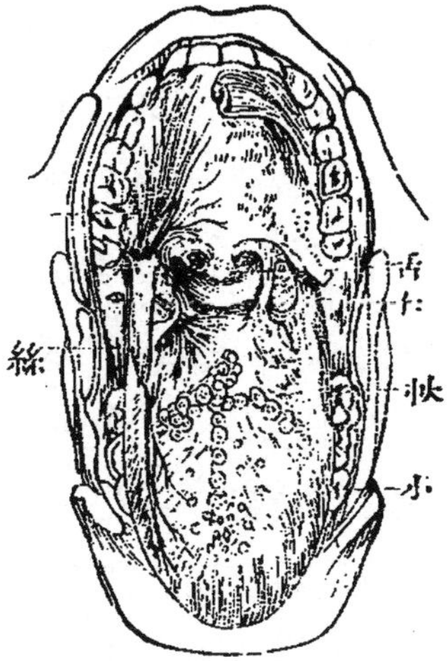


第六十一圖　割開口内以露舌腭之形

“舌”字，小舌；“仁”字，杏仁核，在腭前後柱之中；“大中”字，舌大中刺；“小”字，舌小刺；“絲”字，割露之食管頭腦筋絲。

## 一三　論鼻能聞味

至論聞味之智府，則爲鼻孔之内皮。且其能聞處之内皮與别處特異，蓋此處之腦筋乃由第一對散入，不同眼耳口者之由第五對散入者也。鼻孔内形如房，爲鼻梁隔之，鼻梁半屬骨半屬韌，合而成之，居乎兩孔之中；鼻孔之下與口相隔者，爲上腭骨（六十二三圖可見）；下至腭骨之末，深入舌根之裏，則有肌簾一片，名曰腭簾，上文已詳之；該簾與舌根二者相合而爲食管，此簾能動，所爲分隔内外者也，聲口一竅則居於此簾之後，是以舌根與腭簾合閉，則氣不能從口而入食管；惟食管之上則有二竅通入鼻，此即鼻後孔也，由是鼻孔則氣可出入，故值口閉，即賴此以爲呼吸之路焉。鼻孔内闊如房，外展如翼（故名曰鼻翼）；孔之上與眼交界，有骨一盤形如羅篩者，名曰羅篩骨（六十三圖“羅”字是），惟此骨與其兩

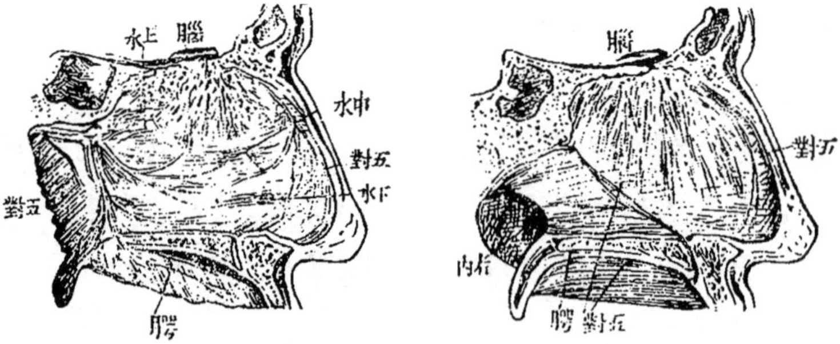


第六十二圖　側面直割鼻孔之形

上圖割露左鼻外牆；下圖右孔内牆，“右内”字是。
“腦”字，鼻腦筋絲；“五對”字，第五對腦筋絲；“腭”字，腭盤，爲隔乎鼻與口之界也。上圖“上水”字，上水泡骨；“中水”字，中水泡骨；“下水”字，下水泡骨。

便之内皮爲鼻與腦相隔之界，第一對腦筋即由此羅篩骨而入，散布極細筋絲於孔内皮（第六十二圖可見）。按内皮之貼附鼻梁者，則平而直達於外；其附麗鼻孔者，則轉折而過上中二水泡骨，此骨之所以名水泡者，以骨體有氣孔甚多，散而與鼻孔相通，骨雖成塊而體甚通玲，頗如水泡（六十三圖可見）。仍有一如泡之骨，乃在此二泡之下，貼附上牙牀者，曰下水泡骨，所居不在鼻孔第一對腦筋之内（第六十二圖可見），然亦爲鼻孔内皮所包括，惟無第一對腦筋絲入乎其中（第六十二圖可見）。

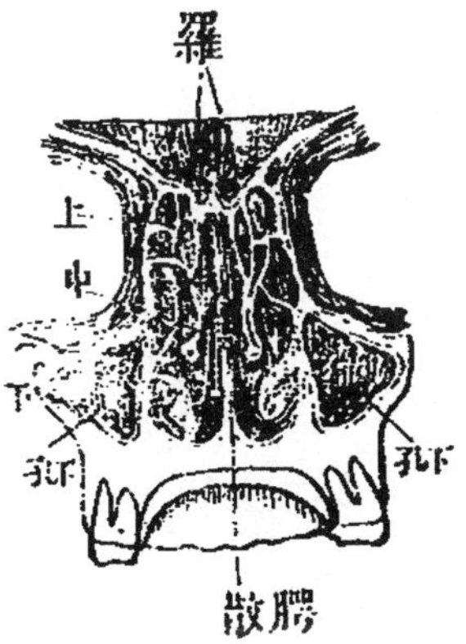


第六十三圖　側面直割鼻内各骨

由前圖“腦”字處割下。

“羅”字，羅篩骨；“上”“中”“下”三字，上中下水泡骨；“散”字，鼻腦筋分散之處；“腭”字，腭盤；“下孔”字，鼻下孔，在牙牀骨通入鼻内者也。

## 一四　論抽氣

細觀以上所言，則知凡尋常呼吸，鼻氣出入必由鼻底下水泡骨寬闊之孔而過，尚無氣至鼻梁，鑽入上中二水泡骨之間（此間方有腦筋）。然若遇氣味太濃，則必深入内皮腦筋之裏，散而入於上、中水泡骨；氣味不甚濃者，亦不自入内皮之腦筋，除爲氣味所納，則與之并入耳。是以人欲辨香臭，必須抽氣，乃足以納入腦筋而分别焉。夫抽氣者，吸氣之速而急者也，而氣則深入腦筋之蒂，惟時已感於鼻孔、腦筋絲；氣味抽入，撞於鼻腦蒂，少頃復出於鼻孔，故久之乃能流散殆盡。凡傷風鼻塞不辨氣味者，亦原其下水泡骨之内皮腫脹，塞其孔竅，氣味不能深入鼻腦筋蒂之故耳。

## 一五　論耳膜；墀環膜　螺紋膜

耳官者，司聽之智府也。其竅奥尤較口鼻者繁，故論者宜擇其最要者而詳之，其餘雖亦爲助聽之用，然非特要，故弗贅及焉。

所謂特要者，中有内膜二層，形如囊，一名墀環膜，一名螺紋膜。二膜居於三角石骨孔之中（此骨爲耳門骨之一，由耳而入於頭顱者也），膜囊之内每含水少許，囊之外骨孔之中亦有水少許。而囊内之水則兼有能動之微細堅粒，膜囊本體爲耳腦筋絲散布網結，凡遇囊内之堅粒有所沖動，則擊其腦筋絲，或囊内之水有所摇曳，亦可波及其筋絲。然非内有此堅粒，則筋絲不知有所擊焉。譬人游水，隨波浮沈而無所遇，苟觸砂石，則外皮必覺受其擊矣。若腦筋絲之在膜囊，即如人立在波中，一若無所遇，苟值此堅粒沖擊之，則腦筋有所覺矣。

## 一六　論内耳；耳墀　半環管

故淺而視之者，則以爲二膜形祇如囊耳，而不知其竅奥各有特異之象焉（第六十五、六十六圖皆可見）。顧其形象亦各限於所在之骨孔而別，如墀膜爲墀骨所附，螺紋膜亦然。統墀環骨與螺紋及其内之各體而言之，名曰内耳。按墀環膜，形長圓（六十五圖可見），内分二竅，一曰耳墀，一曰半環管，二者互相通連。半環管之内，又分三竅：曰前半環管（六十五圖"前半"字是），曰後半環管（"後半"字是），其在外者曰外半環管（"外"字是）。三管之末皆起一結（"結"字是），每結内爲耳腦筋散布之處。

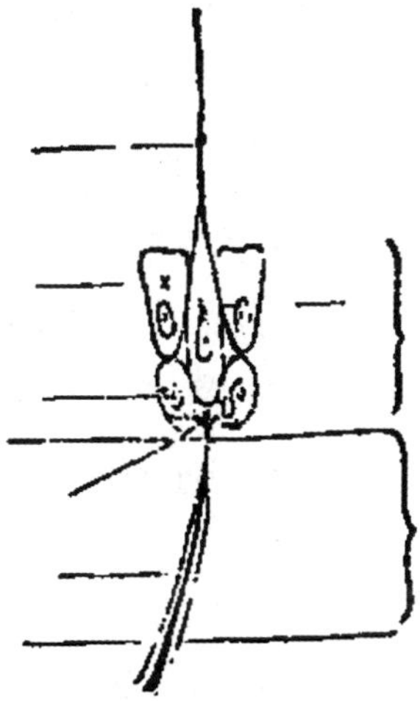

第六十四圖　未録

第六十五圖　内耳各膜鏡映兩倍大者
“墀”字，耳墀膜；“結”字，半環管結；“半前”字，半環管前面；“半後”字，半環管後面。

## 一七　論螺紋；薄盤骨

至論螺紋，則形長如筒，迴旋二層半，所居之地，下闊而上尖，中有尖幹似旋螺管，螺紋横割，分三角如“品”字（六十六圖可見），上下皆有膜以圍之。膜既曲而向裏，亦叉而向外。其曲而向裏者，則與薄盤骨邊緊相貼附（薄盤骨見六十六圖“薄”字），乃圍於尖幹者也；其叉而向外者，則與隔骨邊相連，隔骨乃將螺管隔爲二路，一則曰螺膜管，一則曰螺墀管，内皆有水；夾於此二路之中者，則下有窄管一條，通於半環管者也（七十圖可見）。

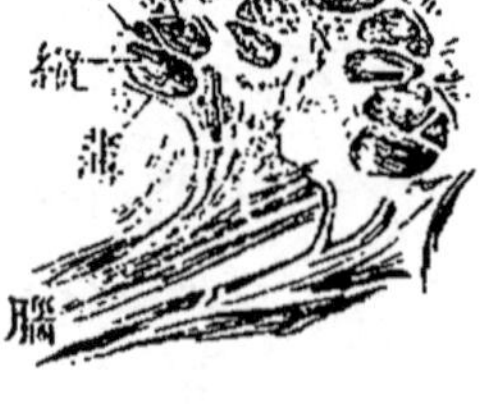

第六十六圖　螺紋膜横割映大之形
“中”字，螺紋中膜；“墀”字，螺紋墀膜；“縱”字，螺紋縱膜；“薄”字，薄盤骨；“紐”字，骨紐；“腦”字，螺紋腦筋。

耳腦筋之入於螺紋者，至尖幹則散布而入薄盤骨，貫乎此骨之末仍未歸結。試將薄盤骨（六十六圖“薄”字是）割驗之，必見其筋絲由尖幹出而入此骨，過此至螺紋之尖乃終。

## 一八　論耳内之水互通游泳；長圓窗　圓窗

以上乃耳官特要之處，皆在三角石骨之内，耳門骨之裏者也。其墀環膜附於墀環骨者，内分一處爲耳墀，一處爲半環管。而螺紋藏於迴旋穴内，螺管復分一螺墀管；所以謂之螺墀管者，以其管乃由螺紋而通於耳墀者也。且由此管，則耳墀内之水與半環管之水，及墀環膜之水，皆可與螺紋内之水互相通流，并由此更可與螺紋膜之水共相游泳也。人當生時，則三角石内之膜皆閉合綦嚴，死後頭骨乾枯，露二孔形如窗，故一則曰長圓窗，在耳墀，一則曰圓窗，在墀之後。螺紋之底，爲螺膜管之户也。當人生時，二窗皆有膜以閉之，與骨衣相連。

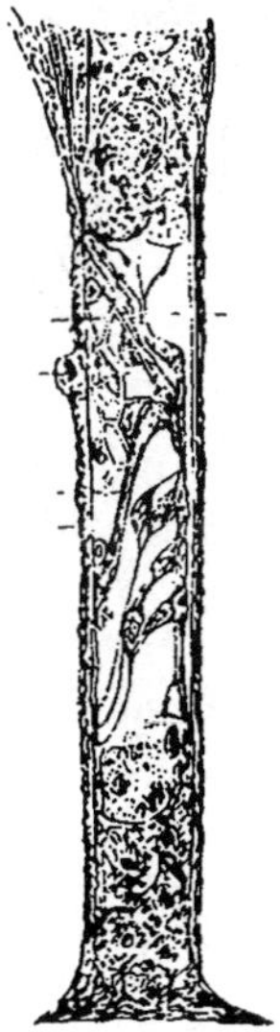

第六十七圖　耳内膜

# 一九　論中耳；耳鼓耳管

按内耳相去於外甚遠，間乎其中者，始則有直膜一層，名曰耳鼓，繼則有外徑一條，名曰耳管（六十八圖可見），二者相并而爲中耳。

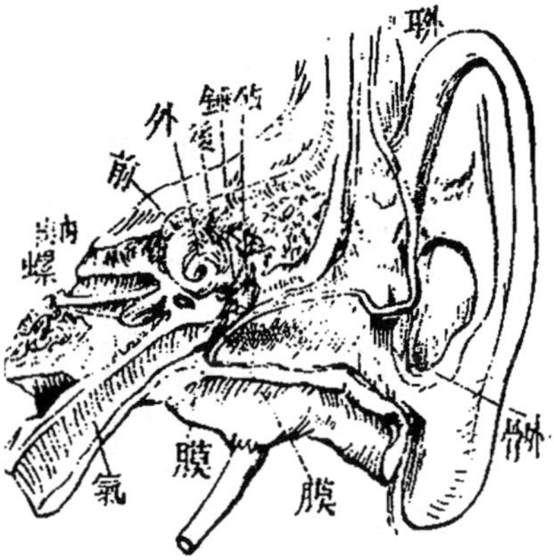


第六十八圖　横割耳門骨，以露耳内各體

“外耳”字，外耳；“外骨”字，外耳錘骨；“膜”字，耳膜；“砧”字，砧骨；“錘”字，錘骨；“前”“後”“外”三字，前後與外半環管；“螺”字，螺紋；“氣”字，耳氣管；“内出”字，内耳腦筋出路。

# 二〇　論錘砧鐙三骨相連

另有小骨三枚皆在中耳房者。一曰鐙骨，鐙骨之底黐於卵孔，其尖凸入耳膜管（六十九圖可見），其二曰錘骨（六十八圖“錘”字，并六十九圖、七十圖均可見），此骨大半黐於耳膜之裏（七十圖見），小半黐於耳膜骨之邊，而錘骨之頭則與第三骨（曰砧骨）之末兩相筍合。如是則三骨連串，夾於長圓窗與耳膜之中焉。

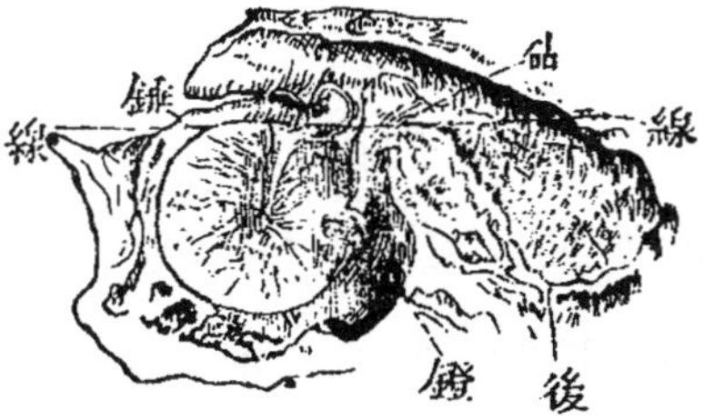


第六十九圖　耳鼓由後觀之形，與耳內各小骨及耳膜等

“後”字，耳後鬆骨；“錘”字，錘骨；“砧”字，砧骨；“鐙”字，鐙骨；“線”字，平線穿過錘骨與砧骨之形。

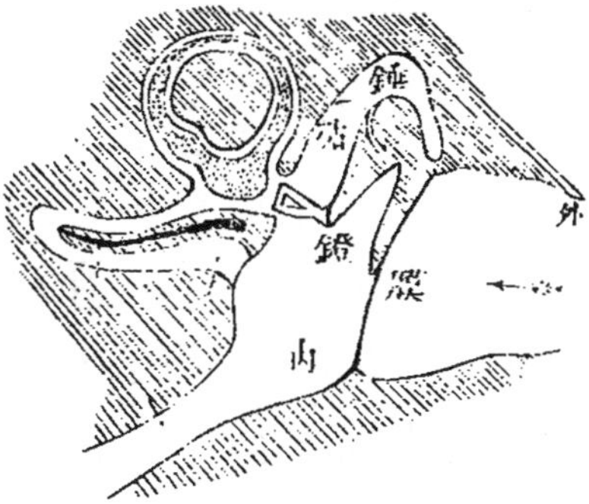


第七十圖　耳內各體相連之形

“外”字，耳外孔；“膜”字，耳膜；“內”字，耳內孔；“錘”字，錘骨；“砧”字，砧骨；“鐙”字，鐙骨。

## 二一　論耳膜須有肌以束制；張耳膜肌　縱耳膜肌

按長圓窗與耳膜遇搖曳則必鬆，不搖則緊，且愈搖愈鬆，必須有所拘制乃可復緊，是故仍須肌肉二條以束制之也。二肌一名張耳膜肌，起自耳膜之底，至耳環骨止；一曰縱耳膜肌，起自耳鼓之邊，至錘骨止。每肌發力，即將長圓窗與耳膜束制之，禁其動而息其曳焉。

## 二二　論外耳

至論耳外房，乃爲耳壑所圍者，名曰外耳（六十八圖“外耳”字是）。耳壑，禽獸者常能動，人亦有能之者，其動力發於耳邊之肌，此肌乃自頭而下貼附耳後者也。

## 二三　論聲之傳入耳

上文所詳之耳官各質體位置，皆所以爲傳送聲音之用者也。至於何以司聽，其功用皆於下文詳之。大凡物之有聲也，每因有所動而起。聲傳入耳也，與天氣相盪而來，如水之浮沈隨波以至。惟天氣之波流擊於物則有聲，故氣之鼓盪入耳者亦有聲。故值氣至耳邊，半盈於内竅，半出於外耳，其貫入内者，則擊其耳鼓，耳鼓受擊，則耳膜亦爲其震動矣。

## 二四　論聲音入耳之勢

聲至耳膜，則既與耳鼓相應，亦與錘骨相擊，更由錘骨而傳於鐙砧各骨矣。惟聲之擊於錘骨與鐙砧骨者，其勢有二，或因擊動一二細小骨而起，或因全骨皆爲震動。譬之一樹，以針刀刮刺其枝，則所刮之處動，而樹身不動也；倘風鼓其樹，則全樹皆摇，而無一二處特受擊動；若以大斧力伐樹身，則受伐之處固動，及周身亦摇，此其勢也。在聵者，近之則衹聞有聲，不能辨其聲，或因人摇，或風鼓；而在聾聽者，又不聞有聲，衹見樹動而已。

## 二五　論傳送聲音之機

由是觀之，則人之能聽也，由於耳鼓擊動其骨。或全骨，或一二處，視乎聲勢之大小，以別其震動之猛弱也。是則惟骨之摇動爲傳送聲音之機耳。究其何以導聲入内之路，則仍有次序之當考焉。

## 二六　論司聽腦筋之所以能聽

蓋聲之由外鼓盪，先必擊其耳膜，故附於耳膜之錘骨亦與之俱動矣；錘骨之首固連於鐙骨者也，是以傳於鐙骨；而鐙骨復與砧骨相連，故鐙骨一動，勢必將砧骨推前扯後矣。夫此處既有推前扯後，其勢必震動内耳之水，凡墀環膜及螺紋膜内外之水皆震動之。如是，則寓乎墀環膜與螺紋膜之腦筋絲皆爲水所沖擊，而知覺從此出矣，聲音從此辨矣。

## 二七　論耳膜有分司聲韻之功

或謂墀環膜内之筋絲與螺紋膜内者，功用略有不同。墀環膜者，能知聲之大小，不能辨其音韻，而螺紋膜者，能令吾人知音辨韻，惟聲之大小則非其職也。且螺紋膜之腦筋絲常可於内自受擊抑，如因血管脹溢，壓其筋絲等類，常使耳内自覺有聲，且或嘵嘵不絶者，此即所謂耳鳴是也。

## 二八　論耳肌有緩聲之功

上文所言之“張耳膜肌”與“縱耳膜肌”，乃禁制長圓窗與耳膜，勿使過動者也。故凡遇聲之太猛，而令其膜搖曳太過，則二肌即發力以禁之，此又爲緩其聲勢，勿傷其耳者也。如眼簾肌之遇物太光，則令瞳子縮小，其意亦同。更有所謂耳氣管者，其功用蓋爲納氣於耳膜之内，以爲鼓盪聲音者也；至其所納之氣，與在外者多寡無異；然使耳膜不通靈，則氣不能出入，而聲亦無從鼓盪矣。

# 卷四

## 第九章　論眼官司視

### 一　論眼官

夫欲悉司視之智府，所謂眼官者，必須先識散於眼内者有眼腦衣，次識外物之能觸目知覺者，則有太陽之光，更次知居乎光與腦衣之中，則有明角罩、黑白衣、睛珠，及前後房水等質（皆於下文另詳），然後自可洞悉其妙用矣。夫眼珠體圓如球，居於眼窩之内，爲頭骨合并而成，眼腦筋發於腦，自頭而下入眼窩後孔，至眼珠之後，非在眼珠正中。乃自正中間之内，由邊而入，散於一薄衣者，名曰腦筋衣，此衣在眼珠之中略後一二分之地，惟此衣與腦筋相連，遇物自可觸目之知覺也。

## 二　論眼腦衣黄點

試將眼珠横割，分前後兩半，自見眼腦衣貼附眼珠後半窩面，形如薄膜一層，光華柔潤。惟與眼珠後半正中相對處，則有黄點一粒（七十二圖“黄點”字與七十五圖“十四”字是），惟必生人眼球割露乃可見，死後太久者，未易見之。

## 三　論眼腦衣逐層不同

試將眼腦衣直切而驗之，除黄點與腦筋入路之外，不拘何處皆分數層，形體逐層不同，七十一圖一一可見。其甲形一片，乃眼腦衣側面映厚之形。其在上一層約四分之一，乃腦筋絲排連直線，如筆如竿者，名曰竿層，分平尖二者，圖上“平”“尖”字是。次於此，則筋絲結爲細點，名曰外點層，筋絲過此，則結[1]於七十一圖甲形之“點”字；由此而下，筋絲復結爲點，名曰“内點層”（“内”字是），過此則聚如球（“球”字是），隨復散

〔1〕“結”，原作“截”，據文意改。

亂網結（“結”字是）。又次於此，仍聚如輪（“輪”字是），由是則至其末，而與眼腦筋相接（“末”字是）。然以上腦筋絲，仍爲衣膜一層，如乙形之衣膜所付，此衣由内層包括眼腦衣之膜自乙形“包”字起，至甲形“平”“尖”字止。然則此膜較眼腦衣猶薄，而竿層則在此衣之外，而仍寓乎黑油衣之内（下文第十六節另詳）。其眼内之腦筋絲則散於薄膜與筋絲輪之中，而眼内之脈管亦順乎筋絲而布於薄膜與内點層之裏，即“内”字處。如此，則不獨腦筋絲散於竿層之前，及血脈管亦布於竿層之前也。

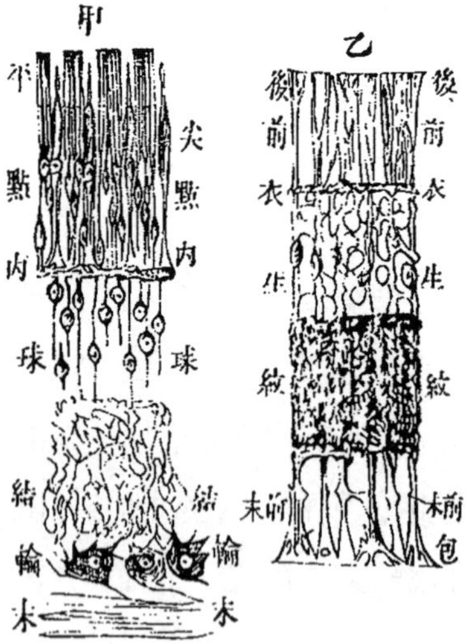


第七十一圖　眼腦衣之腦筋并與衣相連之質俱映大二百五十倍厚者

甲形，腦衣各層。

“平”字，平竿層；“尖”字，尖竿層；“點”字，點層次於竿層者；“内”字，内點層；“外”字，外球層；“結”字，網結層；“輪”字，筋絲輪；“末”字，腦絲末層。

乙形，連網各層。

“後”字，網衣外後層；“前”字，網衣内前層；“生”字，網衣生核；“衣”字，隔衣；“紋”字，網衣密紋；“前末”字，前層之末；“包”字，包括前層之衣自此處起。

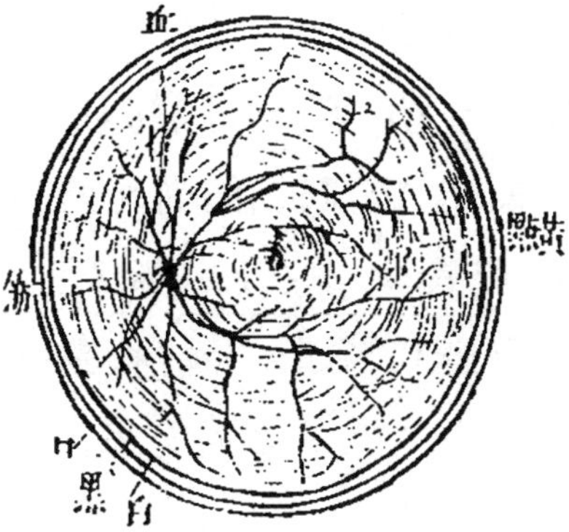


第七十二圖　眼球正中割開，在外觀裏之形

“白”字；眼白衣；“黑”字，眼黑衣；“口”字，眼腦衣割口；“血”字，腦衣血管由“筋”字眼腦筋起；“黃點”字，黃點。

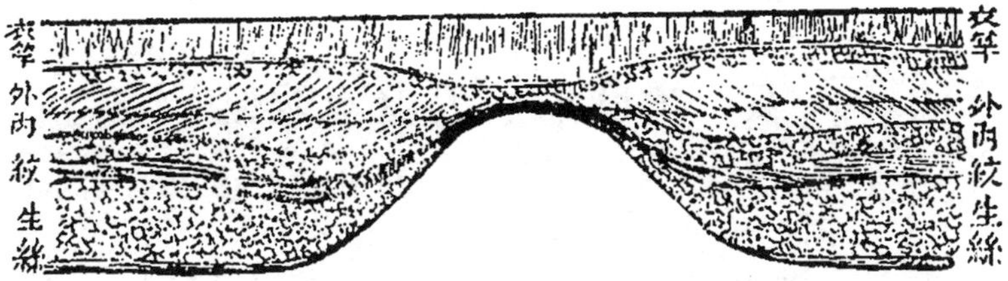


第七十三圖　橫割黃點處

“衣”字，點衣；“竿”字，平尖竿層；“外”字，外點層；“內”字，內點層；“紋”字，密紋；“生”字，生珠；“絲”字，眼腦筋絲映厚六十倍。

## 四　論目之納光

夫眼腦衣之所以爲用最大者，以其力能提目之腦筋絲；而腦絲之力又能醒目之知覺，以納光入目。惟至目能納光，其知覺雖在腦筋，而必主於腦，故其功仍發於腦，而非獨眼腦衣能盡其功焉。故眼壞者，以手揑之，或電氣激之，常可觸其知覺而能見光。蓋激其腦筋發力，以至於腦，則知覺從此出耳。夫光之至眼腦筋尚無所感觸，使無其衣，則與身之各體無異耳。故耳之能聽也，必賴螺墀膜及各耳膜鼓動之，以震其腦筋，乃能傳聲入耳；是以眼之能視，亦必賴眼腦衣之能激其腦筋絲，乃能納光入目也。

## 五 論腦筋將入處不能見

獨是眼腦衣之受光，其知覺有各處多寡之異，蓋在腦筋將入之處，則不能接光，故祇以此視物則盲。試將左眼緊閉，以右眼專望書上之十字，將書執定，約離眼一尺，則書上之黑點（即“·”字）與十字（即“ǂ”字），均明白可見；兹試將書緩緩向眼略近，仍以右眼望定十字，則黑點漸漸失去，不能見之（必須閉左眼以右眼望定十字，乃不見黑點）；隨將書放更近，則黑點復現。此無他，蓋初時，書離眼一尺，則黑點乃在十字與腦筋所入之中；至書略近時，則黑點正在腦筋所入之處；卒至書更近時，則黑點已在腦筋之内。是值黑點在腦筋所入之處，則不見，故曰此處乃盲衣也。

## 六　論光過目甚速

況夫光之射於眼腦衣也，不能久而不散，蓋必有一定之時刻，逾時即過，雖過仍覺有光。顧光之最速者莫如電，寓目不過八分之一嚼啝而已。是以二光接續而乘，常覺其爲一，未易辨其爲二也。故舞火碗者，至速時，恍如火光一團。

## 七　論目倦則眼花

然而眼腦衣遇激烈則常易倦，故望太光則不能忍受。且由太光而轉望別處，則腦衣必暫昏花，恍然見一黑暈。若所望太光之處兼有顏色者，轉視別處，仍有顏色。

## 八　論目不能辨顏色

常有眼腦衣不能分辨顏色者，故視桃爲李，青白難分。若工別藝猶無甚礙，苟受役於火車輪船，則極險。此蓋因眼腦衣有所虧損，難以忍受顏色之光，是以或紅或黄不能分辨[1]也。然究其弊，非衹原眼腦衣受患，實腦内有病，乃能致此。

## 九　論目受激發光

然而眼之能受光，又非僅因光之入眼而已。試以電力常使眼内射光，又或以指按腦衣，亦常激其眼球，一若見光，即以指按眼球之外而雙目閉之，則所見一若中有黑暈，暈外有光一圈，至指離乃泯。更有奇者，凡眼官忽受激撞或跌打，則發火星，其光若電。然則凡以上所覺，其皆發於眼腦衣乎？抑發於腦衣外之腦筋絲乎？

## 一〇　論竿層有視遠盼近之功

雖然所覺或起自眼腦衣，或發於腦筋絲，尚無確據，然究其入眼之腦衣與未入眼之腦絲，其不同之處，殊爲最要，所當考而知之。夫腦衣之内，前面四分之一皆腦筋絲所居之處，腦衣之外，後面四分之一乃竿層所在之區。然則光必先入腦筋絲，然後乃由此而至竿層。是故

〔1〕“辨”，原作“變”，據文意改。

惟腦筋絲有知覺，而後竿層乃可觸之。然實則竿層爲接光之地，腦筋絲不能過光，故在腦筋所入之處不能見物者，以該處雖多筋絲而無竿層也；而在黄點處視物最真者，以該處雖無筋絲而有竿層也。試持一燭而入黑屋，縱目觀之，四圍皆暗，隨將燭於目前上下之，以射其光，則見影射分歧其形若一紅線，浮於黑盤之内，而紅黑交界之處式若杯邊。此紅線爲何？即眼腦衣之微絲血管所影者也。杯邊之形爲何？即黄點所現之映也。當夫明燭上下之時，紅線亦與相隨，如影之隨形，故每於光入眼腦衣之際，則其内之微絲血管即爲光所照而影射之。如此，則凡物之與微絲血管相對者皆可見矣。腦筋絲與與微絲血管相并而居，獨點層與竿層則在血管之外，常有視遠不明，見一物爲二物，或混二物爲一物者。此無他，蓋竿層有弊，則視遠不明，可知人之能視遠近，亦繫乎竿層而已。

## 一一　論晶鏡之能拘光

今夫物之足以觸目之知覺者，惟光與色而已。然使眼腦衣衹屬一層，則凡有所見，即將全腦衣盡觸之而無所分别，則將望遠觀近之謂何，窺微視顯之謂何，皆混然而無所區别矣。而不知瞻視必有所分别，視一物，另有一物之知覺寓乎其間。然欲分辨視物之知覺，必須分設衣膜，是以隔乎外物與眼腦衣，必須有膜數層以爲接應萬物，而各有專司，以補腦衣之未逮者也。夫人之眼晶珠，其形若兩面凸之玻珠，質能曲光，較之天氣曲光之力尤甚，是以萬物皆可曲射而入眼腦衣，其形若畫，蓋彙萬物之形色光影而聚於此者也。

## 一二　論晶鏡拘光遠近各異

今夫兩面凸鏡之能拘光倒影，人人皆得而知之，皆得而驗之者也。玆試入一黑房，置一明燭於近壁桌上，將一圓突兩面通玻鏡，放在燭之前，觀其壁上之光映。遠近推移，及至壁上光映倒懸，所照之處，謂之中樞。若將鏡燭再移，或過遠或不及，其壁上之光映皆不能合乎中樞矣。然則鏡與壁映愈近，燭與鏡愈遠；鏡與壁映愈遠，燭與鏡愈近。此必然之理也。

## 一三　論晶鏡平凹則拘光各異

不衹此也。今試勿動其燭，而換一兩便倍凸玻鏡，則燭與鏡須照前離遠些乃光，更換一兩便略平玻鏡，燭與鏡照前近些乃光。蓋鏡愈凸，與壁愈近乃始合乎中樞；

鏡愈平，與壁愈遠而始合中樞也。然使鏡乃一性軟之質，搖之能平而縱其照遠之力，縮之能凸而收其照近之力，則固妙也。更試以一表面玻璃鑲於一盒邊，盒裏滿載以水，盒外以一燭照玻面，則光可射入盒之裏。然若於水內再置一兩面凸之玻璃，則光曲於內更速，蓋玻璃曲光之力較之水尤近也。試觀映相箱，其形式頗如一盒，側面置一玻鏡，此鏡可以移遠移近，箱後插一玻片，如此則前面之形色景物皆可由鏡映而落於玻片也。然而上文所言之箱略與此箱不同，蓋彼乃一水映箱也。

## 一四　論隔乎外物與眼腦筋之質體；眼球　白衣　明衣

今夫質體之隔乎外物與眼腦筋者，有三等，一曰水映箱（即眼球），二曰司轆動肉（睛珠之肌），三曰護眼諸具，即眼蓋皮、眼睫毛、腕油核、眼諸肌、眼睛衣與淚核、淚管也。

眼球之內，首層爲形圓如球之肌絲連網。大半爲青白色者，名曰眼白衣（七十五圖“三”字是），此衣至前半，雖未盡易形色，而過光甚明，故此處則曰眼明衣（七十五圖“一”字是）。眼球之明衣較之白衣更浮，其形若將眼珠一分割出之後，復放於前，使其另外凸出焉。

## 一五　前房水　大房水　睛珠　懸筋　睛摺

眼明衣與白衣之能圓脹也，以其内有前房水與大房水以映之（前房水見七十五圖“十二”字）。此水内有微物與鹽質，化而爲水，浮流而至眼球房内。大房水（見七十五圖“十八”字）略稠，盈乎白衣之内。二水之中即爲一過光明亮、兩面凸圓之體，名曰睛珠（七十五圖“十七”字是）。睛珠曲光之力，較之前房水、大房水尤甚，體屬肌絲而能縮縱，後面較前面更凸，爲一質堅亦能縮縱之筋膜所絆，此筋名曰懸筋，由睛珠之邊起，至睛摺之黑衣止（七十五圖“九”字與七十六圖“摺”字均可見）。懸筋在眼内時，形搖緊，故睛珠前面時爲此筋搖平者也。

## 一六　黑衣　色衣

夫眼黑衣（七十五圖“五”字是），乃一緊肌膜也，外爲眼白衣所貼，内爲色衣所附。色衣内具有色之微細生珠（七十四圖可見），色珠與後房水之中，即爲眼腦衣，是故色珠之與後房水相隔衹此一衣，而眼腦衣之竿層則與

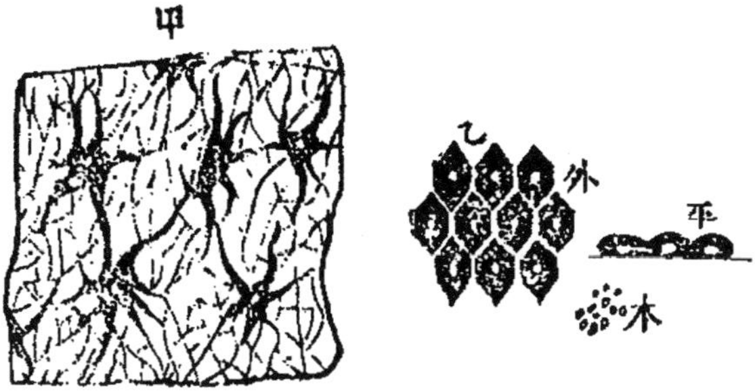


第七十四圖　眼黑衣之色珠

甲形，黑衣深層色珠。
乙形，色珠外膚。“外”字，外面；“平”字，平面；“本”字，色珠本體。

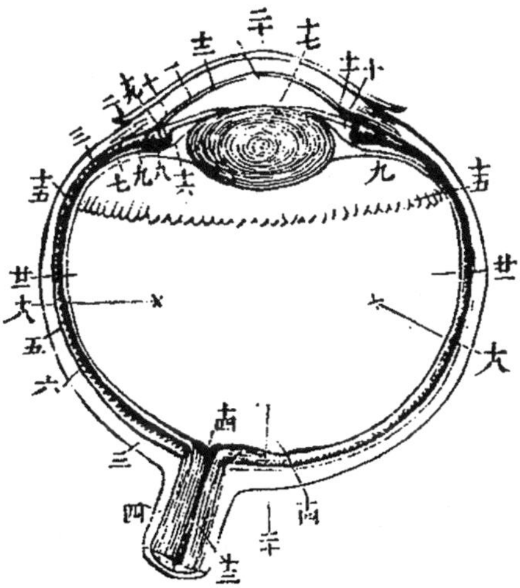

第七十五圖　眼球平割

“一”，眼明衣；“二”，罩睛衣；“三”，眼白衣；“四”，眼腦衣；“五”，眼黑衣；“六”，眼腦衣竿層；“七”，睛肌；“八”，睛肌圍；“九”，睛摺；“十”，後房〔水〕〔1〕；“十一”，眼簾與懸筋；“十二”，前房〔水〕〔2〕；“十三”，眼腦衣脈管，在腦筋之中；“十四”，盲點之中；“十五”，腦衣結界；“十六”，懸筋後面；“十七”，晶珠；“十八”，大房水；“十九”，睛珠筋線；“二十”，眼球直徑；“廿一”，眼球橫徑。

---

〔1〕“水”，據文意補。
〔2〕同上。

色珠相貼。眼黑衣全層皆爲白衣所包，獨至眼腦筋所入之處則不然，除此之外，由眼後面以至前面，皆爲白衣所附。惟至前面，則黑衣叠皺起紋，在内則至前面，環而結聚於末，在外則直達眼簾；此即上文所謂睛摺是也（七十五圖"九"字與七十六圖"摺"字均可見）。

## 一七　眼簾；睛肌　腦衣結界

眼簾者（七十五圖"十一"字與七十六圖"簾"字是），上文曾言之，乃衣膜一層，中有一孔，孔形既圓，質爲能縮縱之肌，所以爲開閉其孔之用者。且其肌之縮縱與别肌不同，蓋極其速快也。眼簾之邊，則緊黐於睛珠衣，并與眼明衣、眼白衣相合，爲一連網所絡，此網亦名睛筋。

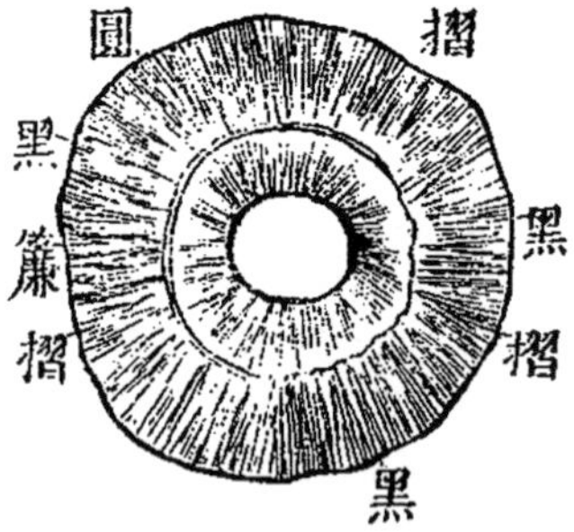


第七十六圖　眼球前半面，由後觀之形

"圓"字，圓肌絲；"簾"字，眼簾肌絲；"摺"字，睛摺；"黑"字，眼黑衣，晶珠已割去。

另有一能縮縱之肌絲在前，布於眼黑衣外面者，名曰睛肌（七十五圖"七"字可見）。此肌發力，即將眼黑衣往前扯之，及其懸筋之與睛摺相連者，亦隨而前矣。若是，則不啻將懸筋放鬆耳。按眼簾部位，非直掛於睛珠前面與明衣後面之中，而乃貼睛珠前面者，故於二者之中離隙甚窄（七十五與七十七二圖均可見）。夫眼腦衣，上文已見之，乃在眼内黑衣與大房水之中者也，其竿層則貼於黑衣之内，而前層則附於大房水之中。眼腦衣至眼晶之後，約三分一處，則結聚爲界，形如齒，名曰腦衣結界（七十五圖“十五”字可見）。蓋此爲眼腦質歸結之處，而各腦質未至此界，已皆漸減漸薄者也。然尚有連網由睛摺而過，布於睛珠焉。

## 一八　論眼珠射光見物之原

所謂眼珠者何？其形亦如上文所言之水映盒耳。其眼白衣可比盒身，明衣即時表面之玻璃，前房與大房水即盒内所載之水，晶珠爲水晶鏡，乃映照外物者至眼腦衣，則爲盒後面獨是。在尋常水映箱内，則有隔版一層，中有一孔，隔之以避其光之烈，而在眼内，則有眼簾一層可比此版，遇光非烈，則縱其簾以任其映射，遇光太烈，則縮其簾以避之，是又造物之深功也。

## 一九　論目能視遠視近之妙

況在水映箱，其中亦有所缺，蓋不能於映形之遠近而得其準。假使爲此盒者，於盒之後面獨能映照在遠之形，則凡在近者，必照之不明；或能映物之不遠不近者，則凡過遠太近者，亦俱矇暗矣。除將晶鏡推出扯進，不能免此弊，然此匪易爲之，惟能將晶鏡更换乃可。凡遇物在遠，則用平面鏡，遇物在近，則以凸面者代之，庶幾可耳。若得一鏡能自平自凸，無庸另换别鏡者，則固便。此即吾人眼珠之妙用，而亦造物之奇能也。

## 二〇　證驗目之準則

欲試眼官視物之準則，可將二短粗針插於一平木約一尺長，一針插於離眼之五寸，一插在木之末即離眼一尺，但二者必互相錯末，不可相摭。兹試以眼望遠針，則見此針甚明，而近針略矇，且或視一針爲二針；再以眼視近針，則遠針又矇，縱使眼捷目快者，亦不能二針齊見而皆明也。

## 二一　證驗目力視物有準

更有詳解眼力視遠視近之法不少。近則嘗以一小明燭置於一人眼邊，隨觀其人眼内，則見三重光映，二映直豎，一映返轉。其直映，一則爲眼明衣返照所致，一則爲晶珠返射所出；其一返轉者，乃晶珠後面凸處所現，所謂晶珠倒映也。又設以一人定目視一遠物，隨將眼縮視略近者，苟其近物所在與遠物同其趨向，則眼珠位置無所遷變，及其明衣上面之直光映與晶珠後面之倒映，亦皆無所遷變，惟晶珠前面之直光映則改形易位。蓋既進前，而且縮小，顯見其晶珠已縮而凸矣，七十七圖可證其變遷之象。然而視物有準，其底切在在須詳細查之，故由是以推，則其餘各質體之功用皆當逐一推詳也。今夫視物之準則，每司於眼球之肌肉，以此能令明衣或平或凸也。再細查之，又知睛珠質本能縮能縱，常爲懸筋搤緊；故不得此筋，則睛珠未必若是之平也。然若睛肌發力，必將此筋放鬆，睛珠既鬆，則必縮，是以形小而凸也；嗣至睛肌力盡，晶珠復緊，黑衣亦還本位。然則此論若確，吾人之視物有準也，仍須歸功於睛肌之縮力耳。

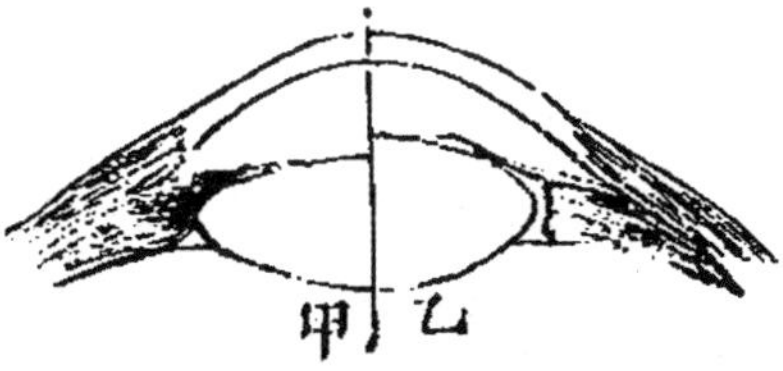

第七十七圖　晶珠視遠近之形
“甲”字，視遠；“乙”字，視近。

## 二二　論明衣自稟凸凹之異

夫視遠視近，其準雖不難察知，然仍在各人賦稟之不同。故論其常，則凡物離眼一丈，必須用神乃得見其真；然亦有明衣自稟甚凸，視近真而視遠矇者；又有耄期目睛，明衣自平，能視遠而不能視近者。蓋凸者能視近，其故由於光未落於映，而先入於眼腦衣；平者能視遠，其故由於光映不落於腦衣之内，而乘於腦衣之前。是以明衣凸者，即爲近視眼，宜用兩面凹光眼鏡；明衣平者，能遠視，宜用凸光眼鏡，即是理也。再如水映箱，裏面所映者，乃爲倒映，經試映一樹，每見樹根在上，枝葉下墜，且在右者，形現於左，在左者，形現於右。其理於吾人眼内亦有同然，蓋映之在晶珠後面者，亦爲倒映也。

## 二三　論眼肌

按轆動眼球之肌共有六條，其中四直兩斜（俱見七十八圖）。直者黐於眼窩之後，圍於眼圈骨中，爲眼腦衣穿過，衆肌直入，至於眼白衣，然後其一條名曰上直肌，由正中直達於上，其一條名下直肌，直達於下，其餘二條至半路，則一分於外，一分於内，名曰内直肌、外直肌。眼珠之後與兩邊皆有肥網以潤之，是以衆肌轆動而無滯礙也。故仰觀，則上直肌司之；俯察，則下直肌理之；左瞻右顧，内外直肌爲之。此四直肌之功用也。至於二斜肌，則位在眼球之外，略後於球體之中，二者之功似非易解，然大意乃縛夫眼球，以爲趨轉斜視之樞紐也。

## 二四　論蓋皮　眼睫毛　腕油核　眼環肌　眼胞肌

眼蓋皮者，外皮摺叠，內有薄韌，至邊有毛，曰眼睫毛，且有微核甚夥藏於皮內，名曰腕油核。蓋皮之裏仍有肌肉一層，名眼環肌，乃所合閉眼皮之用者也。獨於上蓋皮，則另有一肌，名曰眼胞肌，乃所爲啓開眼皮之用者。此肌起自眼上窩之後，至蓋皮之邊，惟下蓋皮則無之。

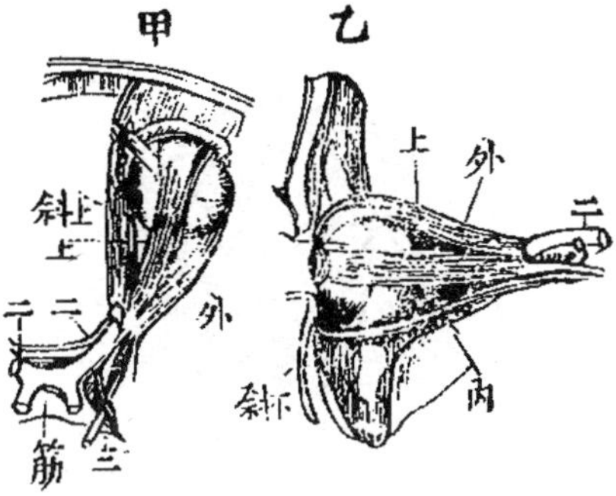


第七十八圖　【左右眼球肌割露之形】

甲形，右眼球肌，在“上”所見。乙形，左眼球肌，在“外”所見。“上”字，上直肌；“內”字，內直肌；“外”字，外直肌；“上斜”字，上斜肌；“下斜”字，下斜肌；“筋”字，眼腦筋；“二”“三”等字，皆腦筋絲，除上斜肌與外斜肌者之外，各肌之腦筋絲皆可見。

## 二五　論罩睛衣；淚核　淚管

至眼皮之末，則有薄膜一層，內有腦筋絲者，名罩睛衣。此衣由蓋皮之裹延而罩於眼珠之面，衣上之膚更與眼明衣相連，其在眼窩之內，眼球之外，有淚核甚多（七十九圖“核”字），淚核時有淚流入上蓋皮與眼球交界之罩睛衣（即眼窩上處）。按眼内皮形皺而色赤，至眼頭另有紅點一粒，皮之内有淚核至眼皮之末，上下皆有淚管。淚管上口自閉（第八十圖“管”字可見），此管由眼窩而下，至於鼻内水泡骨。由是淚管，則罩睛衣可與鼻内皮相連不斷，且淚亦得流落甚速，而無停滯不通之象也。故遇氣味辛辣，或忍苦受痛，則淚核發淚於管，至涕淚盈於管内，則溢而流於外矣。此流淚之所由來也。

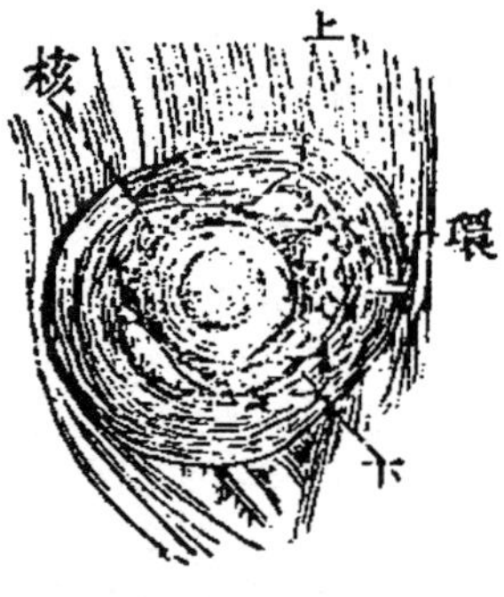


第七十九圖　右眼前面

“環”字，眼環肌；“上”字，上斜肌；“下”字，下斜肌；“核”字，淚核皆割露之形。

第八十圖　左眼前面割開眼皮以露淚核之形

“核”字，淚核；“管”字，淚管。

# 第十章　論腦部

## 一　統論腦部

今夫前篇所謂智府者，乃官竅之有知覺腦筋，遇物而能感動者也。然而知覺之腦筋發於腦，故曰腦爲人之靈府，凡知覺莫不由腦所出焉。再論肌肉之能運動，又爲司動之腦筋所使，而亦必由腦所發。故統知覺與運動之腦筋，并腦三者而言，則謂之曰腦部。其功用之微妙，所當統而論，亦當分而詳之也。

## 二　分腦脊與腦網

夫腦部每分二等，雖亦自連合，究宜分論。二者一爲腦脊，一爲腦網。所謂腦脊者，即腦與脊髓是也，而凡筋之發自腦與脊髓者，亦莫不統於此焉；所謂腦網者，即腦結（又曰自和腦筋）是也，而凡腦筋之由此而發，與由此相連於腦脊者，亦統於此焉。今夫腦筋者，腦絲叠聚而成者也，惟屬腦脊者，則與腦綱者各有所異。至於腦本體，則質屬腦生珠（又曰腦結輪），此珠既寓於腦漿，亦含於腦綱及智府之知覺腦筋内，如眼腦衣、内耳各處，皆有此珠焉。

## 三　論腦諸衣

按頭與脊交界之處，謂之曰腦脊根頭，爲骨所括。附於骨者，有衣一層，名腦筋衣。貼於腦髓者，又有衣一層，名曰腦血衣，凡血管之供養腦髓者，皆寓於此衣，故血必由此衣潤付於腦髓之内，雖腦髓有淺深不齊，而血衣必隨而附之焉。夾乎腦血衣、腦筋衣之中，仍有一衣，名腦濕衣，濕衣分内外層，内層包於腦髓，外層括於筋衣，是以各衣雖相連，莫不爲濕衣統括之，其形與肺包膜相似，且濕衣時生水液，付入腦髓而爲潤澤之津也。按腦漿内之濕衣内外層所隔無幾，而脊髓内之濕衣内外層相隔甚闊，此又濕衣之在腦與在脊之不同處也。

## 四　論脊髓

脊髓（八十一圖可見）質柔嫩色灰白，由腦而下，至於腰骨次節，於此則漸窄漸細。中有一深隙分於前，名曰前中隙（八十二圖“一”字是）；復一隙分於後，名曰後中隙（八十二圖“二”字是）。腦血衣，則入於二隙之内，運付血脈以養其髓焉。然除二隙之外，所餘脊髓甚薄，祇餘一線，其形似一橋，由脊中之狹道横而過之（八十二圖“三”字可見）。

脊髓分左右兩邊。每邊仍爲筋絲直分三柱，曰前柱、旁柱、後柱（八十二圖“六”“七”“八”等字可見）。其筋絲之絆於後柱者，名曰“後根”，絆於前柱者，名曰“前根”。筋絲既散而爲左右脊之前根後根，復束而并居於中爲脊之幹，如樹有根而後有幹也。惟後根於未合并之先，則起一結，名曰後根結。由此脊幹，則生發腦筋，或入肌膚，或入臟腑，支派不絶，猶樹之有幹，然後枝葉叢

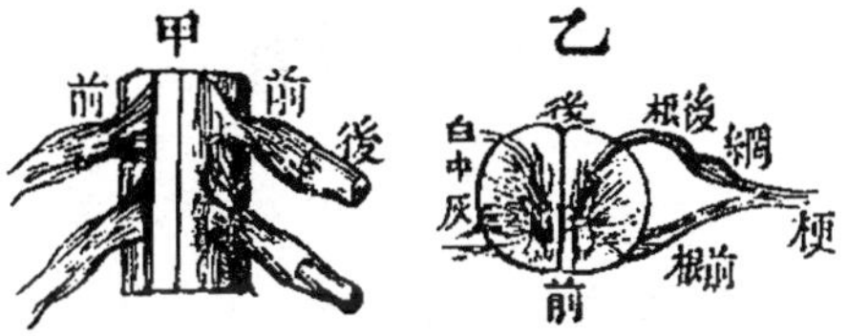


第八十一圖　脊髓

甲形，脊髓前面。其右邊者，乃前根，“前”字是；左邊者，後根，“後”字是。
乙形，横割脊髓。“前”字，前隙；“後”字，後隙；“中”字，中管；“灰”字，灰漿；“白”字，白漿；“前根”字，前根；“後根”字，後根；“網”字，腦網；“梗”字，脊梗。

生矣。腦筋之由脊幹生發者，共三十二對，是則腦根之在脊幹者，雙倍其數，由脊之兩邊分而派之，散於各腑焉。

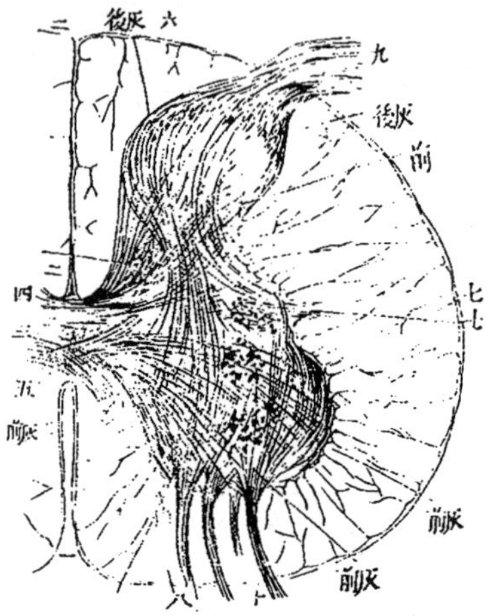

第八十二圖　脊髓破邊之形

“一”，前隙；“二”，後隙；“三”，中管；“四”“五”，兩邊相連之橋；“六”，脊後柱；“七”，旁柱；“八”，前柱；“九”，脊後根；“十”，脊前柱。“灰後”字，灰漿後角；“灰前”字，灰漿前角，二角過其“六”“七”“八”等柱之白漿，皆於血衣處可見，而腦血衣乃包括脊髓全體者也。

## 五　論脊幹

試將脊幹橫割驗之（八十一圖乙形與八十二圖均見），則見每邊内含腦髓二層，一色白者在外，二色灰者在内。其色灰者横割之，則形如半月曲而向外，一頭略薄，一頭微厚，名曰半月角，其向於前之一角，名曰前角（八十二圖“灰前”字是），向後者，名曰後角（八十二圖“灰後”字是）。二角之末，即與脊中狹道細骨相接。按脊髓之色白與色灰者各有所異：色白者，質屬腦絲，爲連網所括，內有血管，且腦絲之入於脊髓者皆爲直紋，故橫割則見齊斷也；其色灰者，則內兼有腦生珠或腦結輪大小不等，而在色白者則絕無珠輪也。惟腦絲之在脊前根者，則常可參入前角；及後根者，亦可參入後角。

## 六　腦脊之功用

至腦脊各處所司之功用，則驚奇異妙，莫可言喻。設使脊幹有所不舒，或刺或割，或電或烙，每有二事可見：一則凡由此發出之腦絲所到各肌肉皆發力，二則該腦絲所到之皮膚各體皆覺疼痛。蓋令脊幹不舒，則凡由此所發之各支派亦皆不舒，若是則枝與幹固有同情也。故遇一枝受傷患，祇見該處之肌肉發力、皮膚受痛者，則此枝必發自脊幹，且必由脊幹之前後根合束之腦絲所發也。

## 七　論前根獨司動

不然，若祇遇前根不舒，則不能二事俱見，惟見肌肉發力，不覺有疼痛；或祇後根受患，則又不見肌肉發力，而獨覺皮膚疼痛而已。

## 八　論前後根所司不同

由是觀之，則凡激動肌肉發力之功，皆在於脊幹之前根；凡醒發痛癢之功，皆在於脊幹之後根。故曰脊前根司運動，脊後根司覺悟也。猶有可驗者，試將一生獸之脊前根割斷，則凡由前根腦絲所到之肌肉，皆不能動，而知覺尚存；若將其脊後根割斷，則不知痛癢，而舞動尚可；若前後根皆斷之，則舞動既不能，痛癢亦不知矣。

## 九　論知覺與運動腦筋皆主於腦

即上文所言而驗之，凡腦筋有不舒，則其筋絲必有所變動，而凡與此筋相連者，亦皆有所感焉。故遇司動或覺悟之腦筋受抑不舒，則肌肉發力，覺悟亦生，此其勢所必然也。然若將腦筋於中割斷或以線緊勒，如此則下不能令傳信於肌，故不知發力，上不能通信於腦，亦無有覺悟，如電線斷於中，兩頭不能相照也。譬之一手麻痺，係因該手之腦筋受壓，阻其氣不能通連於腦。如此，該手既不能舞動，亦不知痛癢，必使腦筋之氣能通達，乃可漸復其氣力。由是觀之，凡腦筋之由外而達於腦内者，則謂之曰知覺之腦筋；而凡腦筋之聽腦驅使而後動者，謂之曰司動之腦筋。然究其實，知覺仍由腦所發，該腦筋尚不能謂有知覺，運動亦由腦所使，該腦筋亦不得謂能運動。故凡腦筋之所遇皆主於腦之所發，如肺胃之腦筋，能令心體停動，此筋雖所司爲運動之事，仍不得謂之曰司動之腦筋。

推斯意也，固不獨謂其腦筋之中道受抑不舒。爲覺悟者，即由此中道傳信而達於腦；爲司動者，亦衹由腦而發信於此處。蓋二者皆達於上而復傳於下。總之，凡爲覺悟者，則傳信之路應由筋絲之末（指皮膚）上達於腦；而爲運動者，應由腦發信而下傳於筋之末（指肌肉），非可中道而起，亦非可中道而止也。

## 一〇　論腦筋傳信之勢

至論質體，則知覺腦筋與運動腦筋二者無異。經以化學覈之，醫家驗之，皆無不同。惟其傳信之勢，亦非甚捷，較之風聲，尚不及其快。此腦筋質體運用之大概情形也。

## 一一　論脊髓之功用

至是而脊髓之功用，亦可推而驗之。兹試於腰脊内之脊幹割斷，則凡屬此幹之下，所發之各支派，或至腿，或至足，皆無知覺，亦無舞動；而在幹之上者，則如常無患。是以嘗有因腰脊受傷，至損脊幹，遂至脚足癱瘓者，即是故也。

又試將一獸之脊幹割斷，隨將其割口以手揑之，或令其割口不舒，即見以下之肢體必舞動不已，然雖能動而不知痛癢；若此脊幹係與腦相連或係由腦所發之知覺腦筋，則又祇覺其痛而不知其動。若是，則脊髓爲腦之支派，亦爲腦筋總匯之區。

## 一二　論知覺與運動腦筋互相傳信

蓋凡與腦相連者，則知覺與運動二者之腦筋皆有。惟與脊髓相連而不與腦相通者，則割後痛信祇達於脊髓，凡以下各處之皮膚肌肉，既無舞動，亦不知痛癢。

若將脊髓割斷，使其痛信達於腦，則凡以下之腦筋，司理知覺者雖無所爲，司理運動者則必發力，故見舞動不已。是故一人因脊幹傷損而脚癱瘓，雖癢痛不知，然若以手揑其脚掌，尚知踡開。由是觀之，知覺與運動二腦筋皆聲氣相通者也。故遇知覺腦筋受抑不舒，足使相連之運動腦筋發力。然若於該脊髓割口之下再割一次，則凡在再割以上之知覺腦筋受抑，不能使其相連之運動腦筋發力，惟在再割以下者則能使之。蓋欲知覺腦筋傳信於運動腦筋，必須勿阻其脊髓之氣脈，必借脊髓之氣脈，乃足以傳信息。且脊髓之所以能使知覺腦筋傳信於運動腦筋者，以其位爲居於中，爲總滙之區，功用與一筋不同，自具有感斯應之功。且此亦惟脊髓之色灰者有之，其色白者則無矣。

## 一三　論腦筋感應之勢；證驗腦筋感應之勢

今夫運動腦筋，其爲脊髓感應之力所激動者，多寡之數不與能發感應之知覺腦筋相等；亦非必於知覺腦筋一有感觸，而運動腦筋即相繼而應之。如手摩脚掌一事，其勢雖似因感觸知覺腦筋而起，然觀脚自撜縮之力，實不止出於一二運動腦筋之力，必須衆司動腦筋觸於脊髓，由脊髓觸於運動腦筋乃可應之，非謂一知覺腦筋獨有所感，即可應於相連之動作腦筋者也。

顧欲驗腦筋感應之勢，莫易於田蛙。試將田蛙之腦漿以小刀挑出，該蛙必盡失知覺與運動，然其頭以下之脊髓尚勿毀之。如此，則初時見該蛙狀若死，周身皆不能動，此其時也，不過所謂昏迷而已；不久復蘇，斯時若揘其脚指，則脚知自縮，揘其腿根，脚縮而復伸。再試以指刺其腹部，則腹下之肌必動，苟用力揘之，周身皆動，及前後脚亦皆舞跳不已，又摩其前指，該脚亦自縮於身，更試以酸水滴於大腿根，則該腿必蹦跳不已。且知以指將酸水擦去，苟將該腿禁制，勿許其動，則腿亦能助之，若酸水味太濃烈，則二腿齊相發力，且抽動之象見之周身。今夫若是之舞動也，雖極輕小，亦必需數肌肉之力合而爲之，如用指擦去酸水一節，則所費肌力不知凡幾，且所爲皆不外因激受不舒，或欲將酸水擦去而已。然考其脊髓，似若有總司動之機，凡有感觸由知覺腦筋傳信至脊髓，自知作用矣。

## 一四　論腦筋傳信之勢，凡知覺者則左右互穿而過，司運動者則由腦順脊而下

由是觀之，脊髓一經，半爲腦與腦筋互相傳信之役，半爲自主發作之君。蓋亦有知覺腦筋傳信至此，即由此發作焉。然即其自主發作之力而問之，其所發之力，各

處皆無所異乎？抑各處所發，各有不同乎？應於以下詳明之。

若於腰部脊髓色白之前半處割損，則失其驅使肌肉之力，凡在受傷以下之各司動腦筋，皆不能司動。然若於腰部脊髓色白之後半損傷，則無所關礙，腦筋仍可發信於肌肉。由是而知，在枕部所發之各腦筋，乃由腦所發，通連於脊髓色白之前半者也。是故苟將脊髓色白之後半一處損割，復於色白之後半略上處再割之，如此則雖將色白之脊髓連傷，而其内之髓尚未盡斷，不能絶其脊之灰色髓，故由此處分派之知覺腦筋遇受抑，則覺痛不已。由是觀之，知覺腦筋之氣脈通於腦，由腦之灰色漿分而發之，縱餘些須灰色漿，則知覺腦筋已足傳信也，惟稍激其灰漿，反不覺痛。

倘將脊之右半横割斷之，使其灰與白之脊髓不相通，隨將右邊之肢體揑打，尚能知痛，惟該邊以下之肌肉，則不能動。若是，則凡知覺腦筋傳信，乃由下而上入腦者，必須由左而入，穿過於右，或由右而穿於左者也。而運動腦筋，又乃由腦之上順脊而下，發於肢體，無庸横穿。故於脊髓正中直割之，則周身之知覺必大有所傷，而運動則無傷也。

## 一五　論脈管爲脊髓所司

以上皆脊髓功用之大概情形也。至於由脊所發之腦筋，則散於肌，亦散於皮。惟至血脈管之腦筋，似非屬於脊髓，而若歸於腦網（又曰自和腦筋）。然考其實，亦皆發於脊，惟必先經腦網，然後散而入於血管者耳。蓋血管腦筋之力，能使脈動有準者，莫不自脊髓而發，故脊髓號曰司理脈動之君也。試觀耳門與太陽脈管，其管肌跳動，皆腦網之腦筋司之。然考其實，腦筋本非出於腦網，實自脊髓而發，遞於枕部者耳。故枕部有所不舒，則司脈腦筋亦必不舒；且苟傷此處，頭耳各脈管皆廢而無用。然而近更有考，實其腦筋之力仍非發於枕部，實發於枕部之上所謂腦脊根頭者，蓋由此而過枕部，會於腦網，散於各脈管者也。

## 一六　論腦内各體部位

今夫腦府（八十二圖可見），質非一端，體分數份。其最後爲腦脊根頭，下通於脊，下半之質與脊髓無異；上連腦漿，由中間大孔而上；地位甚闊，此爲腦第四房。

過此房即爲小腦（八十三四五圖“小”字是）；更有橫紋腦絲數層由兩邊達至中間，橫隔腦漿之底，形如橋者，曰中腦（八十三圖可見），中腦居腦脊根之前；又於腦脊根頭之直紋腦絲與中腦之橫紋筋絲之中，另有腦絲二束，名曰大腦蒂（八十三圖可見）；腦蒂之上，連起四半小拱者，名曰雙孖筋（八十五圖“雙”字是）；於孖筋與大腦蒂之中有狹管一條，由第四房通入第三房者。第三房亦一狹道，居於腦後結之中（後結亦爲大蒂所經之路），第三房下連一體，形似波蘿，上接一核，式如馬鞍（八十五圖“鞍”字與八十三圖“鞍”字是）；三房前門時爲腦絲一層所閉，此層之外，由三房圍壁兩邊延入，即大腦左右房也。左右房地基甚闊，每房内載腦體分開三彎，前後下形如三角，二房之下起一結，名曰腦前結（八十五圖可見）；左右房延闊全腦，各處皆爲其所括。故由上觀之，各體皆不能見。

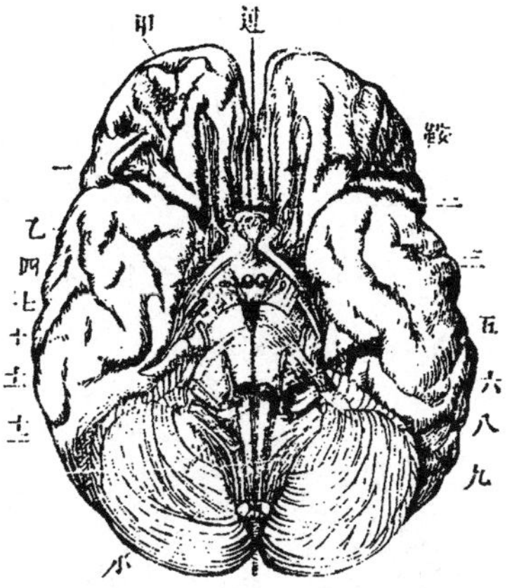


第八十三圖　腦漿

“甲”字，腦額前葉；“乙”字，大腦兩葉；“小”字，小腦；“一”，第一對鼻腦筋；“二”，第二對眼腦筋；“三”“四”“六”，第三、四、六對眼内各腦筋；“五”，第五對腦筋；“七”，第七對腦筋；“八”，第八對腦筋；“九”，第九對食管腦筋；“十”，第十對肺胃腦筋；“十一”，第十一對；“十二”，第十二對，其第六對乃在中腦，而小腦又在第三、四對腦筋之中；“鞍”字，鞍核；“連”字，大腦連絲。

在外觀之，中有一隙，以分左右，而内則仍爲一横筋絲相連，名曰腦大連絲（八十三圖“連”字是）；左右房外爲大腦迴紋，内有深隙甚多，名曰紋中隙，内有腦血衣；更有一特深而大之横隙，爲分畫腦之前者，名曰腦下横裂（八十三圖可見）。

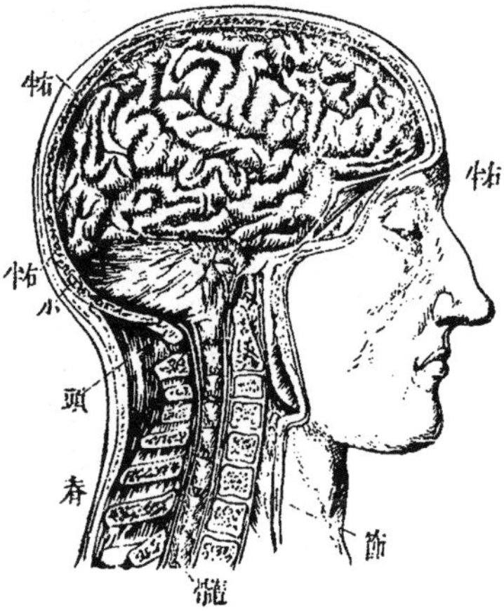


第八十四圖　腦漿側面與脊髓上節之形

其頭顱之骨肌皆割去。
“右半”字，右半腦摺紋；“小”字，小腦；“頭”字，腦脊根頭；“節”字，脊骨各節；“脊”字，脊本體；“髓”字，脊髓。

## 一七　論白灰漿在腦與在脊各異

腦脊根頭内之灰白二漿與脊髓内者，質體部位皆同。蓋白者在外層，灰者在内層也。而在大腦左右房者則反是，灰漿在外，白漿在内也。惟在腦後結與腦前結，則灰白二者相混。

# 一八　論腦筋

凡腦筋之由腦内發出者共十二對，皆由上相遞而生（八十五圖一一可見）。第一對由上計起，爲鼻腦筋；第二對，眼腦筋。二者之功用，皆於上文詳之。第三對，運眼筋，爲運動眼球者，以其筋絲散於眼内各肌肉也；除眼外二肌之外，凡眼内諸肌皆由此筋散入，獨眼外二肌，則一爲第四對所管，一爲第六對所司；其第四對者則散於上斜肌，第六對，外直肌；是故眼官之肌肉，包大小共爲三路腦筋所理。至第五對，則甚大，且有二根，一司知覺，一司運動，此即司理面皮與牙較肌之腦筋也，名之曰三岔腦筋，以其筋分三路，除上二路（指面皮與牙較）之外，更有一筋内有知覺者，入於舌以司嘗味。第七對，名面腦筋，蓋入面之肌，以司動者也。第八對，名耳腦筋。或謂第七、八兩對，離腦之後，形祇一對，

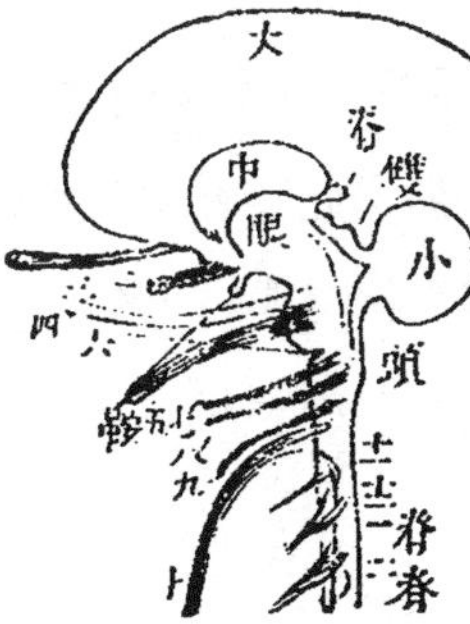


第八十五圖　腦脊與各對腦筋

"大"字，大腦；"中"字，中腦；"眼"字，眼腦筋；"脊"字，脊幹；"鞍"字，鞍核，"小"字，小腦；"頭"字，腦脊根頭；"雙"字，雙孖筋；"一"至"十二"，乃第一對至第十二對腦筋；"脊一""脊二"，是脊腦筋第一對第二對。

不過半爲體硬者，入面爲面腦筋，半屬質軟者，入耳爲耳腦筋而已。至於第九對，名食管頭腦筋，所司不止一事，蓋半爲司味之筋入於舌，半爲司動者入於食管肌。其第十對，司理胸膛各部者，名長腦筋，惟此與第十一兩對，乃由腦府派於身者，故應視爲特要。按此筋所至之處，乃聲管、肺、肝、胃與心等腑。第十一對，名兩段腦筋，與以上各對殊異，由枕部前後腦根之中脊髓邊處而起，向上而入腦脊根頭，然後復由頭顱與第九、第十兩對相并而出，此筋入於頸膊各肌，衹爲司理運動之用，而胸膛之長腦筋（即第十對）又衹司知覺；且第九、十、十一此三對，皆由腦相并而出，故有謂此三者爲一對，而列爲第八對者（上文第七、八兩對由腦府相并而出，可作第七對，此三者作第八對）。若是，則末對應作第九對，而實號第十二對，名曰舌腦筋，入於舌肌，爲司理舌官運動者也。

## 一九　論第一二對腦筋起於腦而非發於脊

於此十二對之中，惟第一、第二兩對，名似不符，雖亦不外由腦發出，但鼻腦筋屬大腦左右房，眼腦筋屬第三房，故有謂此二對爲假腦筋者。蓋以各腦筋皆由腦脊根頭而發，獨此二者不由根頭而起，乃由腦房所出也。

## 二〇　論腦脊根頭爲最要之區

由是觀之，則腦脊根頭誠爲極要之區，稍有所傷，則遺患不淺矣。試以針將根頭之上第四房之底微刺之，不久則血内必多積糖質。考血内糖質隔於内腎，隨與小便俱出，然針傷腦脊根頭，即可使内腎導糖之功暫爲停閉，形狀頗似消渴症（即小便積糖症）。夫針傷尚且如此，況重傷之，則呼吸可絶。蓋脊根頭有司呼吸各肌之力，氣之出入有準也，皆根頭使令各肌所爲耳。按司呼吸各肌之腦筋，一派於脅肌，一在於膈[1]膜，凡此皆司動腦筋也。然其鼓盪有準，莫不由於腦脊根頭傳信至筋絲所使者耳。非但此也，倘根頭受傷，以致第十對胸膛腦筋不受用，則心部停絶，即有斃命之關也。

## 二一　論半身不遂之原

夫知覺腦筋傳信入腦以醒發動用者，亦必過於脊。

〔1〕“膈”，原作“隔”，據文意改。

惟順脊髓而下，由脊前根而出，然至腦脊根頭之前略下處，則雖司動腦筋亦不得順流而下，蓋必横過脊柱乃可耳。及其白漿於此處亦見由左而横過於右，并由右而過於左，所謂横前柱者，即是處也（八十三圖可見）。若是，則於此柱之上苟有所傷，則失其傳信入肌之力，則凡肢體之在對邊者皆癱矣。是故右邊大腦蒂受傷，則左邊之肢體癱瘓。然又有司動腦筋發自腦本體，在於腦脊根頭横柱之上，不由横柱經過者。此則散於面肌者，故癱瘓與傷同在一邊，非傷左癱右者也。蓋腦筋之在根頭横柱之上者，則癱與傷同在一邊。故苟損其面腦筋之左，則司動之力，在根頭横柱之上者則失於左，在根頭横柱之下者則癱於右，即所謂半身不遂者是也。

## 二二　論微傷腦則能强動而不能自動

考腦之在腦脊根頭之前者（即大腦），功用尚非詳細，惟知其有傷損，則令知覺與運動皆無力，衹留脊髓各筋以司感應而已。試觀田蛙去腦之後，則身能舞動，衹賴脊髓各筋，然所動皆非出於自然，必揑之打之，乃思跳躍，否則不知自動。然衹傷其大腦，亦未嘗不可損其自動之力，惟不傷腦脊根頭與中腦等處，則該蛙能動之力，必較腦脊皆傷者靈活。蓋連腦脊根頭等處皆傷者，則該蛙呼吸不靈，四肢曲軟，揑打衹能蹄動，不能由此而跳於彼，若放於水盆，則沈而不起，反其背，不能轉身；若不傷腦脊根頭等處，則四肢能立，形象無乖，呼吸如常，揑打能跳，入水能游，反其背，立能轉身。尤有奇者，苟將蛙放木版上，緩將版斜立之，該蛙自能往上攀跁，至版邊穩立，然若是之動，雖靈便如常，若與無傷於腦者無異，然考其實，各肌之動皆非出乎自然，必有所使，乃動者耳。夫大腦一處主權最大，固無可疑，而於知覺連用，尤見其靈，然欲實指大腦某處專司智謀，某處專主思慮，尚乏實據。

## 二三　論腦亦主感應之機

况夫大腦内不獨全據性靈，抑且所發之力，兼有感應之勢，與脊髓同其功。試觀眼皮因電光或恐嚇，則必斬眼，此即感應之勢。蓋眼之知覺腦筋有所感，斯面之司動腦筋有所應。又如臭味薰鼻，則面知轉避，亦一感應之勢也。此則應之者同是面之司動腦筋，而感之者則爲鼻之知覺腦筋也。以上感應之勢，皆發自大腦，傳於頭面各筋者也。再如“聞呼而往”一節，乃耳之知覺腦筋有所感，即傳信而過腦脊根頭，於是凡司行動之各腦筋皆應之，是皆有感斯應、捷如影響之事也。

## 二四　論天然之應變

然而以上皆爲人力之所致，非所謂發於固有之良能也。兹試即以讀書而論，當喞然誦讀之際，其心志固衹專致於書，而各處動用皆出於無意，毫不之知也。試思手執書卷，眼隨上下，舌脣、聲喉、氣管各肌皆動；且或讀者躦立，則腰腿各肌皆費力；再若所讀者爲勸善之書，則講解神情兼有手舞足蹈之勢。然皆出於不自知，此無他，皆書之義旨所感而應者也。

## 二五　論習慣成自然之勢

今夫感應之勢原出於脊髓者，爲固有之良能，然有腦漿之靈性以助之，則人力亦嘗可學而及之。雖初時一二次須小心在意，久之由勉，自可及於安也。夫兵之習戰也，必經久乃熟，然當在隊時，莫不留心聽命，故號令一出，則步伐整齊，無容想象。此無他，習慣成自然也。昔有一熟練兵士，當兵數十年，後退居家，一日手提菜肉，於路忽聞口號，即垂手直立，而所提菜肉俱落泥中。此無他，其所以聞號垂手者，蓋習慣如此，出乎自然，不知不覺，所爲如是。且不獨習操如是，凡事亦莫非如是。更有奇者，凡心思中，每有二事齊遇或相繼而來者，則因此每可觸彼，不必有意或無意。此蓋造物生人，使之人同此心，心同此理，天理人情，莫非同然。故人性皆善，習漸相遠：作善，降之百福；作不善，降之百殃。有感斯應，爲人自招，此理豈或爽哉？

## 二六　論腦網

再論夫腦網，又曰自和腦筋，亦皆結對而居於脊根之前，與脊腦筋相連，而亦宗於脊髓者也。腦筋之由腦網散出者，每多分於血脈管，或串於喉腹，或網結心胃，然大半仍起自脊髓，其餘起於腦網本體者，蓋亦未嘗無之，惟所致不外血管肌、心體腸肌及各内腑等。或謂腦網一處爲知覺腦筋感應之府，然其實皆發自脊髓最要之區，惟必經腦網而過者耳。

# 《體用十章》所涉專業術語與今稱對照表

| 譯本術語 | 對應底本英文 | 今規範稱名 |
| --- | --- | --- |
| 養 | Oxygen | 氧〔元素〕 |
| 輕 | Hydrogen | 氫〔元素〕 |
| 淡 | Nitrogen | 氮〔元素〕 |
| 炭 | Carbon | 碳〔元素〕 |
| 綠 | Chlorine | 氯〔元素〕 |
| 硫磺 | Sulphur | 硫〔元素〕 |
| 燐質 | phosphates | 磷酸鹽類 |
| 鏀質 | soda | 鈉鹽類 |
| 鉟質 | potash | 鉀鹹類 |
| 油質 | fats | 脂質 |
| 地脈所出者 | minerals | 礦物質 |
| 石灰水 | lime-water | 氫氧化鈣溶液 |
| 鉟養水 | solution of potash | 碳酸鉀溶液 |
| 鏀養水 | solution of soda | 碳酸鈉溶液 |
| 炭養氣 | carbonic oxide | 碳氧化合物，譯文指二氧化碳 |
| 炭養酸 | carbonic acid | 碳酸 |

**續 表**

| 譯本術語 | 對應底本英文 | 今規範稱名 |
|---|---|---|
| 輕淡水 | solution of ammonia | 氨水 |
| 輕綠酸 | hydrochloric acid | 鹽酸 |
| 淡酸强水 | dilute acid | 稀酸 |
| 淡氣之物 | proteid matters | 含蛋白質的物質 |
| 磺强水 | sulfuric acid | 硫酸溶液 |
| 醋强酸 | acetic acid | 乙酸 |
| 輕磺養 | sulphuretted hydrogen | 硫化氫 |
| 蛤蜊 | alkaline | 鹹性的，鹹味的 |
| 蛤蜊水 | alkaline solution | 鹹性溶液 |
| 鏀磺養 | sulphate of soda | 硫酸鈉 |
| 鏀綠 | common salt | 氯化鈉 |
| 溺底 | urea | 尿素 |
| 溺酸 | uric acid | 尿酸 |
| 生鹽 | common salt | 食用鹽 |
| 鋏燐養 | phosphates of potash | 磷酸鉀 |
| 鏀燐養 | phosphates of soda | 磷酸鈉 |
| 石燐養 | phosphates of lime | 磷酸鈣 |
| 鎂燐養 | phosphates of magnesia | 磷酸鎂 |
| 爹士提連 | dextrine | 糊精 |
| 麪膠 | gluten | 穀蛋白 |
| 蛋白 | albumin | 血清白蛋白 |
| 樹膠 | gum | 膠質 |
| 㖿嗹 | bilin | 膽色素 |

續 表

| 譯本術語 | 對應底本英文 | 今規範稱名 |
|---|---|---|
| 高哩司顛 | cholesterin | 膽固醇 |
| 希嗎碘 | Haematin | 正鐵血紅素 |
| 把彼先 | pepsin | 胃蛋白酶 |
| 啼阿蓮 | ptyalin | 唾液澱粉酶 |
| 先度年 | syntonin | 酸白蛋白 |
| 微絲血管 | capillary | 毛細血管 |
| 脈管 | artery | 動脈 |
| 迴管 | vein | 靜脈 |
| 囊袋 | valve | 瓣膜 |
| 精液 | lymph | 淋巴 |
| 吸液管 | lymphatic capillaries | 淋巴毛細血管 |
| 精液總管 | lymphatic trunks | 淋巴幹 |
| 液核 | lymphatic glands | 淋巴腺 |
| 養汁 | chyle | 乳糜 |
| 腸液管 | lacteals | 乳糜管 |
| 吸核 | mesenteric glands | 腸系膜腺體 |
| 養心脈 | coronary arteries | 冠狀動脈 |
| 四合迴管 | vena portæ | 門靜脈 |
| 生核 | nucleus | 細胞核 |
| 血内生珠 | nucleated cell | 有核細胞 |
| 血絲/肉絲 | fibrin | 血纖維蛋白 |
| 輪精 | globulin | 球蛋白 |
| 似輪精 | fibrino-plastic globulin | 副球蛋白 |

續 表

| 譯本術語 | 對應底本英文 | 今規範稱名 |
| --- | --- | --- |
| 紅液 | Hæmoglobin | 血紅蛋白 |
| 明汁 | plasma | 血漿 |
| 血水 | Blood serum | 血清 |
| 連網 | connective tissue | 結締組織 |
| 菩球核 | racemose | 葡萄狀腺 |
| 甜肉核 | pancreas | 胰腺 |
| 叉筋 | cruciate ligaments〔1〕 | 十字韌帶 |
| 制筋 | check ligaments | 翼狀韌帶 |
| 筋絲輪 | tactile corpuscle | 觸覺小體 |
| 自和腦筋 | sympathetic ganglia | 交感神經節 |

〔1〕 英底本訛刊作“crucial ligaments”。

**圖書在版編目（CIP）數據**
《體用十章》整理與研究 / 梁佳媛著. -- 上海 : 上海古籍出版社，2025. 10. -- ISBN 978-7-5732-1728-8
Ⅰ. R33
中國國家版本館 CIP 數據核字第 2025JV9525 號

**《體用十章》整理與研究**
梁佳媛　著
上海古籍出版社出版發行
（上海市閔行區號景路 159 弄 1-5 號 A 座 5F　郵政編碼 201101）
（1）網址：www.guji.com.cn
（2）E-mail：guji1@guji.com.cn
（3）易文網網址：www.ewen.co
上海顓輝印刷廠有限公司印刷
開本 890×1240　1/32　印張 13.375　插頁 5　字數 236,000
2025 年 10 月第 1 版　2025 年 10 月第 1 次印刷
ISBN 978-7-5732-1728-8
R·3　定價：78.00 元